関西縄文時代における石器・集落の諸様相

関西縄文論集2

関西縄文文化研究会編

六一書房

関西縄文時代における石器・集落の諸様相

関西縄文論集 2

目　次

石器の様相

植物質食料の利用強化と地域的差異
　―関西地方と東海・北陸地方西部の打製石斧と貯蔵穴― ……………………… 瀬口　眞司　　1

縄文時代中期後半・東海地方西部の地域性（覚書） ……………………………… 伊藤　正人　 11

縄文時代における伊勢湾西岸域の石器組成からみた社会構造 …………………… 小濱　　学　 23

定住の指標 …………………………………………………………………………… 矢野　健一　 35

東海地域における縄文時代後晩期の石鏃について ………………………………… 川添　和暁　 45

近畿地方の黒曜石・下呂石 …………………………………………………………… 久保　勝正　 57

集落の様相

大規模葬祭空間の形成
　―近畿地方における縄文時代後晩期集落のあり方― ……………………………… 岡田　憲一　 69

瀬戸内海をめぐる遺跡群の動態
　―縄文時代における地域集団の諸相― …………………………………………… 山崎　真治　 85

報告書の森へ
　―縄文時代晩期の鬼虎川遺跡をめぐって― ……………………………………… 菅原　章太　103

植物質食料の利用強化と地域的差異
―関西地方と東海・北陸地方西部の打製石斧と貯蔵穴―

■瀬口　眞司　(SEGUCHI, Shinji)

1. 目的と概要
（1）目的
　主食料を取り巻くあり方は、社会のあり方をも規定する。故に、主食料の内容や規模、その獲得手段や方法にまつわる問題等が、先史学の大きな論点として注目されてきた。

　関西縄文社会に関する検討の現状はどうか。福井県鳥浜貝塚や滋賀県粟津湖底遺跡などの調査成果の蓄積（第1図：滋賀県教委ほか 1997）や、諸々の道具の変化などからみて、関西縄文社会の主食料は植物質食料だったと想定されている。この想定には更なる裏付け作業も必要だが、ほぼ認知された考えだといってよいだろう。

　このような現状を踏まえたとき、次の段階の論点は何か。――筆者は、植物質食料の利用の程度の推移や、地域ごとの特徴、差異だと考える。そこで本稿では、植物質食料の利用に関わる2つの資料――打製石斧や貯蔵穴の数の検討から、関西地方と東海・北陸地方西部における植物質食料の利用の程度の推移、地域的差異を検討する。

（2）結論
　本稿では、住居1棟あたりの打製石斧と貯蔵穴の値を算出して検討する。

　その結果、いずれの値も縄文後・晩期に増大することがうかがえたので、検討対象地域の植物質食料の利用は、縄文後・晩期以降により強化されたと考えた。

　一方、関西地方と東海・北陸地方西部の間には、地域的差異が見出せた。

　打製石斧の縄文後・晩期の増加は、東海・北陸地方西部では顕著だが、関西地方では目立たない。反面、貯蔵穴の縄文後・晩期の増加は、東海・北陸地方西部では一時期を除いて目立たないが、関西地方では顕著である。

　これらのことから、打製石斧を用いた植物質食料の利用（根茎類の採集もしくは耕作）は、東海・北陸地方西部縄文社会では強化されたが、関西縄文社会では強化されなかったこと、関西縄文社会は堅果類の貯蔵で植物質食料の利用強化を進めたことを想定した。

　この結論に至る詳細と根拠は以下のとおりである。

2. 研究略史
（1）植物質食料の利用の程度の推移について
　この論点について、関西地方も含めて検討した例に、石皿の検討から成果を積みあげた植田文雄の研究がある。

　氏は、土器の出現が野生植物の食料化の画期であるという一般的見解を踏まえつつ、東北地方などで植物食料加工具としての無縁石皿が顕在化する縄文早期に、加熱・灰汁あわせによるアク抜きを要する堅果類の食料化が進んだこと、縄文前期前半に有縁石皿と打製石斧のセットが現れ、野生植物の食料化種と調理技術が多様化したことを想定した。

　関西地方については、縄文早期から無縁石皿の出土はみられるが、最大の画期は縄文後期で、有縁石皿の波及はないものの打製石斧が波及し、これによって野生植物の高度利用が進んだと考えた（植田 1998A・B）。

　このように植田は、関西地方における植物利用の最大の画期を後期とするが、この所見に大きな示唆を与えたのは渡辺誠の論考だと筆者は察する。

　渡辺は、京都府桑飼下遺跡の調査結果を踏まえ、「桑飼下型経済類型」を設定した。これは、縄文前期～中期に確立した中部山岳地帯型の生業活動類型に強い影響を受けて、縄文後期の西南日本に現れた経済類型だと定義されている。

　この経済類型の特徴は、植物採集活動を主とし、狩猟・漁撈を従とする点、アク抜き不要の堅果類に加え、アク抜きを要するトチ類などの堅果類も大量に採集し、なおかつ多量の打製石斧により根茎類の採取・移植・管理栽培をする点である。また、管理栽培の可能性とアク抜き技術の習得という点で、それ以前の単なる野生植物利用段階とは一線を画す新たな段階だとした（渡辺 1975）。関西地方における野生植物利用の画期のひとつ

を縄文後期に設ける植田の見解は、この渡辺の意見を別資料から展開させたものと考えられる。

（2）植物質食料の利用の地域的差異について

この点については今村啓爾の先駆的研究がある。氏は、打製石斧と群集貯蔵穴および磨石類の空間的・時間的分布を検討し、とくに縄文中期中葉～後葉でみた場合、これらの出土傾向に地域的差異がみられること、その差異が生業的適応の差異であることを指摘した。

その根拠は、東北地方・新潟・栃木・茨城・千葉では1棟あたりの貯蔵穴数が多く、磨石類の出土比率も高い反面、西南関東地方～中部高地では、縄文前期および縄文後期に貯蔵穴の存在は明確に確認されるにもかかわらず、その狭間にある縄文中期中葉～後葉の貯蔵穴検出例は稀で、しかも磨石類に対して打製石斧が大きく卓越するといった考古学的事実にある。

この事実を踏まえ、群集貯蔵穴を堅果類の貯蔵施設、打製石斧を根茎類——特にジネンジョ——の採取用具と定義し、東北地方・新潟・栃木・茨城・千葉では堅果類に依存する生業的適応が進んだのに対し、縄文中期中葉～後葉の西南関東地方から中部高地にかけては根茎類に依存する生業的適応が進んだと述べた（今村 1989）。

では、本稿で問題にする関西地方および東海・北陸地方西部での検討はどうか。——その萌芽は、2004年に開催された第6回関西縄文文化研究会にある。ここでは、打製石斧と磨石類の検討から、利用された植物質食料の地域ごとの特徴、差異に関する2つの検討が示された。

そのひとつは筆者の検討である。本稿でいうところの関西地方および東海・北陸地方西部を対象に、縄文後・晩期の打製石斧を筆者は検討した。その結果、打製石斧の数は、縄文中期以前に比べて縄文後期前葉に急増することを改めて示した。

また、打製石斧の出土数が多い地域は福井・愛知・岐阜などで、突出した出土数を誇る遺跡や大型品の出土もこの範囲にほぼ限られることを示した。

加えて、各遺跡の石器構成を検討し、滋賀・奈良・大阪・兵庫・和歌山などでは、石鏃・石錘・磨石類に対して打製石斧の出土比率は極めて低いのに対し、福井・愛知・岐阜などでは、打製石斧の比率が高い遺跡がしばしば存在することを示し、この点からみて、後者の地域は打製石斧を用いた生業の比重が非常に高くなる地域だった可能性などを指摘する一方で、本稿でいう関西地方の遺跡では、打製石斧に大きく偏るケースは京都府の桑飼下遺跡にほぼ限られることを示した（瀬口 2004）。

いまひとつは矢野健一の検討である。氏は磨石類と打製石斧との比率を検討し、打製石斧が磨石類の5倍以上ある遺跡を打製石斧圧倒型とした。その上で、縄文中期後半に、打製石斧圧倒型の遺跡が伊那谷地方から岐阜県東部・愛知県北部に存在し始め、後・晩期には岐阜県南部にも広がったことを指摘した（矢野 2004）。

（3）本稿の位置づけ

1991年に実施された滋賀県粟津湖底遺跡第3貝塚の調査により、関西地方におけるトチノキのアク抜き技術は縄文時代中期前葉に遡ることが判明した。

また、先述の拙稿で明らかなように、打製石斧の出土比率が高い遺跡は東海・北陸地方西部にほぼ限られ、関西地方の場合は縄文後期中葉の京都府桑飼下遺跡にほぼ限られている。

これらのことから、渡辺が指摘した、高度なアク抜き技術と打製石斧を駆使する「桑飼下型経済類型」の成立・存在については、調査事例の積み上げを踏まえた上で見直す時期に来ている。この点を念頭に置きつつ、植物質食料の利用強化の推移を整理するのが本稿の役割の一つと考える。

また、筆者や矢野によって示唆された地域的差異については、更なる裏付け作業も必要である。すでにみえ始めた地域的差異をよりシンプルかつ明確に示す。これを目指す試みとして本稿を位置づける。

3. 作業の手続き
（1）時期と地域

対象時期は縄文時代早期前葉～晩期後半で、時期区分は表1のとおりである。

対象地域は、関西地方と東海・北陸地方の西部である。このうち、ここでいう関西地方とは滋賀、京都、兵庫、奈良、大阪、和歌山の6府県を指す。一方、東海・北陸地方の西部とは福井・愛知・三重・岐阜（飛騨地方は除く）の4県である。

（2）対象と方法
検討対象

本稿の目的は、植物質食料の利用の程度の推移や、地域ごとの特徴、差異の俯瞰である。これらの論点を問うていくために、植物質食料の利用に関わる2つの資料——打製石斧と貯蔵穴——を選び、検討対象資料とする。

このうち、打製石斧は根茎類の採取や耕作に用いられた可能性のある資料として取り扱う。一方、貯蔵穴は採集した堅果類の貯蔵施設として取り扱う。それぞれの資料の認定は、関西縄文文化研究会の資料集成（関西縄文研 2001～2004）に基本的には準拠し、資料の検索も基本的にはこの資料集成をもとに行う。

検討方法と留意点

ここでは、住居1棟あたりの打製石斧と貯蔵穴の数を機械的に算出し、その値を取り扱うことにする。というのも、住居1棟あたりの数値を用いないと本稿で読み取りたい傾向が導き出しにくいからである。

本稿で読み取りたいのは、「遺物数や遺構数」の推移や地域的差異から見出せる、植物質食料の「利用程度」の推移や差異である。ところが、「遺物数や遺構数」は、

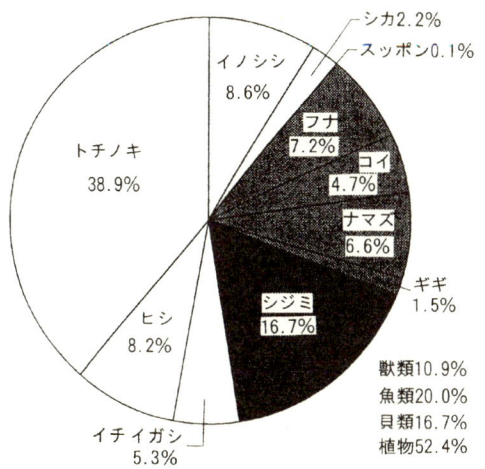

第1図 粟津湖底遺跡第3貝塚出土食料
　　　残滓の比率
　　　（カロリー換算値で表示）

表1　時期区分

早期前葉	ネガティブ押形文併行期
中葉	ポジティブ押形文併行期
後葉	条痕文
前期前葉	羽島下層Ⅰ式併行期
中葉	羽島下層Ⅱ式～北白川下層Ⅱa式併行期
後葉	北白川下層Ⅱb式～大歳山式併行期
中期前葉	鷹島式～船元Ⅰ式併行期
中葉	船元Ⅱ式～船元Ⅳ式併行期
後葉	里木Ⅱ式・咲畑式～北白川C式併行期
後期前葉	中津式～北白川上層式Ⅱ期併行期
中葉	北白川上層式Ⅲ期～元住吉山Ⅰ式併行期
後葉	元住吉山Ⅱ式～宮滝式併行期
晩期前半	滋賀里Ⅰ式～Ⅲa式併行期
後半	篠原式～長原式併行期

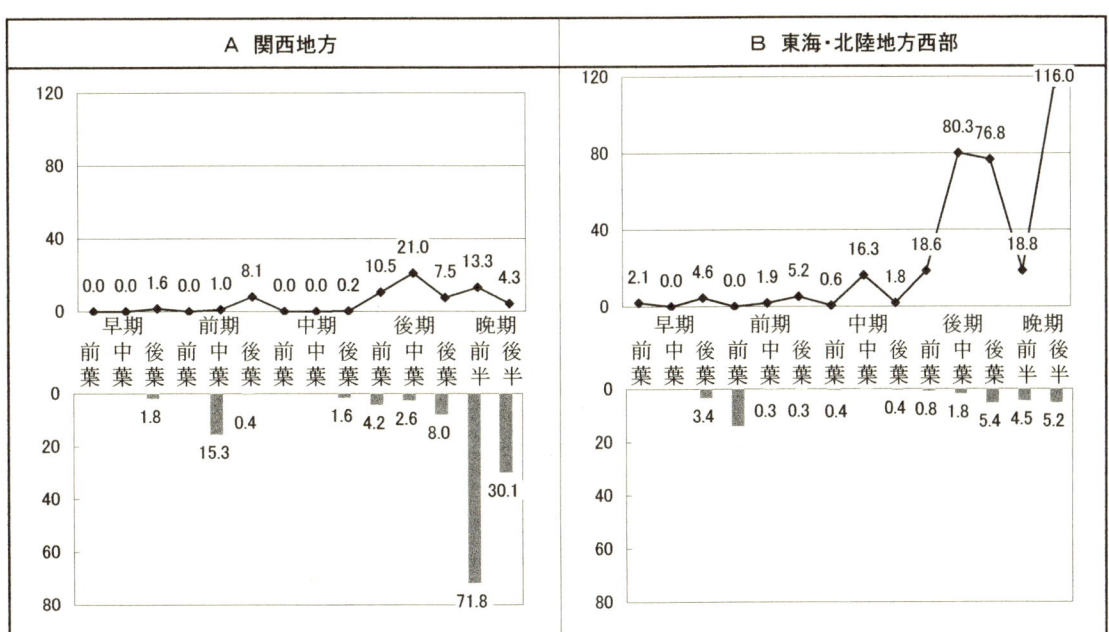

第2図　住居1棟あたりの打製石斧数（上）と遺構数（下）の推移

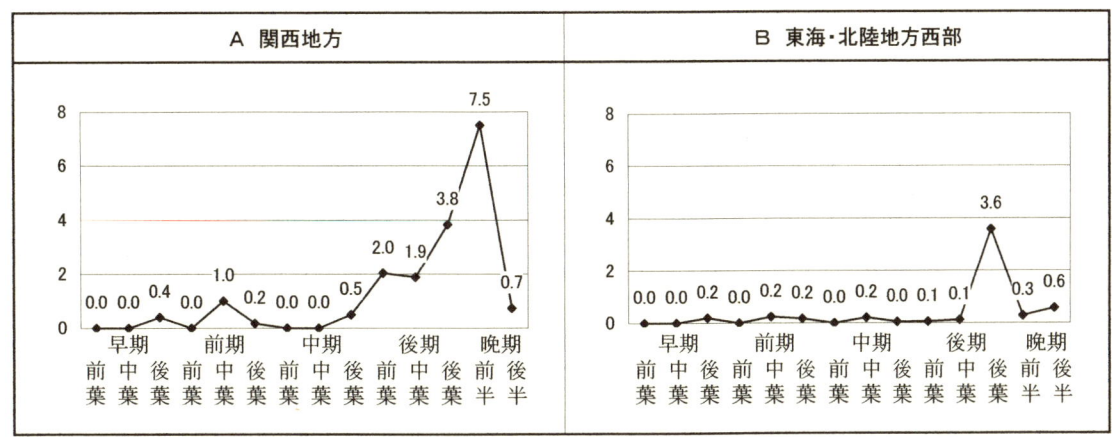

第3図　住居1棟あたりの貯蔵穴数の推移

①「利用程度」のほかに、②当時の人口規模やその増減、あるいは③発掘調査済みの面積などにも影響されてしまう。

②と③の影響を取り除くためには、人口規模にもある程度関わる資料で、なおかつ発掘面積の多寡で数値が変わる資料を用い、その数で「遺物数や遺構数」を割り戻して、より有効な値を算出する必要がある。

ここではその条件を満たす資料として「住居」を用意する。そして、各地域・各時期の「遺物数や遺構数」を「住居」の数で割り戻した値──住居1棟あたりの打製石斧と貯蔵穴の数──から「利用程度」の推移と差異を読み取る。

なお、各地方の大別時期ごとの関係各種対象資料の一覧は文末表2のとおりである。住居数[1]は関西縄文文化研究会の資料集（関西縄文研1999）に原則従った。複数時期にまたがる資料は、時期の数で資料数を除し、便宜上各時期に等しく配分した[2]。

（3）手続きの整理

本稿では、縄文時代の主食料と目されている植物質食料の利用の程度の推移、地域ごとの特徴と差異を俯瞰するために、植物質食料の利用に関わる2つの資料──打製石斧や貯蔵穴──の住居1棟あたりの数を検討する。

4．打製石斧数の検討
（1）関西地方の傾向

関西地方における住居1棟あたりの打製石斧数の推移は第2図Aのとおりである。

その推移は、後述する東海・北陸地方西部に比べて起伏に乏しく、量そのものも少ない。強いて変化を見出すならば、縄文後期中葉にピーク（約21本）が見出せる。

平均値は4.81本で、縄文前期後葉、後期前葉～晩期前半晩期で平均値を上回っている。

（2）東海・北陸地方西部の傾向

東海・北陸地方西部における住居1棟あたりの打製石斧数の推移は第2図Bのとおりである。その推移には、大きな変化が見出せる。

平均値は24.49本で、関西地方よりかなり多い。主たるピークは、縄文中期中葉（約16本）、縄文後期中葉～後葉（約80本）、縄文晩期後半（約116本）にある。縄文後期（特に中葉）から晩期にかけて、住居1棟あたりのその数は増大傾向にある。

（3）打製石斧増加の背景の検討

以上が各地方における傾向である。ところで、打製石斧を用いた掘削活動には、①根茎類などの採集や耕作活動といった生業活動のほかに、②当時の諸設備＝遺構の掘削などが考えられる。

今回の検討からは、特に東海・北陸地方西部の縄文後・晩期に住居1棟あたりの打製石斧数の増大──打製石斧の利用強化──が見受けられるが、その増大の原因は①の生業活動の強化なのか、②の遺構掘削の強化なのか。

この問いに対し、ここでは①の生業活動の強化が原因だと考える。というのは、住居1棟あたりの遺構掘削量の増加が、必ずしも打製石斧の利用強化時期に関連しないからである。

もし、打製石斧が遺構の掘削のみに使われていたとするならば、住居1棟あたりの打製石斧数が増加する時期に、同時に住居1棟あたりの遺構の数も増加するはずである。

しかしながら、東海・北陸地方西部における住居1棟あたりの遺構[3]の数は、打製石斧の数が増えるほどには増加していない（第2図B下）。

従ってこの地域では、打製石斧の利用強化の原因は、②遺構掘削の強化ではなく、①根茎類などの採集や耕作活動といった生業活動の強化にあると考える。

（4）小結

東海・北陸地方西部は、特に縄文後期以降、住居1棟あたりの打製石斧数が増大しており、根茎類などの採集や耕作といった打製石斧を用いた生業活動を強化した可能性がある。

一方で、関西地方でも縄文後期以降に、住居1棟あたりの打製石斧の数は増大するが、東海・北陸地方西部に比べればわずかなもので、打製石斧を用いた生業活動の強化は相対的に低かった、もしくは無かったと考える。

5．貯蔵穴数の検討
（1）関西地方の傾向

関西地方における住居1棟あたりの貯蔵穴数の推移は第3図Aのとおりで、後述する東海・北陸地方西部に比べて起伏に富む。

平均値は1.29基で、縄文後期後葉～晩期前半で平均値を上回り、住居1棟あたりの貯蔵穴は増大している。そのピークは縄文晩期前半で、計算上では7基を上回る。

（2）東海・北陸地方西部の傾向

東海・北陸地方西部における住居1棟あたりの貯蔵穴数の推移は第3図Bのとおりである。

平均値は0.39基で、関西地方に比べて低い。縄文後期後葉だけは関西地方と同様の値を示すが、そのほかの時期はほとんど全て関西地方の値を下回る。

（3）小結

関西地方は、特に縄文後期以降、住居1棟あたりの貯蔵穴が増大しており、堅果類の採集活動を強化し、収量を増大させた可能性がある。

一方で、東海・北陸地方西部でも縄文後期以降に、住

居1棟あたりの貯蔵穴の数は増大するが、関西地方の傾向には及ばない。貯蔵穴でみる限り、堅果類採集活動の強化の程度は、関西地方より弱かった可能性がある。

6. 結論と解釈

　先学の研究成果の蓄積からみて、関西地方の縄文社会の主食料は植物質食料だとされている。この推察は、福井県鳥浜貝塚（縄文前期）や、滋賀県粟津湖底遺跡第3貝塚（縄文中期前葉）の調査結果からも裏付けられている。

　このような状況を受け、本稿では2つの論点を設けた。①植物質食料の利用の程度の推移の整理、②地域ごとの特徴・差異の把握である。

　そして、これらの論点を問うていくための検討対象として、植物質食料の利用に関わる資料＝打製石斧と貯蔵穴を選び、関西地方と東海・北陸地方西部における検討を行った。A．住居1棟あたりの資料数の推移の整理と、B．地域的差異の把握である。

　これらの検討対象の検討結果、およびそこから見出した2つの論点の解釈の結果は以下のとおりである。

検討対象の検討結果

A　住居1棟あたりの打製石斧数と貯蔵穴数はいずれも縄文後・晩期に増大する。
B　関西地方と東海・北陸地方西部の推移には地域的差異がある。後者では住居1棟あたりの打製石斧の増大が著しいのに対し、前者では住居1棟あたりの貯蔵穴の増大が著しい。

2つの論点に対する解釈の結果

① 検討対象地域の場合、上記Aの結果からみて、植物質食料の利用の程度は、植田らが指摘するように縄文後期以降により強化されたと考える。
② ただし上記Bの結果からみて、利用強化の対象には、筆者や矢野が指摘したように地域的差異が見出せる。
　対象地域のうち、東海・北陸地方西部縄文社会では、打製石斧を用いた生業（根茎類の採集もしくは耕作）が大いに強化されたと考える。
　これに対し、関西縄文社会では打製石斧を用いた生業は強化せず、堅果類の貯蔵で植物質食料の利用強化を進めたと考える。
　これらの点を踏まえると、渡辺が指摘した打製石斧を駆使する生業類型の縄文後期の波及は、東海・北陸地方西部では強く現れているといってよいが、関西地方では（一部を除き）顕著に現れたとは言い難い。
　縄文中期後葉から後期中葉にかけて、関西縄文社会は東日本から様々な影響を受け、それは暮らしのたて方を含めた複合的なものだったと筆者も考える。

とはいうものの、今回の結果を考慮すると、その受容はやはり取捨選択的に実施されたもので、打製石斧とそれを多用する生業の導入に関していうならば、東海・北陸地方西部の社会に比べて関西縄文社会は消極的だったと考える。

7. 課題と展望

（1）課題

　本稿では住居1棟あたりの資料数から検討を進めた。ここで扱った住居には、竪穴住居のほかにこれまでに確認されてきた掘立柱建物や平地式住居も含めて検討している。

　この3つの設備を等価に扱ったことは不備に含まれるかも知れないが、掘立柱建物や平地式住居は縄文後期以降に増加する設備であり、仮にこれらを省いて作業した場合、縄文後期以降の1棟あたりの増加率がより著しくみえる結果を生むので、本稿の結論をより鮮明にすることはあっても、大きな悪影響を与えることはないと考える。

　むしろ問題なのは、縄文後期以降に増えたであろう掘立柱建物や平地式住居が、発掘現場でうまく検出できていない可能性である。

　縄文時代の遺跡に限らず、竪穴住居に比べて掘立柱建物や平地式住居の認知は難しい。本来の縄文後・晩期にはもっと多く構築されていたかもしれない平地式住居が資料化できていないために、住居1棟あたりの打製石斧や貯蔵穴が縄文後期以降に大きく増加したようにみえているおそれはある。

　平地式住居が竪穴住居と同様に扱われていたかどうかといった問題と併せ、上記の危惧のチェックが今後の課題である。

　また、本稿で扱った住居1棟あたりの値は、いずれも同一地方の同時期区分の値を計算上導き出した数字で、同一住居内や同一遺跡内の値を扱ったものではない。

　従って、各戸・各居住地の実態の値を示しているわけではなく、今回の解釈の意味合いは「傾向の俯瞰」程度とみるべき必要がある。解釈の蓋然性や精度を高めるには他の方法での検討が必要であり、それらの実施が課題である。

　なお、そもそも縄文時代を通じて、その主食料が植物質食料だったと見なして良いだろうか。——本稿では、縄文前期の鳥浜貝塚や縄文中期の粟津湖底遺跡の調査結果から裏付けが済んでいるものとして扱ったが、縄文前期以降はともかく縄文早期はどうか、生業＝居住戦略との関連の中でどう見なしていくのが妥当か、といった点は改めて問い直してみたい。

（2）強化された植物質食料生産の行方

　冒頭で述べたように主食料を取り巻くあり方は、社会

のあり方をも規定すると考える。例えば、A. テスタールや M. サーリンズの意見に準拠するならば、次のような社会変化の可能性を見通すことになる。

　テスタールが民族誌的情報から読みとったのは、貯蔵により利用可能な食料が増大すると、通年定住が促進され、その結果、所有物が増大して社会的不平等が現れ、社会が複雑化するといった過程である（テスタール1995）。

　また、サーリンズは必要量以上の食料は剰余となり、剰余は交換経済のいっそう発達させ、生計のためだけに留まらない贈与交換を促進させ、贈与・交換が「従う義務」と「従わせる権限」を生み出し、社会が複雑化するといった過程を見出した（サーリンズ1984）。

　植物質食料は縄文時代の主食料であった。貯蔵穴や打製石斧の利用強化により、主食料の住居1棟あたりの量が縄文後・晩期に増大した可能性が見出せた。テスタールやサーリンズの意見に準拠するならば、この傾向は社会の複雑化と大いに接点がある。

　幸いなことに、彼らの説明の中には、考古学でも検討可能な「貯蔵」、「所有物の増大」、「生計のためだけに留まらない交換物」といったキーワードが多々存在している。これらを足がかりに考古学的情報を操作したとき、どのような過程が見出せるのか。強化された植物質食料生産の行方や、関西縄文社会とその周辺のあり方・推移はどうか。これらの点を今後も問うていきたい。

謝辞

　本稿を草するにあたり、近江貝塚研究会第139回例会にご参集の皆さん――特に伊庭功・長田友也・鈴木康二の各氏に多くのご教示とご批判を得た。活用しきれていない点を詫びると共に感謝します。

註

（1）それぞれの地域の時期ごとの住居数は以下のとおりである。関西地方：早期前葉1・中葉0・後葉5、前期前葉2・中葉3・後葉11、中期前葉0・中葉0・後葉28、後期前葉58・中葉24・後葉12、晩期前半4・後半15。
東海・北陸地方西部：早期前葉52・中葉後葉24・後葉5、前期前葉1・中葉21・後葉47、中期前葉7・中葉19・後葉254、後期前葉45・中葉8・後葉17、晩期前半14・後半35。
（2）該当資料については、表2の時期の欄に＊印を付している。
（3）ここでは時期の特定できた貯蔵穴および埋葬遺構を集計対象とした。検索は関西縄文文化研究会資料集（関西縄文研2000・2001）を基本的に用いた。

参考文献

今村啓爾　1989　「群集貯蔵穴と打製石斧」『考古学と民族誌』渡辺仁教授古希記念論文集刊行会

植田文雄　1998A　「無縁石皿考」『列島の考古学』 渡辺誠先生還暦記念論集刊行会

植田文雄　1998A　「縄文時代における食料獲得活動の諸相」『古代文化』第50巻第10号

関西縄文研　2000　『第1回関西縄文文化研究会　関西の縄文住居』

関西縄文研　2000　『第2回関西縄文文化研究会　関西の縄文墓地』

関西縄文研　2001　『第3回関西縄文文化研究会　関西縄文時代の生業関係遺構』

関西縄文研　2002　『第4回関西縄文文化研究会　縄文時代の石器』

関西縄文研　2003　『第5回関西縄文文化研究会　縄文時代の石器II』

関西縄文研　2004　『第6回関西縄文文化研究会　縄文時代の石器III』

サーリンズ, A.　1984　『石器時代の経済学』（山内昶訳）

滋賀県教育委員会ほか　1997　『琵琶湖開発事業関連埋蔵文化財発掘調査報告書』I

瀬口眞司　2004　「関西地方における縄文後晩期の打製石斧」『第6回関西縄文文化研究会　縄文時代の石器III』

テスタール, M.　1995　『新不平等起源論』（山内昶訳）

矢野健一　2004　「磨石類の数量的検討」『第6回関西縄文文化研究会　縄文時代の石器III』

渡辺　誠　1975　「総括」『桑飼下遺跡発掘調査報告書』 平安博物館

(2005年7月24日脱稿)

植物質食料の利用強化と地域的差異（瀬口）

表2　資料一覧

府県	遺跡名	打製石斧	貯蔵穴	埋葬遺構	時期
関西地方					
兵庫	上ノ山	4			早期後葉
兵庫	上ノ山		1		早期後葉
兵庫	和地大澤		1		早期後葉
滋賀	赤野井湾A	8			早期後葉
滋賀	石山			5	早期後葉
滋賀	磯山城			2	早期後葉
兵庫	神鍋		1		前期中葉*
京都	志高	1			前期中葉*
京都	三河宮の下	2			前期中葉*
滋賀	下鈎		1		前期中葉
奈良	狐井	1			前期中葉
大阪	国府			43	前期中葉
京都	志高	1			前期後葉*
京都	三河宮の下	2			前期後葉*
京都	志高			1	前期後葉
兵庫	大歳山	2			前期後葉
兵庫	神鍋		1		前期後葉*
兵庫	外野波豆	1			前期後葉
兵庫	外野波豆		1		前期後葉*
滋賀	下鈎		1		前期後葉
滋賀	津田江湖底			1	前期後葉
奈良	箸中	83			前期後葉
兵庫	大歳山	2			中期前葉*
兵庫	上向田		1		中期前葉
兵庫	外野波豆		1		中期前葉*
滋賀	粟津第3貝塚			1	中期前葉
大阪	讃良川	1			中期前葉*
大阪	更良岡山		1		中期前葉*
兵庫	外野波豆		1		中期中葉*
大阪	讃良川	1			中期中葉*
大阪	更良岡山		1		中期中葉
大阪	池田寺		12		中期中葉*
大阪	野畑春日町		2		中期中葉
兵庫	外野波豆		1		中期後葉*
兵庫	辻	15			中期後葉*
兵庫	長谷	1			中期後葉*
兵庫	長坂	4			中期後葉
兵庫	篠原A			1	中期後葉
兵庫	中の原		3		中期後葉*
兵庫	片吹		3		中期後葉
兵庫	与位高尾		1		中期後葉
滋賀	起し又	3			中期後葉
滋賀	野路岡田		2		中期後葉
滋賀	常衛			2	中期後葉
滋賀	新堂			1	中期後葉
奈良	布留・堂垣内		3		中期後葉
奈良	広瀬			1	中期後葉
奈良	布留・堂垣内			2	早期後葉*
奈良	宮滝			1	中期後葉*
奈良	竹内			2	中期後葉
大阪	讃良川	1			中期後葉*
大阪	讃良川		4		中期後葉
大阪	更良岡山		1		中期後葉*
大阪	仏並			2	中期後葉
京都	桑飼下	471			後期前葉*
京都	浜詰	3			後期前葉
京都	森本	2			後期前葉
京都	桑飼下			1	後期前葉
京都	下海印寺			1	後期前葉
京都	浜詰			1	後期前葉
京都	柿ノ内			1	後期前葉
京都	京大植物園		12		後期前葉
京都	京都大学構内			1	後期前葉
京都	十王堂			1	後期前葉
京都	中臣		2		後期前葉
京都	天若			1	後期前葉
兵庫	貝野前	1			後期前葉
兵庫	小森岡	3			後期前葉
兵庫	小森岡	3			後期前葉
兵庫	辻	15			後期前葉*
兵庫	中谷	1			後期前葉
兵庫	長谷	1			後期前葉*
兵庫	中の原	1			後期前葉
兵庫	宮井	1			後期前葉

*＝註2参照

府県	遺跡名	打製石斧	貯蔵穴	埋葬遺構	時期
兵庫	安川・如来田	1			後期前葉*
兵庫	岡本東		1		後期前葉
兵庫	楠荒田町		4		後期前葉
兵庫	本庄町		6		後期前葉
兵庫	小路頃才ノ木			6	後期前葉
兵庫	辻		1		後期前葉
兵庫	中の原		3		後期前葉*
兵庫	本位田		3		後期前葉
兵庫	加茂		4		後期前葉
兵庫	五番町		2		後期前葉
兵庫	篠原B		1		後期前葉
兵庫	川端		1		後期前葉
兵庫	東南		15		後期前葉
兵庫	藤江川添		1		後期前葉
滋賀	金屋	5			後期前葉*
滋賀	小川原	77			後期前葉
滋賀	正楽寺	8			後期前葉
滋賀	小川原		1		後期前葉
滋賀	正楽寺		105		後期前葉
滋賀	小川原			4	後期前葉
滋賀	正楽寺			1	後期前葉
滋賀	今安楽寺			9	後期前葉
滋賀	浄蓮寺			4	後期前葉
滋賀	太田氏館			1	後期前葉
滋賀	林・石田			3	後期前葉
奈良	広瀬			3	後期前葉
奈良	布留・堂垣内			2	後期前葉*
奈良	宮滝			1	後期前葉*
奈良	高井			5	後期前葉
奈良	秋篠・山陵			2	後期前葉
奈良	沢			5	後期前葉
奈良	別所ツルベ			4	後期前葉
大阪	芥川		1		後期前葉
大阪	芥川			2	後期前葉
大阪	山ノ内			1	後期前葉
大阪	池田寺			12	後期前葉*
大阪	林			1	後期前葉
和歌山	下尾井	11			後期前葉*
和歌山	溝ノ口	7			後期前葉*
和歌山	溝ノ口			7	後期前葉
京都	森本	1			後期中葉
京都	桑飼下	471			後期中葉*
兵庫	香山	6			後期中葉
兵庫	佃		29		後期中葉
滋賀	穴太	2			後期中葉
滋賀	金屋	5			後期中葉
滋賀	穴太		2		後期中葉
滋賀	宮司			15	後期中葉
奈良	本郷大田下		14		後期中葉*
大阪	縄手			2	後期中葉
和歌山	下尾井	11			後期中葉
和歌山	溝ノ口	7			後期中葉
和歌山	溝ノ口			1	後期中葉
兵庫	下筱見	1			後期後葉
兵庫	森山	20			後期後葉
兵庫	森山	20			後期後葉
兵庫	楠荒田町		1		後期後葉
兵庫	佃		29		後期後葉*
滋賀	穴太	13			後期後葉
滋賀	金屋	5			後期後葉
滋賀	北仰西海道		1		後期後葉
滋賀	北仰西海道			40	後期後葉
奈良	平左三五三下		1		後期後葉
奈良	本郷大田下		14		後期後葉*
奈良	宮滝			2	後期後葉
大阪	向出	30			後期後葉
大阪	森ノ宮	1			後期後葉
大阪	森ノ宮			8	後期後葉
京都	石田			1	晩期前半
兵庫	佃		8		晩期前半
兵庫	辻井		5		晩期前半
滋賀	北仰西海道		1		晩期前半*
滋賀	宮司		1		晩期前半
滋賀	北仰西海道			51	晩期前半
滋賀	北仰西海道			40	晩期前半*
滋賀	志那湖底			3	晩期前半*
滋賀	滋賀里			71	晩期前半*
奈良	西坊城	1			晩期前半

府県	遺跡名	打製石斧	貯蔵穴	埋葬遺構	時期
奈良	三条		1		晩期前半
奈良	布留・三島		7		晩期前半
奈良	橿原	50			晩期前半*
奈良	箸尾		6		晩期前半
大阪	向出	2			晩期前半*
奈良	本郷大田下		14		晩期前半*
奈良	西坊城			10	晩期前半
奈良	稲淵ムカンダ			1	晩期前半
奈良	越部ハサマ			13	晩期前半
奈良	大福			3	晩期前半*
奈良	竹内			10	晩期前半
大阪	伊賀			5	晩期前半
大阪	国府			16	晩期前半
大阪	大県			1	晩期前半
大阪	日下			18	晩期前半*
大阪	馬場川			1	晩期前半
京都	北白川追分町	2			晩期
京都	高倉宮下層	2			晩期後半
京都	北白川追分町		1		晩期後半
京都	寺界道		2		晩期後半
京都	高倉宮下層			2	晩期後半
京都	安祥寺下層			1	晩期後半
京都	一乗寺向畑町			1	晩期後半
京都	下植野南			2	晩期後半
京都	開田城ノ内			2	晩期後半
京都	京大植物園北			1	晩期後半
京都	京都大学構内			1	晩期後半
京都	鶏冠井			2	晩期後半
京都	今里			1	晩期後半
京都	大宅廃寺下層			2	晩期後半
京都	中臣			14	晩期後半
京都	馬場			1	晩期後半
京都	平			1	晩期後半
京都	北白川追分町			1	晩期後半
兵庫	小路頃才ノ木	1			晩期後半以降
兵庫	安川・如来田	1			晩期前半*
兵庫	香山			1	晩期後半
兵庫	雲井			1	晩期後半～弥生前
兵庫	雲部藤岡山			1	晩期後半
兵庫	下加茂			1	晩期後半
兵庫	口酒井			2	晩期後半
兵庫	今宿丁田			3	晩期後半
兵庫	鹿沢本多町			1	晩期後半
兵庫	篠原B			19	晩期後半
兵庫	新宮宮内			1	晩期後半
兵庫	日笠山貝塚			1	晩期
兵庫	立岡			1	晩期後半
滋賀	金屋	5			晩期後半*
滋賀	北仰西海道		1		晩期後半*
滋賀	穴太		7		晩期後半
滋賀	金屋		6		晩期後半
滋賀	北仰西海道		40		晩期後半*
滋賀	北仰西海道		25		晩期後半
滋賀	小川原		1		晩期後半
滋賀	下羽田		5		晩期後半
滋賀	久徳		1		晩期後半
滋賀	後川		1		晩期後半
滋賀	御所内		1		晩期後半
滋賀	弘川B		1		晩期後半
滋賀	弘部野		54		晩期後半
滋賀	三大寺		1		晩期後半
滋賀	志那湖底		3		晩期後半*
滋賀	滋賀里		71		晩期後半*
滋賀	芝原南		2		晩期後半
滋賀	松原内湖		17		晩期後半
滋賀	新堂				晩期後半
滋賀	杉沢		9		晩期後半
滋賀	鷹飼		1		晩期後半
滋賀	土田		20		晩期後半
滋賀	内野		1		晩期後半
滋賀	尼子		1		晩期後半

府県	遺跡名	打製石斧	貯蔵穴	埋葬遺構	時期
滋賀	日吉		1		晩期後半
滋賀	布施横田		1		晩期後半
滋賀	堀部西		4		晩期後半
滋賀	麻生		1		晩期後半
滋賀	木流		1		晩期後半
滋賀	梁瀬		1		晩期後半
奈良	橿原	50			晩期後半*
奈良	箸尾		6		晩期後半*
奈良	箸尾			2	晩期後半
奈良	稲淵ムカンダ			1	晩期後半
奈良	鎌田			1	晩期後半
奈良	曲川			7	晩期後半
奈良	大藤原京6-6			1	晩期後半
奈良	大藤原京7-6			1	晩期後半
奈良	大福			3	晩期後半*
奈良	坪井・大福			1	晩期後半
奈良	島庄			1	晩期後半
大阪	恩智	1			晩期後半
大阪	向出	2			晩期後半*
大阪	長原		1		晩期後半
大阪	長原			10	晩期後半
大阪	森ノ宮			7	晩期～弥生前期
大阪	鬼塚			2	晩期後半
大阪	交北城の山			3	晩期後半
大阪	砂			1	晩期後半
大阪	耳原			16	晩期後半
大阪	長保寺			1	晩期後半
大阪	土師の里			1	晩期後半
大阪	日下			18	晩期後半*
大阪	本郷			1	晩期後半
大阪	万町北			1	晩期後半
大阪	野間			1	晩期後半
和歌山	溝ノ口			7	晩期後半
和歌山	岡村			1	晩期後半
和歌山	瀬戸			2	晩期後半
和歌山	川辺			6	晩期後半
和歌山	鳴神貝塚			2	晩期後半

東海・北陸地方西部

府県	遺跡名	打製石斧	貯蔵穴	埋葬遺構	時期
三重	鴻ノ木	11			早期前葉
岐阜	上ヶ平	3			早期前葉
岐阜	落合五郎	6			早期前葉
岐阜	西田	86			早期前葉
岐阜	宮ノ前	1			早期前葉
愛知	八王子貝塚	6			早期後葉
三重	向井	1			早期後葉
岐阜	蘇原東山	16			早期後葉
岐阜	蘇原東山		1		早期後葉
岐阜	市場		2		早期後葉
福井	桑野		14		早期後葉*
福井	桑野		14		前期前葉*
愛知	大麦田	7			前期中葉
愛知	鞍船	5			前期中葉
愛知	林	1			前期中葉
愛知	水汲	5			前期中葉
岐阜	小御所			1	前期中葉
福井	鳥浜貝塚	21			前期中葉*
福井	鳥浜貝塚		5		前期中葉
愛知	ヒロノ	30			前期後葉
岐阜	芦戸	9			前期後葉
岐阜	阿曽田	2			前期後葉
岐阜	上原	2			前期後葉
岐阜	上原	1			前期後葉
岐阜	落合五郎	168			前期後葉*
岐阜	寺上	11			前期後葉
岐阜	芦戸		2		前期後葉
岐阜	阿曽田		3		前期後葉
岐阜	御望			2	前期後葉
岐阜	小御所			2	前期後葉
福井	鳥浜貝塚	21			前期後葉*
福井	本郷北	3			前期後葉
岐阜	上原			3	中期前葉
福井	古宮	4			中期前葉
愛知	洗嶋	1			中期中葉
愛知	川地貝塚	2			中期中葉～後期後
岐阜	陰地	3			中期中葉
岐阜	塚原	30			中期中葉
岐阜	寺田	5			中期中葉
岐阜	徳野	4			中期中葉

植物質食料の利用強化と地域的差異（瀬口）

府県	遺跡名	打製石斧	貯蔵穴	埋葬遺構	時期
岐阜	戸入村平	3			中期中葉
岐阜	牧野小山	78			中期中葉
岐阜	宮之脇	105			中期中葉
岐阜	門垣戸	17			中期中葉
岐阜	戸入村平		4		中期中葉*
福井	右近次郎	40			中期中葉*
福井	栃川	22			中期中葉
愛知	内田町	45			中期後葉*
愛知	川地貝塚	2			中期後葉
愛知	久保田	49			中期後葉
愛知	佐野	11			中期後葉
愛知	品野西	1			中期後葉
愛知	白鳥	1			中期後葉
愛知	惣作・鐘場	2			中期後葉
愛知	堤下	1			中期後葉
愛知	前畑	23			中期後葉
愛知	万場垣内	16			中期後葉
愛知	山の神	1			中期後葉
愛知	日陰田		1		中期後葉
三重	大石		2		中期後葉
三重	地蔵僧		1		中期後葉
岐阜	芦戸	2			中期後葉
岐阜	阿曽田	20			中期後葉
岐阜	上開田村平	7			中期後葉
岐阜	祖師野	209			中期後葉*
岐阜	塚	4			中期後葉
岐阜	戸入村平	2			中期後葉
岐阜	戸入村平	2			中期後葉*
岐阜	山手宮前	2			中期後葉
岐阜	炉畑	2			中期後葉
岐阜	阿曽田		1		中期後葉
岐阜	上開田村平		4		中期後葉
岐阜	塚原		1		中期後葉
岐阜	戸入村平		4		中期後葉*
岐阜	阿曽田		12		中期後葉
岐阜	上原		12		中期後葉
岐阜	上開田村平		2		中期後葉
岐阜	御望		1		中期後葉
岐阜	塚		2		中期後葉
岐阜	戸入村平		5		中期後葉
岐阜	牧野小山		2		中期
岐阜	宮之脇		18		中期後葉
岐阜	山手宮前		5		中期後葉
岐阜	炉畑		5		中期後葉
岐阜	重竹B		1		中期後葉
岐阜	中村		4		中期後葉
岐阜	立壁A		8		中期後葉
岐阜	岩垣内	2			中期後葉
福井	右近次郎	40			中期後葉
福井	上平吹	14			中期後葉
福井	岩の鼻		1		中期後葉
福井	角野前坂		3		中期後葉
福井	後野		2		中期後葉
福井	三室		4		中期後葉
愛知	内田町	45			後期前葉*
愛知	川地貝塚	2			後期前葉*
愛知	咲畑貝塚第2	1			後期前葉
愛知	三斗目	3			後期前葉*
愛知	林ノ峰貝塚	1			後期前葉
愛知	真向	22			後期前葉*
愛知	朝日		2		後期前葉
三重	覚正垣内	1			後期前葉
三重	新徳寺	1			後期前葉
三重	上ノ垣外			1	後期前葉
三重	覚正垣内			1	後期前葉
三重	新徳寺			1	後期前葉
三重	井尻			1	後期前葉
三重	下川原		9		後期前葉
三重	川向		2		後期前葉
三重	中戸		5		後期前葉
岐阜	荒城神社	2			後期前葉
岐阜	岩垣内	5			後期前葉
岐阜	垣内	13			後期前葉
岐阜	祖師野	209			後期前葉*
岐阜	祖師野	118			後期前葉
岐阜	高見	37			後期前葉
岐阜	たのもと	5			後期前葉
岐阜	塚	2			後期前葉*
岐阜	戸入村平	2			後期前葉*
岐阜	中野山越	18			後期前葉
岐阜	道下	72			後期前葉

府県	遺跡名	打製石斧	貯蔵穴	埋葬遺構	時期
岐阜	宮ノ前	5			後期前葉*
岐阜	室屋	5			後期前葉*
岐阜	湯屋	4			後期前葉
岐阜	戸入村平		1		後期前葉
岐阜	上原			1	後期前葉
岐阜	久須田			1	後期前葉
岐阜	戸入村平			5	後期前葉
福井	右近次郎			2	後期前葉*
福井	右近次郎	40			後期前葉
福井	上莇生田	23			後期前葉
福井	鳴鹿手島	199			後期前葉*
福井	岩の鼻			1	後期前葉
福井	右近次郎			2	後期前葉*
福井	高塚向山			3	後期前葉
愛知	内田町	45			後期中葉
愛知	馬ノ平	8			後期中葉
愛知	大坪	2			後期中葉
愛知	川地貝塚	2			後期中葉
愛知	観音前	2			後期中葉
愛知	今朝平	25			後期中葉
愛知	坂口	14			後期中葉
愛知	三斗目	3			後期中葉
愛知	西北出	3			後期中葉
愛知	西向	2			後期中葉*
愛知	八王子貝塚	1			後期中葉
愛知	真向	22			後期中葉
愛知	西北出		1		後期中葉
三重	天白	3			後期中葉
岐阜	垣内	31			後期中葉
岐阜	カクシクレC	37			後期中葉*
岐阜	久須田	4			後期中葉
岐阜	塩屋金清神社	3			後期中葉
岐阜	塚	2			後期中葉*
岐阜	広島	60			後期中葉
岐阜	道下	72			後期中葉
岐阜	宮ノ前	5			後期中葉
岐阜	室屋	5			後期中葉
岐阜	岩井谷			6	後期中葉
岐阜	稲葉			1	後期中葉
岐阜	勝更白山神社周辺			1	後期中葉
福井	鹿谷本郷	74			後期中葉*
福井	下糸生脇	3			後期中葉
福井	曽万布	15			後期中葉
福井	鳴鹿手島	199			後期中葉
福井	鳴鹿手島		4		後期中葉
福井	上河北			1	後期中葉
愛知	牛牧	15			後期後葉*
愛知	大坪	2			後期後葉
愛知	川地貝塚	2			後期後葉
愛知	観音前	2			後期後葉
愛知	三斗目	3			後期後葉
愛知	大ノ木	2			後期後葉
愛知	大六	2			後期後葉
愛知	高木	2			後期後葉
愛知	西向	2			後期後葉
愛知	真向	22			後期後葉
愛知	吉胡貝塚	5			後期後葉
三重	天白	3			後期後葉
三重	追上		20		後期後葉
三重	天白		23		後期後葉
岐阜	カクシクレC	37			後期後葉*
岐阜	下島	26			後期
岐阜	塚	2			後期後葉*
岐阜	西乙原	850			後期
岐阜	西田 住12	2			後期後葉
岐阜	飛騨横倉	167			後期後葉
岐阜	道下	72			後期後葉
岐阜	宮ノ前	5			後期後葉
岐阜	室屋	5			後期後葉
岐阜	大野吾		1		後期後葉
岐阜	岩井谷			1	後期後葉
岐阜	久須田			1	後期後葉
福井	鹿谷本郷	74			後期後葉
福井	下糸生脇	3			後期後葉
福井	四方谷岩伏		40		後期後葉
福井	下糸生脇			5	後期後葉*
愛知	牛牧	15			晩期前半*
愛知	大蚊里貝塚	2			晩期前半*

府県	遺跡名	打製石斧	貯蔵穴	埋葬遺構	時期
愛知	大西貝塚	7			晩期前半
愛知	御用池	3			晩期前半*
愛知	さんまい貝塚	2			晩期前半
愛知	品野西	1			晩期前半
愛知	正林寺貝塚	3			晩期前半
愛知	神郷下	10			晩期前半
愛知	水神貝塚	2			晩期前半
愛知	大ノ木	2			晩期前半*
愛知	大六	2			晩期前半*
愛知	玉ノ井	3			晩期前半
愛知	東光寺	7			晩期前半
愛知	西ノ宮貝塚	1			晩期前半
愛知	西向	2			晩期前半
愛知	平井稲荷山	51			晩期前半
愛知	富士見町	1			晩期前半
愛知	真向	22			晩期前半*
愛知	丸根	2			晩期前半
愛知	吉胡貝塚	5			晩期前半*
愛知	城下		1		晩期前半
愛知	見晴台		3		晩期前半
三重	片野殿垣内	2			晩期前半*
三重	天白	3			晩期前半*
三重	下川原		8		晩期前半
三重	北一色		2		晩期前半*
岐阜	阿曽田	30			晩期前半
岐阜	道下	72			晩期前半*
岐阜	宮ノ前	5			晩期前半*
岐阜	室屋	5			晩期前半*
岐阜	阿曽田		3		晩期前半
岐阜	上原		1		晩期前半
岐阜	戸入村平		6		晩期前半
岐阜	段原		1		晩期前半
岐阜	中村		19		晩期前半
岐阜	北裏		7		晩期前半*
福井	下糸生脇	3			晩期前半*
福井	下糸生脇		5		晩期前半
福井	天神山		7		晩期前半
愛知	麻生田大橋	3271			晩期後半
愛知	伊川津貝塚	13			晩期
愛知	牛牧	15			晩期後半*
愛知	大蚊里貝塚	2			晩期後半*
愛知	五貫森貝塚	31			晩期後半
愛知	御用池	3			晩期後半*
愛知	水神貝塚	1			晩期後半
愛知	住崎	1			晩期後半
愛知	大ノ木	2			晩期後半*
愛知	大六	2			晩期後半
愛知	中川原	1			後期前葉〜晩期
愛知	西向	2			晩期後半*
愛知	東刈安賀道	1			晩期後半
愛知	古沢町	4			晩期後半
愛知	馬見塚	33			晩期後半
愛知	真宮	4			晩期
愛知	真向	22			晩期後半*
愛知	吉胡貝塚	5			晩期後半*
愛知	西中神明社南		5		晩期後半
愛知	富士見町		1		晩期後半
三重	片野殿垣内	2			晩期後半*
三重	松ノ木	1			晩期後半
三重	森脇		14		晩期
三重	雲出島貫		2		晩期後半
三重	下川原		18		晩期後半
三重	宮山		1		晩期後半
三重	居敷		2		晩期後半
三重	権現坂		2		晩期後半
三重	山田		1		晩期後半
三重	四ツ野B		3		晩期後半
三重	蛇亀橋		4		晩期後半
三重	西野		1		晩期後半
三重	天保		1		晩期後半
三重	北一色		2		晩期後半*
三重	木田坂上		2		晩期後半
岐阜	阿曽田	30			晩期後半*
岐阜	大味上	10			晩期後半
岐阜	大島田	2			晩期後半
岐阜	はいづめ	64			晩期後半
岐阜	羽沢貝塚	5			晩期
岐阜	巾通り	79			晩期
岐阜	道下	72			晩期後半*

府県	遺跡名	打製石斧	貯蔵穴	埋葬遺構	時期
岐阜	宮ノ前	5			晩期後半*
岐阜	室屋	5			晩期後半*
岐阜	阿曽田		1		晩期後半
岐阜	上原		1		晩期
岐阜	上原		5		晩期後半
岐阜	いんべ		11		晩期後半
岐阜	はいづめ		16		晩期後半〜弥生前
岐阜	羽沢貝塚		6		晩期後半
岐阜	下広覧		1		晩期後半
岐阜	花無山		1		晩期後半
岐阜	顔戸南		2		晩期
岐阜	西坂A		1		晩期後半
岐阜	中村		1		晩期後半
岐阜	長吉		1		晩期後半
岐阜	北裏		7		晩期後半*
福井	金合丸	373			晩期後半
福井	金合丸		66		晩期後半
福井	茱山崎		2		晩期後半

縄文時代中期後半・東海地方西部の地域性（覚書）

■伊藤　正人　(ITO, Masato)

はじめに

　石器をテーマとした第4～6回関西縄文文化研究会に関わった者として、資料集(1)を活用し、それが持つ可能性を実感したいと考えた。しかし、日頃主に縄文文化の土器や土製品に興味を持ち、石器に関しては勉強を怠ってきた筆者にとって、限られた時間の中で扱うことができたのは、地域を限り、時間を限った上で、表層的にデータを利用することのみであった。こうした自覚を持ちつつ、石器研究の間口を広げる方向を模索して本稿を編む。

1. 石器の分布から

　表1に、本論で対象とした中期後葉あるいは後半の東海地方西部及び周辺地域の土器型式・様式編年を示した。左半は、第5回シンポジウムの基調となった冨井眞氏による概説［冨井2003］から、右半は、1999年に縄文時代文化研究会が刊行した全国編年表［縄文時代文化研究会1999］からの抜粋である。地域によって精粗があり、この他にも多様な編年が示されており、地域相互・編年相互の対応関係も複雑で、未だ統一的な大系となっていない。ただし、様式として捉えるレベルにおいて各研究者が示す土器群はほぼ共通している。東海三県（愛知・岐阜・三重）の資料集から、中期後葉・後半の土器型式との対応が示された石器の出土例を抽出しても、ごく限られた例数しかなく分析が成り立たないため、今回は中期後葉（末葉を含む）あるいは後半と括られた例を選別して対象とした。おおむね表1の中期の部分である。第1図に示したように、三重県5遺跡、愛知県17遺跡、岐阜県（美濃地方）16遺跡である。原則的に資料集の記載数値・内容を用いたが、不明な点等は報告書原典の内容から補足・修正した。滋賀県及び第1図の図幅内の福井県には該当例が無く(2)、京都府・奈良県については対象としなかった。長野県及び静岡県西部については比較資料として7遺跡及び5遺跡から同様なデータを抽出した。ただし、これらの遺跡は、筆者が参照可能な報告書(3)の中から、データ抽出が可能なものを任意に選択したに過ぎず、集成として示された三県とは基準が異なっている。山梨県と静岡県東部については対象としなかった。

　資料集成が成された三県においても、以下のような前提は確認しておく必要がある。

　集成作業が基本的に報告書掲載内容に基づいているため、報告者による器種認定・材質認定や掲載量・内容の選別・選択結果に従わざるを得ない。また報告内容は、発掘調査の成果に関する事実報告を基本とするとは言え、現地における遺構の範囲や切り合い・攪乱等の影響の認定など、時期的一括性の検証は報告者・集成資料作成者にその基準を委ねている。もとより、発掘現場における

表1　東海地方西部を中心とする中期後半の縄文土器編年

［冨井2003］より

	近　畿	福井県東部	東　海
中期前半	船元Ⅳ	古府	北屋敷
中期後半	里木Ⅱ	里木Ⅱ・古府	里木Ⅱ
	里木Ⅱ・咲畑	咲畑	咲畑
	篠原A？	神明	神明
	星田＼醍醐	大杉谷	取組／島崎Ⅲ
	星田＼平C＼番の面	山の神？	山の神
後期初頭	中津	中津	中津

［縄文時代文化研究会1999］より

近畿	東海（愛知・岐阜）	中　部	北　陸	関　東
船元Ⅳ	中富Ⅰ	曽利Ⅰ	上山田	加曽利E1
里木Ⅱ	中富Ⅱ・中富Ⅲ	曽利Ⅱ	古府	加曽利E2・連弧文土器
	中富Ⅳ			
	咲畑・神明	曽利Ⅲ		加曽利E3・連弧文土器
	取組・（塚原）			
北白川C	島崎Ⅲ	曽利Ⅳ	串田新	
	山の神Ⅰ			
	山の神Ⅱ・（林ノ峰Ⅰ）	曽利Ⅴ		加曽利E4
中津Ⅰ	（林ノ峰Ⅱ）	称名寺Ⅰ	前田	称名寺Ⅰ

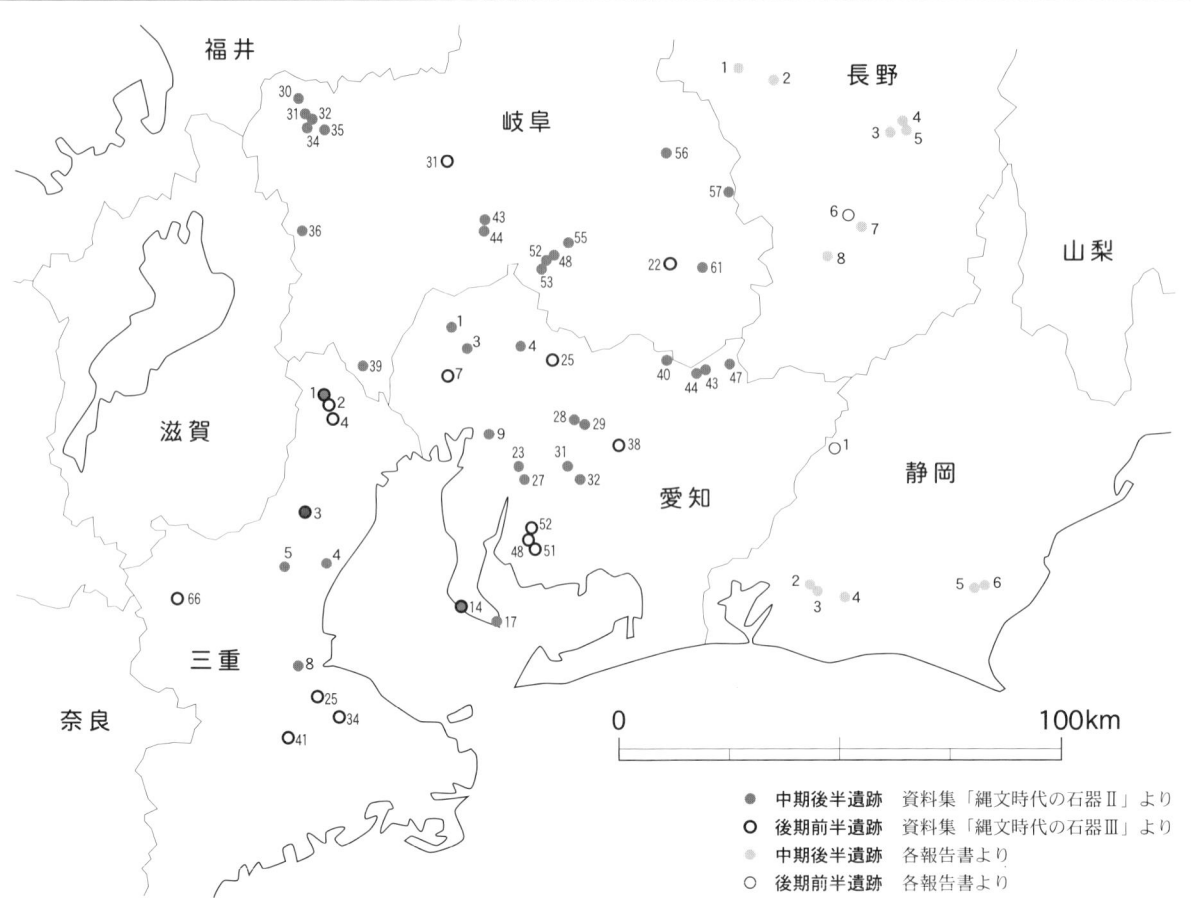

第1図　資料掲載遺跡分布

縄文時代中期後半・東海地方西部の地域性（覚書）（伊藤）

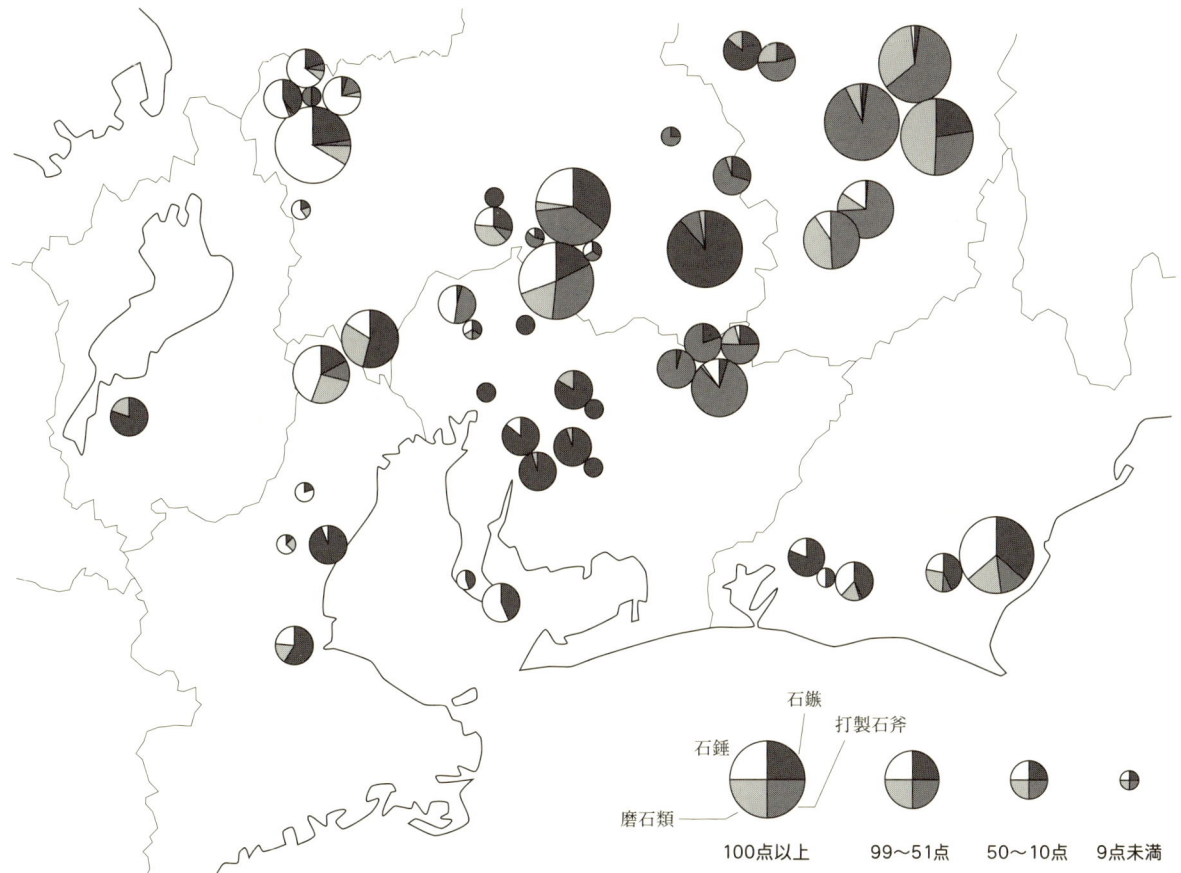

第2図　中期後半の主要石器組成

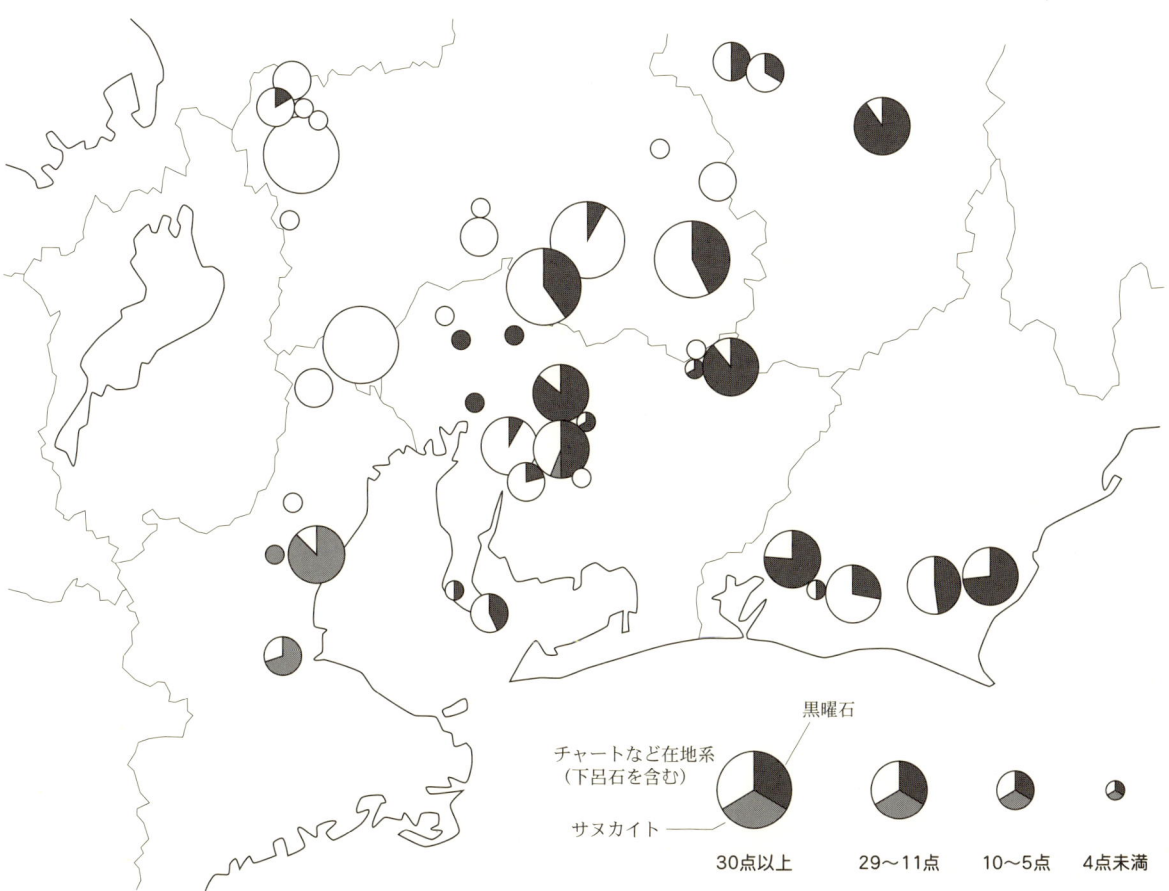

第3図　中期後半の石鏃素材

遺物（特に小型剥片石器）の取り上げ精度にはばらつきが予測されるものの、無視せざるを得ない。

対象としたのは、資料集に記載された上記時期幅の遺構等のみであり、同じ報告書に掲載されていても、これ以外の資料は含めていない。よって例えば愛知県林ノ峰貝塚では、「中期後葉（林ノ峰Ⅰ式）」と記されたH層の資料のみをカウントし、「中期中葉〜後葉（北屋敷式〜咲畑式）」とされたI層など他の資料は含めていない。結果的に時期（幅）認定の可能な遺構埋土や包含層出土の石器内容が、遺跡出土石器全体の量比と大きく違ったとしても、それは無視している。こうした前提に立って単純にデータ利用して描いたのが第2〜第4図である。第2図は、集成資料の石器データのうち、筆者が比較するに適当と考えた石鏃・打製石斧・磨石類及び凹石類・石錘の点数比率を示したものである。上記のように中期後半という時期幅を一括しているので、単純な比較が成り立つ訳ではない。それでもこの図を敢えて読み取れば、いくつかの地域を想定することができる。第3・第4図を見た上で合せて解釈してみたい。第3図は、石鏃に分類されたものの素材の大区分を示したものである。黒曜石・サヌカイト及び在地系石材を示しているが、在地系石材の細分は示していない。第4図は、石錘とされたもののうち、切目石錘と打欠石錘の比率を示したものである。大きさ・重量や石材については考慮していない。第3・第4図の作成は、データの区分が比較的明瞭で、表示しやすいことを基準として選んだに過ぎない。

石鏃素材（第3図）は、三重県において黒曜石が見られず、サヌカイトが主体を占める点が顕著である。また、岐阜県美濃地方西部において黒曜石が少なく、チャートを主とする在地系の石材を利用する傾向が顕著である。愛知県及び東濃以東においては、信州に連なる黒曜石が素材の一部を占めている。静岡県西部の場合、伊豆あるいは神津島産の黒曜石も搬入されている可能性があると思われるが、具体的なあり方について筆者は把握できていない。

第5回シンポジウムで、石鏃の平面形態の分析から地域性を検討された土谷崇夫氏［土谷2003］の作業は、長野県も比較対象としている点が大変参考になる。縄文前期前半に長野県の石鏃組成が示したBタイプ[4]が、前期後半以降Aタイプ組成を基本としていた西方の福井県・岐阜県にも共通するようになり、中期以降は近畿でもBタイプ地域へと転換したという。大局的には東日本（長野）の石鏃形態組成が、西日本へ浸透したと捉えられる研究である。興味深い成果ではあるが、土谷氏の研究を引用しようとした場合、いくつかの不具合な点も感じる。県を単位とした地域区分がその最たるものであり、長野県内での地域的動向が不明であるのに加えて、「三重・愛知」と括られた区分では総論的な比較しか成り立たない。もちろん大筋の文化の流れとして整合し、黒曜石石材という物資だけでなく、形態すなわち技法も

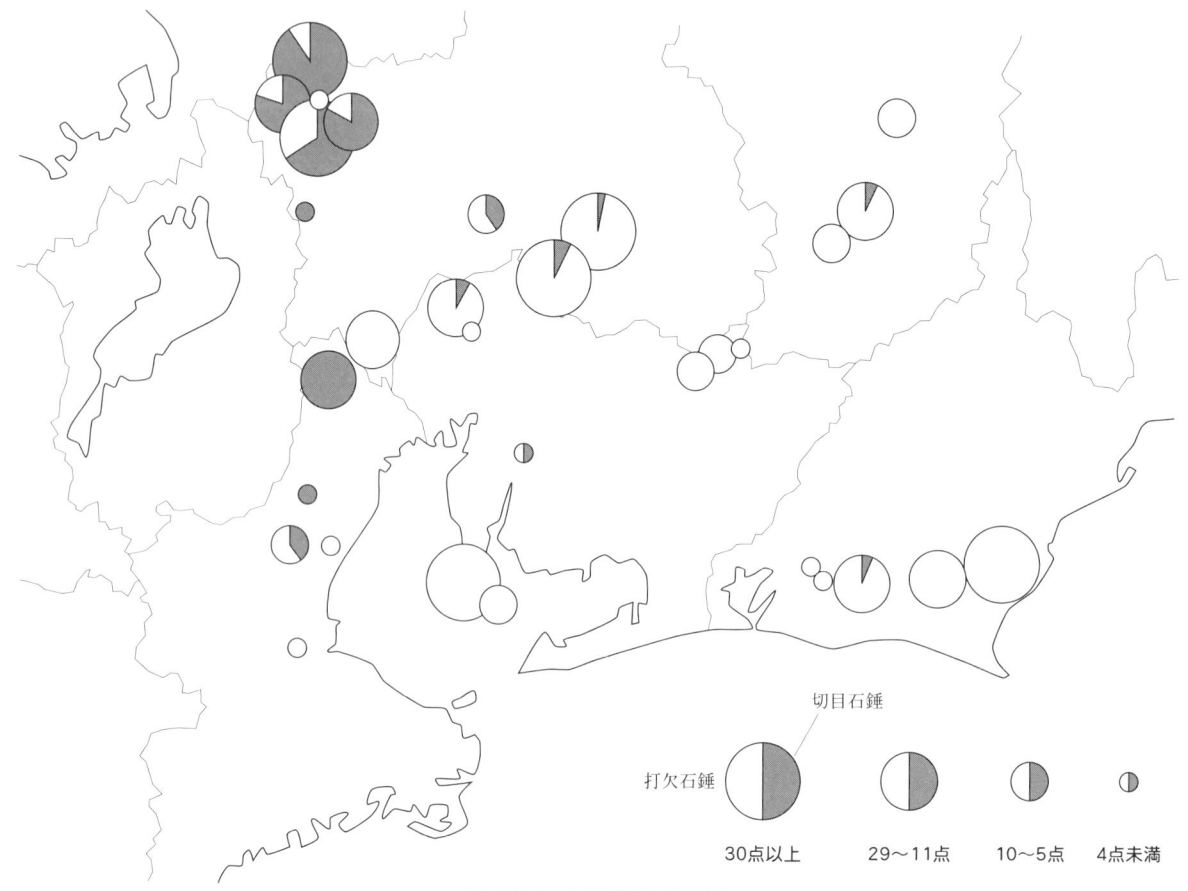

第4図　中期後半の石錘

同じく伝播したことを示す点で有意である。
　石錘（第4図）のうち切目石錘は、西濃北西部の徳山ダム用地内の遺跡調査による出土が顕著である。分布としては、ここから南下する方向の三重県北部にも濃く、岐阜県中央部から愛知県西部にかけて一定量が分布している。
　伊藤禎樹氏・篠田通弘氏［伊藤・篠田1982］は、徳山村の切目石錘を分析して、打欠石錘・切目石錘はともに漁網錘であるが、網の形態と技術体系が異なると想定した。そして徳山村内の切目石錘については、中期後半に出現し、中期末に一つのピークを迎えて、後期後半以降まで継続すると推定している。同論の「越美山系をめぐる切目石錘数量分布図」は、中期後半に越美山系の尾根ルート沿いに切目石錘を用いる網漁法が伝播したことを示すと解釈されている。同論では、この尾根ルートが越美山系以東とどのように脈絡するのかは論じていないが、渡辺誠氏の研究成果［渡辺1973］を大略認めて作業されていることから、中期中葉以降に東日本（関東方面）から波及したことを前提と考えて良いであろう。長野県南部には切目石錘の波及が認められない状況からは、伊藤氏・篠田氏の指摘通り、北陸方面から西日本・東海地方へと伝播した可能性が強いと言えよう。
　田井中洋介氏［田井中1998］は、滋賀県起し又遺跡の石錘について分析した。打欠石錘の一部も漁網錘であることを認め、滋賀県および周辺において中期後半に石錘が激増したことを指摘している。岐阜県においては前期後半以降に打欠石錘が急増して、その後も比率的には高く、中期に切目石錘が出現すると機能分化が進んだと推定している。これに対して福井県・滋賀県の中期後半には、切目石錘が主体を占めるという。
　以上から石器器種組成の分布状況は、次のように類似パターンのグループ（地区割）として捉えられた。
①長野県南部の伊那谷地域である。打製石斧の比率が高く、次いで磨石類が高い比率を示す。打製石斧が多い様相は、愛知県の三河山間部にも共通するようである。引用した長野県の報告書では、石鏃の石質記載が無いものもあるが、これは信州産黒曜石が大半を占めるという暗黙の前提があることによると思われる。
②岐阜県東濃東部から愛知県平野部にかけての地域である。石鏃の比率が高く、この地域においては黒曜石石鏃の分布と連動する可能性がある。石鏃主体の傾向は、伊勢湾を越えた三重県の様相とも共通し、また信州方面へは木曽谷に連なる可能性がある。
③岐阜県美濃西部の福井県境に近い地域で、データの大半は近年の徳山ダム関連の調査遺跡である。石錘の比率が過半を占める遺跡が多いのが特徴的である。次いで石鏃の比率が高いが、黒曜石の利用はごくわずかである。
④美濃加茂市の木曽川・飛騨川合流点付近を核として、濃尾平野も含めて三重県北部にかけての地域である。不均質ながら、各種石器が混成する状況を示す。信州方面から南下する①②の要素と、北陸方面から南下する③の要素が混合する印象を受ける。
⑤三重県中央部の一群である。石鏃が多い点で、愛知県の②地域と関連する可能性があり、石錘もやや多く、切目石錘を含む点で③地域へ連なる可能性が考えられる。ただし、サヌカイト地域として奈良県方面との関連を検討すべきであり、データ量も少ないため評価は保留する。
⑥静岡県西部のグループである。石鏃が多く、次いで石錘が目立つが、切目石錘は少ない。組成の様相としては、④の地域に似ている。本論が扱った遺跡の分布は、他の地域と隔絶しており、評価は保留する。
　第9・第10図には、参考として後期前半を主とする主要石器組成と石鏃素材比率を示した。中期後半に比べれば、データが少ないのは明らかで、分析対象とするには困難である。わずかに読み取られるのは、石鏃素材の分布の大区分が中期の様相を継承している可能性があることが指摘できる。主要石器組成については、石鏃・打製石斧が目立つ北東部と磨石類・石錘の目立つ南西部に大別されるようにも見えるが、印象の表現でしかない。

2. 土器・土製品の分布から

　中期後半の土器型式・様式との対比を示すべく土器自体の検討に踏み込む余地は本論には無いため、既成のデータから参考となる分布を引用して示す。
　第5図は、台形土器の分布を示している(5)。台形土器の機能については、室伏徹氏［室伏2002］がまとめている。台形土器は、土器の製作に関わって土器を載せて回転させる台であることはほぼ確定したが、文様施文の割付具として機能した可能性も指摘している。また、台形土器の終焉（中期末）以前には、開脚円筒型の受け面径が極端に小さくなる傾向を示し、同時にこれとよく似た高台を持つ土器が登場することから、供献具である器台としての機能が付加された可能性も残る旨を述べている。ただし、高台を持つ土器の出現の経緯や、中期中葉以前の台付土器との関連については触れられていない。分布は長野県・山梨県に密で、東海地方にはわずかな分布を示している。わずかに集中の様相を示すのは前記した地区割の④であり、信州から波及する文化要素が最初に定着傾向を示す地域と考えられよう。
　第6図は、中期の土偶分布を示したものである(6)。中葉以前の資料も含んでいるが、主体は中期後葉の例であり、全体的な分布傾向は後葉に限っても大きく変わらないはずである。台形土器と異なるのは、土偶の場合北陸方面にも発達が見られ、これが東海を経由せずに滋賀県方面へと伝播した様相を示す点である。資料数は限られているものの、造形・施文の特徴的な土偶の場合は系譜の把握がしやすく、滋賀県内の出土例は、第6図のデータ以後に出土した例も含めて北陸系の様相を示している。ただし、中期後半の土偶は少なく、美濃地方に比して土偶（祭祀）の導入には消極的である。④地域にお

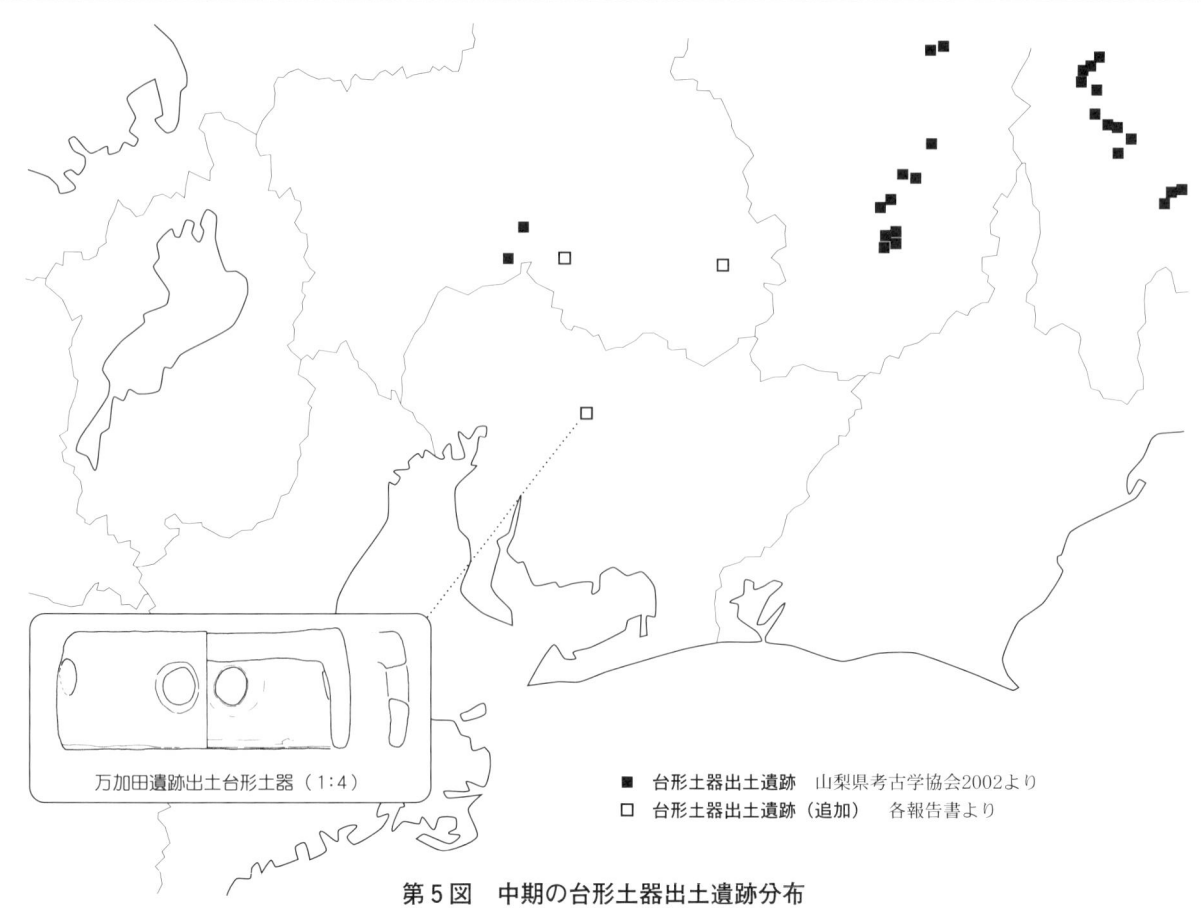

第5図 中期の台形土器出土遺跡分布

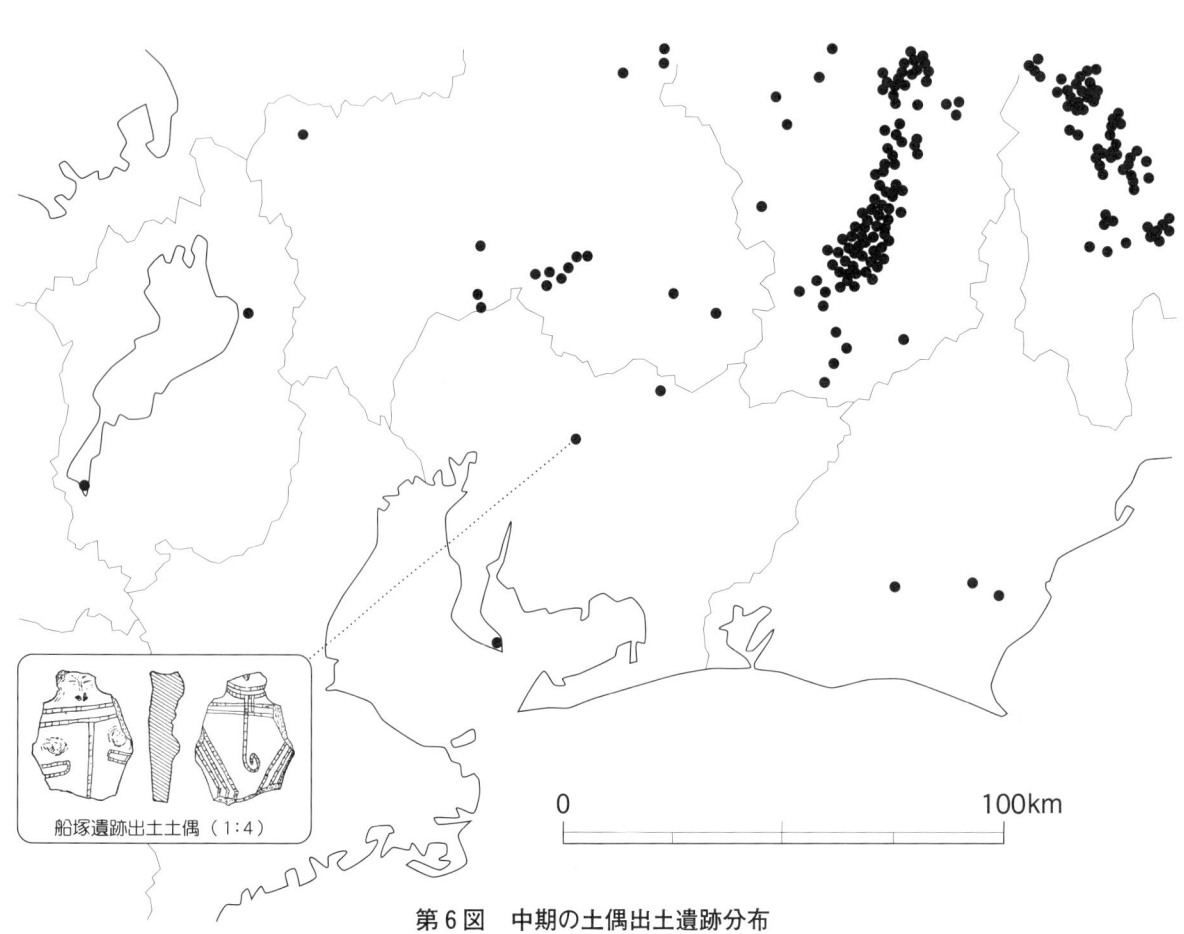

第6図 中期の土偶出土遺跡分布

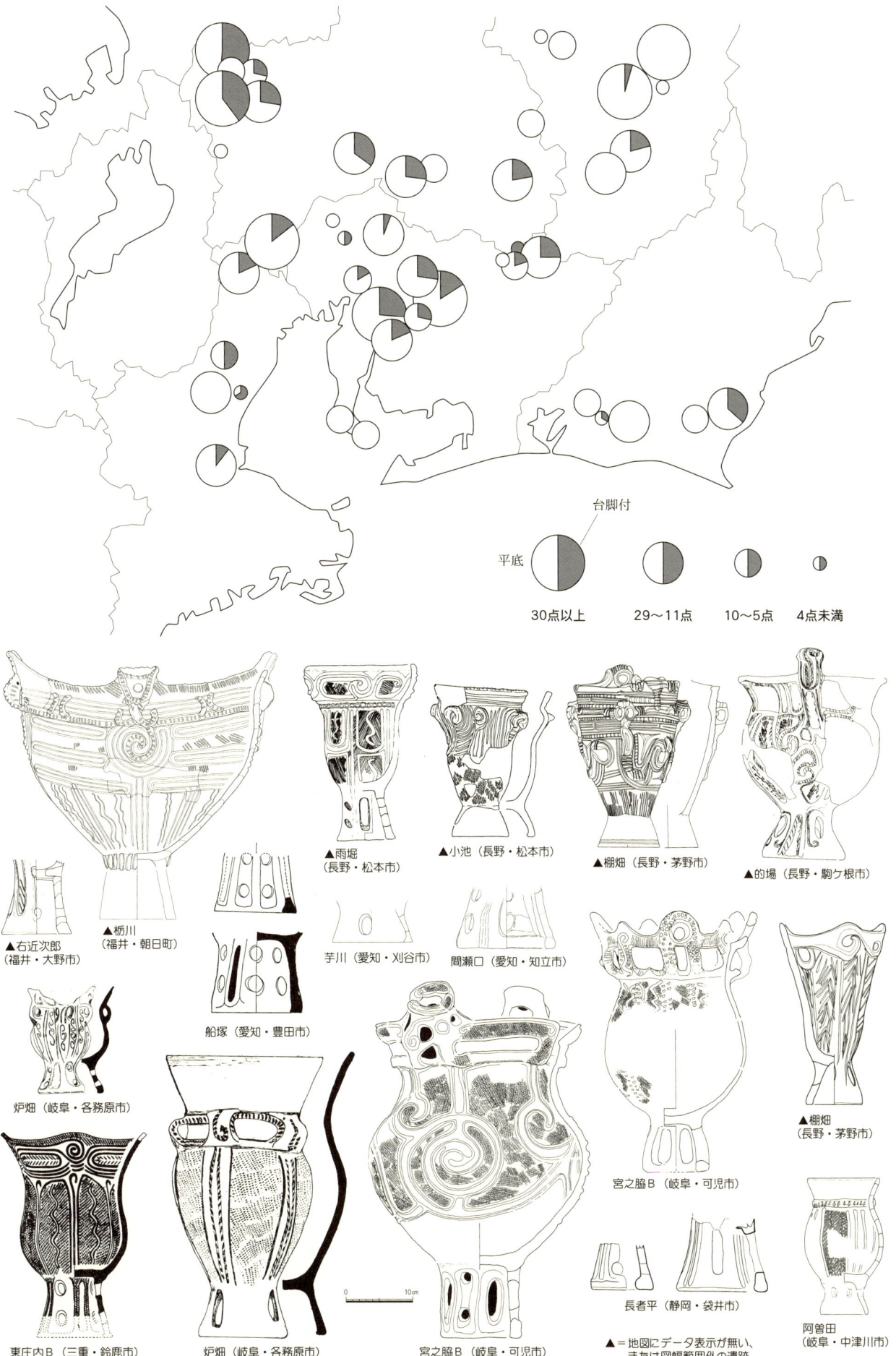

第7図　中期後半の土器底部形状と台脚付土器

ては、豊富とは言い難いものの信州系の土偶を受け入れて独自性を加えた土偶も存在している。愛知では数が限られるとともに、図示した船塚遺跡出土例は、伊那谷からの搬入品と考えられるもので、④地域の様な積極性は認められない。

第7図には、深鉢の底部形状の区分を示した。台脚を付した台脚付土器（台付土器）(7)と通常の平底の比率である。データ化した遺跡は、第2図に示した中期後半の遺跡であり、対象地域内の全資料を扱ってはいない。ただし、石器とは異なって、対象遺跡出土（報告書掲載資料）の中期後半土器底部全体を扱っている。台脚付土器に関しては、地域や土器型式によっては一般的な器種と捉えられている半面、その系譜や機能に関して具体的に述べたものは無いようである。以下、主要文献から関連内容を引用する。

小島俊彰氏［小島1988］は、「上山田・天神山様式には煮沸用の台付鉢が多く、特徴の一つになるであろう」と記す。台付鉢が特に多く作られたのは第Ⅳ様式であり、第Ⅳ様式は曽利Ⅱ式が並行すると推定している。

鈴木保彦氏・山本暉久氏［鈴木・山本1988］は、加曽利E式土器様式の解説において「台付甕は、曾利様式に特徴的にみられる形式であるが、加曾利E様式ではごく少数である。小型のものが多い。」と述べている。しかし、同書（縄文土器大観）で曽利式土器様式についてまとめた末木健氏［末木1988］は、形式を列挙する末尾に台付土器を挙げるものの、深鉢形以外の有孔鍔付土器・壺形土器・浅鉢形土器などはそれぞれ5％以下の組成比率であるとして、様式全体の変遷模式図には台付土器を形式としては示していない。台付土器と言った場合には深鉢・有孔鍔付・壺・浅鉢などの各形式に台が付いたものを含むことが可能で、形式としての定義が曖昧なため、限られた紙幅で敢えて扱うべきものでは無かったと推定できる。曽利式においても加曽利E式においても、主要器種として扱うべき必然要素を伴っていなかったと理解してよいであろう。

泉拓良氏［泉1988］は、咲畑・醍醐式土器様式を解説する中で「台付甕は中部地方西部に比較的多くみられ、三重県・滋賀県に及んでいる。この形式も曾利様式の影響であろう」と述べている。

増子康眞氏［増子1998］には、神明式に狭義の曽利Ⅲ式からの影響があった中に、台付土器の波及もあったと読める記述がある。

福井県栃川遺跡の土器を論じた山本孝一氏［山本2004］は、北陸地方西部域において変容し在地化した北陸系の台付鉢が、東海系が主体を占める深鉢・浅鉢と土器組成を構成するとまとめている。台付鉢は、古府式に類似し、特殊な舟形の形態を呈するものである。台付鉢は加曽利EⅡ式との並行が想定されるが、加曽利EⅢ式並行の人杉谷式にも円孔を有する脚部が伴っている。

冨井氏［冨井2003］は、愛知県の剥片石器石材利用

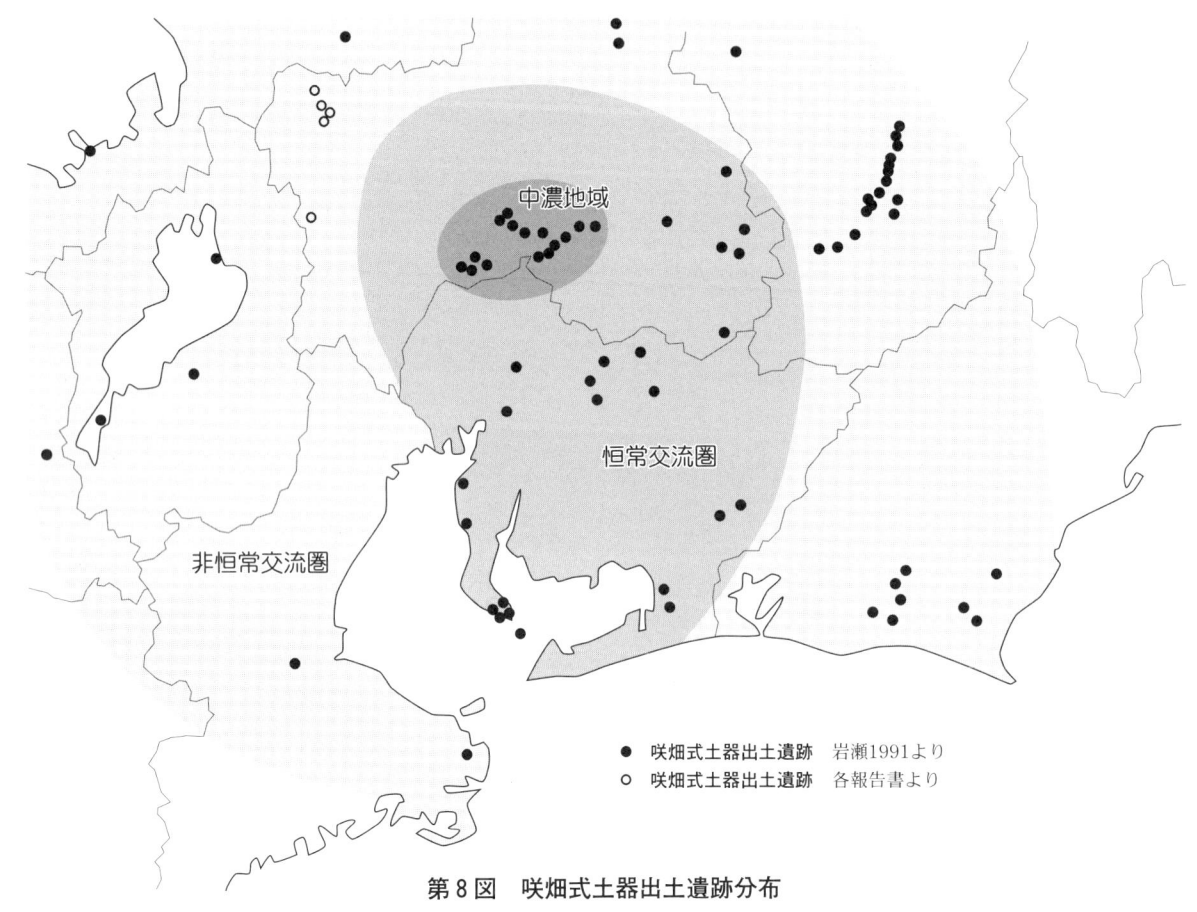

第8図　咲畑式土器出土遺跡分布

状況と土器型式変遷との関係をまとめている。田部剛士氏［田部 2001］の石材比率研究に基づいた（1）矢作川上流、（2）境川流域、（3）瀬戸市周辺、（4）知多半島先端の地域区分を、里木Ⅱ式段階の土器様相から（1）、（2）と（4）、（3）の3地域にまとめている。この3地域は、中期末においては「型式構成要素の存否による差異」を示して継続している。第7図で扱った「台付鉢」に関しては、（2）と（4）ではあまり出土せず、（3）においては組成の一端を占めるとする。第7図との比較の限りにおいては、「台付鉢」の様相は、（2）は（3）と共通して、組成に一定比率を占めるものと推定される。

3. 分布の検討

データの分布から文化の地域性を導き出すためには、有る無し、多い少ない、といった単純な見た目の比較で事足りる筈はない。しかし、分析を深め、データの多様な解釈を重ねるためには、まずは基礎データの把握と蓄積が必要である。本論が取り上げた事物の現時点のデータで何が言えるのか、検討してみたいと思う。

第8図は、岩瀬彰利氏［岩瀬 1991］が示した咲畑式土器の出土分布図である。咲畑式（系）土器を出土した遺跡の分布と、岩瀬氏による地域区分を示している。岩瀬氏は、中濃地域が咲畑式を発生・発展させた中核地域であり、その外側に「恒常交流圏（咲畑式元来タイプ分布圏）」と「非恒常交流圏（咲畑式元来と多少異なるタイプ分布圏）」の二重の「通婚圏」を想定している。解釈の当否は措くとして、中核地域と分布圏の把握はその後も大きく変わらない。中核地域は、先に区分した④と基本的に共通している。岩瀬氏の図に修正を加える必要があるのは、ドットを追加した徳山ダムの調査による西濃から福井への具体的経路の確認であろう。もちろん現状で空白の地域の評価は未知数であり、今後評価の変更が必要になる可能性は存在し続ける。

神村透氏［神村 2003］は、下伊那（伊那谷南部）の中期後葉土器が唐草文系土器とは別の系譜を持つことを確認し、4期区分に対する型式名称「大門原式・新切式・前の原式・親田式」を示した。下伊那の独自性が明示されれば、岩瀬氏が示した咲畑式の分布圏は、唐草文土器様式分布圏の一部に密接な関連を持つのではなく、下伊那の土器分布圏の中核地域にその東端を重ねたと理解することができる。

同様に西方や飛騨との境界についても把握は可能であるが、感覚的な区分以上の把握を目指すべきと考える。

谷口康浩氏が関東地方の曽利式土器について示した情報の伝達・変形の数量化［谷口 2002］は、豊富な資料（情報量）(8)に基づく故に信頼性が確保されるものであろう。分析結果として示された曽利式土器情報の距離逓減は、数値化によって遺跡相互の比較が可能となり、情報量の等高線や地帯区分が明示された。土器型式研究の一定の共通認識が前提であり、数値化・分析方法の標準化が求められるが、今後東海地方の資料についても実験する価値のある視点であろう。

現状では④の地域を中核として、美濃と愛知が大きく括られ、その外周の交流圏とも言うべき範囲が第8図によって示されている。咲畑式段階で示された地域圏は、基本的に中期後半の間は維持された。ただし、維持されたのは東海（西部）系とも言うべき大枠であって、その中においては種々の変動が続いていた。第8図の咲畑式は、咲畑貝塚や炉畑遺跡を典型とする、口縁部が円盤状に貼りだすキャリパー器形の深鉢を主体とするが、この器形には台脚付の例は全くと言っていい程知られていない。咲畑式の時期に、台形土器が④地域に伝播していったことは間違いないが、固有の発達や深鉢に付加された状況は認められない。東海地方あるいは近接地域において、台形土器から台脚付土器が派生した状況は認められないことから、東海の台脚付深鉢は、周辺部の台脚付（台付）土器を受容したか、その影響を受けて独自に発達したものと考えられる。現況では第7図の示す北陸方面に台脚付土器が濃い様相が、第4図の切目石錘の分布と一連の動向を示している可能性はあるが、もとより分布図の対象時期が中期後半を一括しているために、この時期幅の中の濃度の変動は把握できていない。

綿田弘実氏［綿田 2002］が示した釣手土器の分布は、長野県以西において台形土器と近似する。釣手土器の方が台形土器より出土遺跡数が多く、第6図の土偶に近い密度と分布範囲を示している。基本的には共通する台形土器・釣手土器・土偶の分布様相は、伊那谷以北の甲信山岳地帯に分布の主体があり、有孔鍔付土器や人面装飾付土器とも基本的に共通している。中期後半という大括りの幅の中で言えば、石鏃主体の石器組成、石鏃素材に用いる黒曜石、打製石斧主体の石器組成、台形土器、釣手土器、土偶などは伊那谷または木曽谷を経由して東濃あるいは三河へと波及した。石器類は、地形に応じて受容され、土器・土製品類は④地域（木曽川・飛騨川合流点周辺）においてのみ受容が読み取られた。

北陸方面からは切目石錘を用いる網漁法が普及し、台脚付土器の情報が④地域を経て東海地方に広がった可能性が認められる。飛騨方面からは、具体的な影響（交流）は把握できない。三重県方面については十分な検討材料が無いが、中期後半については北陸や岐阜・愛知側からの流れの下流に当たる印象が強い。

東日本的中期縄文文化を象徴する道具類は、東海地方にも局所的あるいは表層的に受け入れられたことを示す出土例があるが、土器・土製品類は、さらに西へと伝播した様子はない。東海西部が採否の判断を主導していたとは言い切れないが、東海地方西部を境界地帯として西日本と東日本の大区分が存在したことは間違いない。石器・土器など遺物に限らず、遺跡から得られるすべての文化要素の分布と相互の関連を把握する方向性が、現在の縄文文化研究の一分野として必要だと考える。

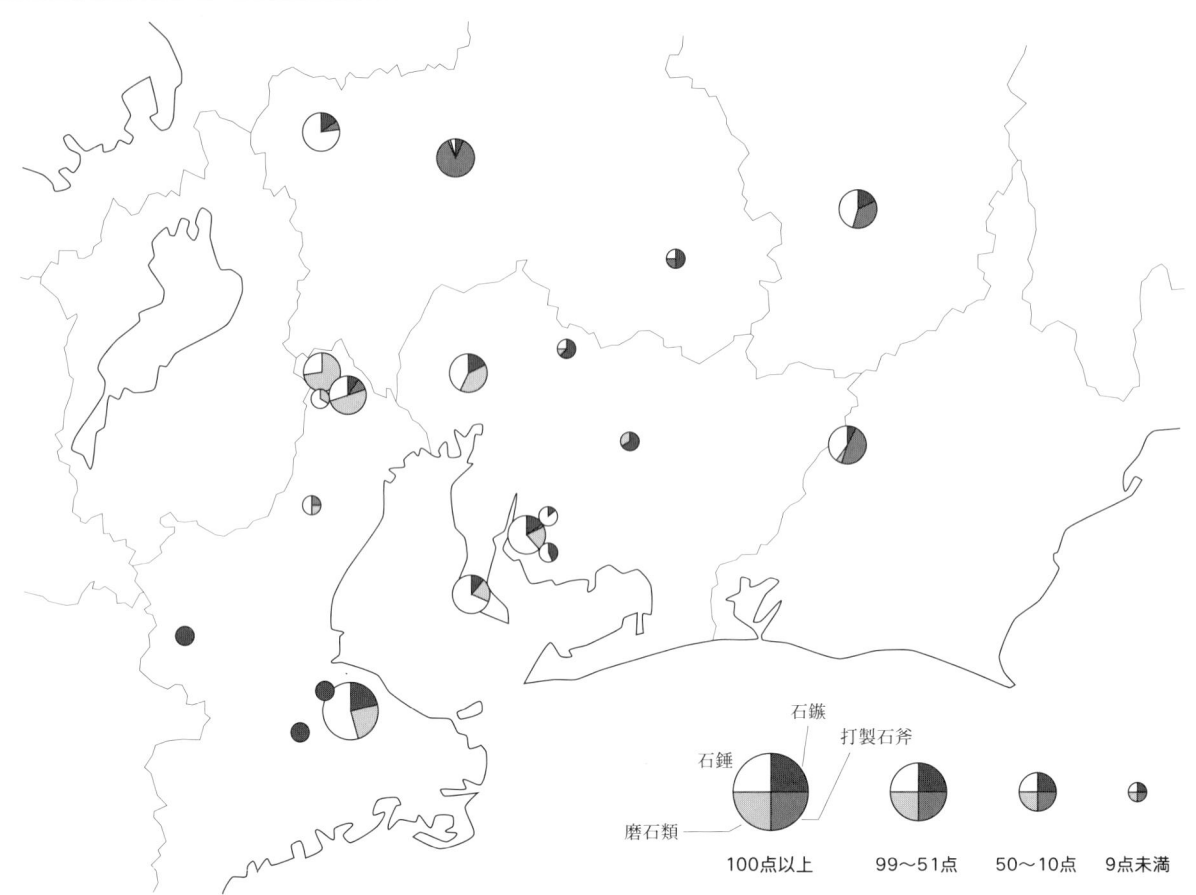

第9図　後期前半の主要石器組成

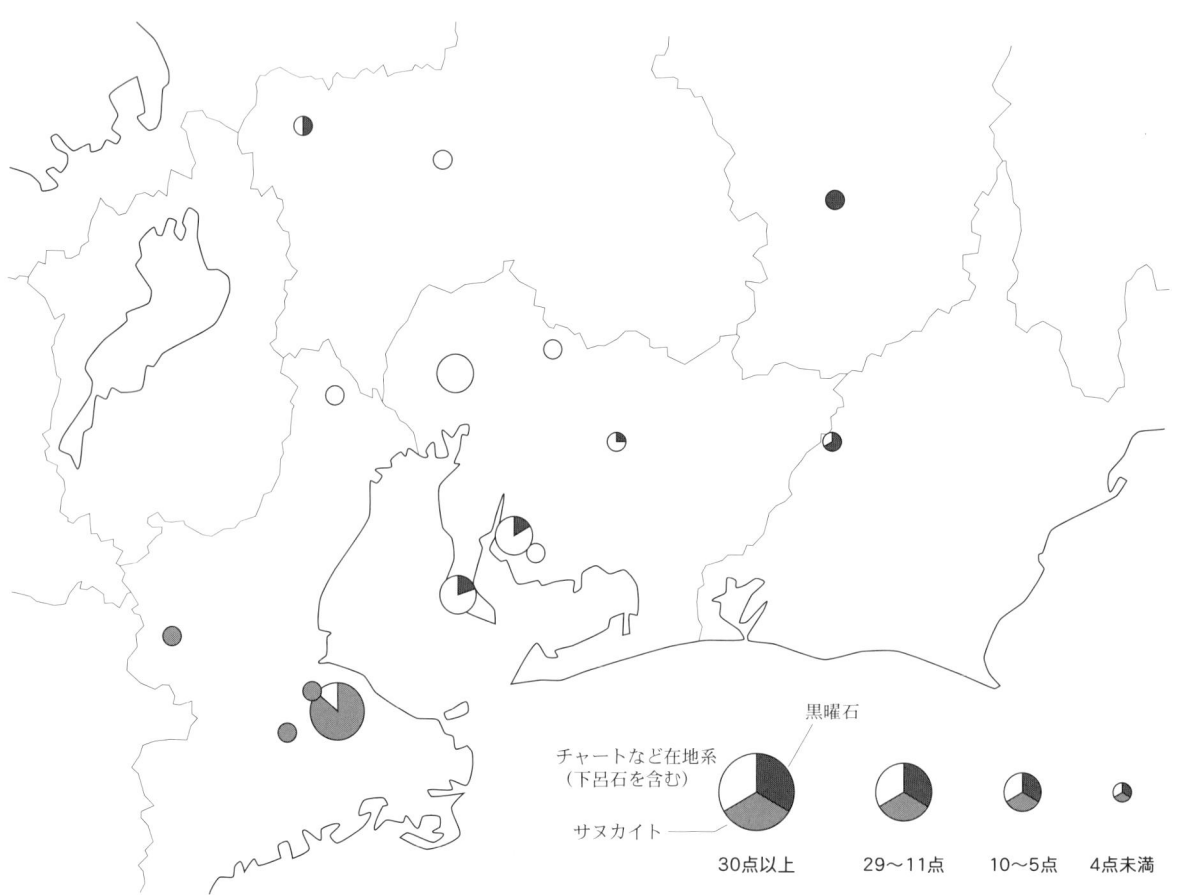

第10図　後期前半の石鏃素材

4. 小結

　以上の検討が、冒頭で目指した石器研究の間口を広げる方向性につながるものか、筆者も心許ないところではある。しかし、性格や条件を絞った石器のデータは、かなり明瞭に分布の地域性を示してくれる。土器や土製品の場合は、文様要素等の把握・分類の基準が複雑となり、また変異の幅、個別見解の幅も広くならざるを得ない。もちろんこうした作業は必要であり、議論を重ねていくべきものと考えるが、現時点の筆者には東海西部全域を扱うには手に余るものであった。その中で、石器データ集成遺跡と対応した限りにおいての台脚付土器の集成は、見た目の傾向を明示して一定の意義を見出せる可能性を示した。個人的には、長野県から岐阜を経て滋賀へ、愛知を経て三重へという文化の交流経路を過大に評価していたことが反省され、福井・北陸方面との交流の具体的把握の必要性を実感した。愛知県東部の該当データがないため、静岡県西部との関連が把握しがたい点も再認識できた。

　石器研究に期待するのは、分布データの増加を求める単純なものではない。土器や土製品と異なる石器固有の性質から導かれるデータである点にこそ期待するのである。黒曜石やサヌカイトなど、自然科学分析によって産地特定の可能性があり、肉眼観察によっても一定の分類が可能な素材である点。風化・変質の影響が少なく、完形品の比率が土製品よりも格段に高い点。特に剝片石器においては、それ自体に製作技法の情報が豊富である点。遺跡出土の剝片類によって、素材の利用や製作に関わる情報が得られ、製品との関連を検討できる場合がある点。こうした特性を踏まえたデータの集計によって、土器・土製品からは導き出すことができない視野が開けるはずである。田上勇一郎氏［田上 2000］による関東地方の黒曜石産地と消費地の関連は、石器石材研究から具体的成果を導き出す実用例として参考になるとともに、信州系黒曜石の動向が東海地方においても連動した可能性が考えられて興味深い。

　石器・土器に関わらず、出土遺物には本来縄文時代に果たした機能がある。小林達雄氏［小林 1977］は、縄文時代の器物が生産用具・調理用具・工具といった労働と直接的に関連する第一義的な道具と、「儀器であり、呪術具であり、第一の道具では果たし得ない機能を分担し、あるときは第一の道具の効果を保証する」第二の道具に区分されることを指摘した。第6図に分布を示した土偶は、第二の道具の典型とされている。石鏃は、第一の道具の典型と言って良いであろう。しかし、台形土器は何か。土器の製作用具として用いる限りは第一の道具であろうが、数量的に限られる状況に一般的実用性を否定する意味があり、末期には供献機能が付加されたとすれば、単純に第一の道具とは言えない。台脚付土器は、煮沸に実用されたのは確かであるが、何のための煮沸かによって、その存在を第二の道具と捉える理解も成り立つ。石鏃の素材に黒曜石を用いる理由は、純粋に素材の経済性や利便性にあったのか。地域によって材質（見た目）に機能と関わらない必要性を求めたとすれば、第二の道具としての機能が合せて求められたと考えるべき場合もあるはずである。分析に当たっては、データの性格が地域性と関わって変容した可能性も踏まえておく必要がある。

　今回筆者が利用したデータは、先学諸氏の研究によってすでに把握されていた内容を図示したに過ぎない。元データの集成（増加）を図り、データ分析の適正化を進め、図の表示精度を高めて、より広域での比較を可能とする共通認識・方法が確立されるべきである。東海地方・北陸地方において、こうした分析が有効に機能すれば、東西日本の大区分の成立やその動向が明確化するはずである。基本的には報告書作成時点でのデータの標準化が必要であるが、既刊のデータについても再整理が可能であれば、標準データに近づけることはできるはずである。

　今一点注意しておきたいのは、今回扱ったデータにおける徳山ダム関連の調査が果たした役割の大きさである。一連の調査は、空白地域を豊富なデータで埋めて、核となる地域グループを示し、東海地方西部の地域性の現状に大きな影響を与えた。これらデータの有無によって地域性の理解は大きく変動すると言うことである。開発を原因としての調査にデータの増加を頼る現状では、空白域を計画的に埋めていくことは困難である。ある地域の開発事業や、場合によっては良好な一遺跡の調査成果によって、先に見通しとして示した地域性が変更される可能性を孕んでいる。豊富とは言えない東海のデータ量は、扱い易さと裏腹に信頼性は低いと言わざるを得ない。もちろん現在あるデータ以上に信頼できるものは無いのであり、より良い方法の模索を続けるべきと考えている。

おわりに

　本論は、何らかの結論を提示したものではない。未だ咀嚼不十分ながら、石器のデータを土器・土製品と重ねてみることで、新たな視点を持ちうることを確認したかった。本論を曲がりなりにもまとめようとする中で、土器論に関しても石器・石材研究に関しても、読みこなして参考とすべき論考が尽きないことを実感した。すべてを自らが扱うことは困難であろうが、筆者なりに本論の方向性を深めて、積み重ねられていくシンポジウムの成果を発展的に活用したいと思う。本論を覚書とした所以である。皆様の御意見をお聞かせいただければ幸いである。

　本論の作成に当たり、春日井恒氏、木下哲夫氏、纐纈茂氏にはご教示・ご協力をいただいた。末尾ながら厚くお礼申し上げる。

註

（1）本論の図示及び記述のために、主に第5回研究会資料集を用いた。また第6回研究会資料集も参照した。〔関西縄文文化研究会 2003・2004〕

（2）滋賀県守山市塚之越遺跡の組成データのみ、第5回資料集から引用した。時期は北白川C式である。

（3）以下の報告書を参照した。長野県・静岡県の掲載順である。

神村　透　1978　『御嶽神社里宮遺跡発掘調査報告書』　王滝村教育委員会

神村　透他　1982　『崩越遺跡』　王滝村教育委員会

気賀沢進　1988　『辻沢南遺跡』　駒ケ根市教育委員会

気賀沢進他　1990　『反目・遊光・殿村・小林遺跡』　駒ケ根市教育委員会

今村善興　1989　『日影林遺跡』　上郷町教育委員会

山下誠一　1990　『大明神原遺跡Ⅲ』　上郷町教育委員会

小林正春他　1989　『下原遺跡』　飯田市教育委員会

向坂鋼二　1982　『半場遺跡1978年度発掘調査報告書』　佐久間町教育委員会

佐野聖子他　2000　『内野古墳群』　浜北市教育委員会（富岡大谷・染地石）

山﨑克巳　1995　『中半場遺跡発掘調査報告書』　磐田市教育委員会

嶋野雄康他　1994　『御小屋原遺跡発掘調査報告書』　島田市教育委員会

渋谷昌彦他　1989　『東鎌塚原遺跡発掘調査報告書』　島田市教育委員会

（4）土谷氏の区分によれば、Bタイプとは、凹基無茎鏃Ⅰb（脚端部が尖り、脚部の内側が直線的なもの）の比率が最も突出し、その他の凹基無茎鏃・平基鏃が10％以下の割合で同じく存在する組成タイプである。Aタイプとは、凹基無茎鏃Ⅰbが突出した比率を占め、これに次いでⅠb以外の凹基無茎鏃で脚端部が丸いⅠc・基部が浅く弧状に凹むⅠdがあり、加えて平基鏃が20％以上存在するものである。

（5）〔山梨県考古学協会 2002〕に岐阜県・愛知県の出土例を追加した。なお、第5～第7図に掲載した遺物実測図は、各報告書から引用したが、紙幅の都合で文献名は略させていただいた。

（6）〔伊藤2005〕の中期土偶分布図から引用した。

（7）台（台脚）を付した土器の認識については後述するが、名称の統一がなされていないのも事実である。本論では台形土器との判別をしやすくという便宜上の理由から「台脚付土器」と記述する。

（8）完形・略完形・復元の個体が50個体以上掲載されている59遺跡の調査報告書を用いて、合計9509個体を対象としている。愛知県内ではこの条件を満たす遺跡は無いであろう。

参考文献

泉　拓良　1988　「咲畑・醍醐式土器様式」『縄文土器大観3』　小学館

伊藤禎樹・篠原通弘　1982　「美濃徳山村の切目石錘（越美山系をめぐって）」『岐阜史学76』　岐阜史学会

伊藤正人　2005　「顔の輪廻―土偶と土面の西東―」『古代学研究168』　古代学研究会

岩瀬彰利　1991　「咲畑式土器の分布とその背景―縄文時代の通婚圏―」『三河考古4』　三河考古刊行会

神村　透　2003　「下伊那系（タイプ）土器は唐草文系土器ではない―地域差ではなく、独自のもの―」『長野県考古学会誌101』　長野県考古学会

関西縄文文化研究会　2003　第5回関西縄文文化研究会『縄文時代の石器―関西の縄文前期・中期―』

関西縄文文化研究会　2004　第6回関西縄文文化研究会『縄文時代の石器―関西の縄文後期・晩期―』

小島俊彰　1988　「上山田・天神山土器様式」『縄文土器大観3』　小学館

小林達雄　1977　「縄文世界のなかの土偶―第二の道具」『日本陶磁全集3』　中央公論社

縄文時代文化研究会　1999　「縄文土器全国編年表」『縄文時代10』

末木　健　1988　「曾利式土器様式」『縄文土器大観3』　小学館

鈴木保彦・山本暉久　1988　「加曾利E式土器様式」『縄文土器大観2』　小学館

田井中洋介　1998　「起し又遺跡出土の石錘をめぐって」『起し又遺跡発掘調査報告書Ⅱ』　伊吹町教育委員会

田上勇一郎　2000　「黒曜石の利用と流通―縄文時代中期の関東・中部地域について―」『Archaeo-Clio 1』　東京学芸大学考古学研究室

谷口康浩　2002　「縄文土器型式情報の伝達と変形―関東地方に分布する曽利式土器を例に―」『土器から探る縄文社会』　山梨県考古学協会

田部剛士　2001　「石器石材の変遷と流通―主に愛知県の下呂石を中心に―」『三河考古14』　三河考古刊行会

土谷崇夫　2003　「関西の縄文前・中期における石鏃の地域性について―主に数量と大きさからの考察―」第5回資料集

冨井　眞　2003　「当該地方の縄文前中期の土器―石材研究を意識して―」第5回資料集

増子康眞　1998　「東海地方西部地域の縄文中期後半土器編年再考」『古代人59』　名古屋考古学会

山梨県考古学協会　2002　「縄文土器製作関連遺構・遺物集成」『土器から探る縄文社会』2002年度研究集会資料集

山本孝一　2004　「栃川遺跡出土縄文中期中葉土器群の検討」『栃川遺跡』　朝日町教育委員会

綿田弘実　2002　「縄文中期の釣手土器―長野県の事例―」『土器から探る縄文社会』　山梨県考古学協会

渡辺　誠　1973　『縄文時代の漁業』　雄山閣

縄文時代における伊勢湾西岸域の
石器組成からみた社会構造

■小濱　学（KOHAMA, Manabu）

はじめに

　石器といえば、縄文時代に限定するならば、草創期から晩期に至るまで、何某かのものは各遺跡から出土していることは否定できない。昨今、関西縄文文化研究会により、関西の縄文時代の石器について、3年間にわたり集成や研究がなされ、筆者も、その研究会に参加あるいは集成などに関わってきた。その中で、伊勢湾西岸域（三重県）における石器組成の分析の必要性を感じたのである。本稿では、そのことについての検討と分析、若干の考察を加えてみたいと思う。

1. 縄文石器出土遺跡の概観（第1～5図及び表1～表3参照）

（1）対象となる遺跡群

　関西縄文文化研究会による『縄文時代の石器』の集成作業の中で、リストアップされた当該地域の縄文遺跡についてはのべ109遺跡である。遺構出土というような時期が判断できるものを中心にあげている関係上、縄文遺跡として周知されているものでも対象となってない場合がある(1)。本稿では、土器型式による細分ではなく、大雑把な括りではあるが、草創期・早期・前期・中期・後期・晩期というように区分で分析していきたいと思う。ここでは、先述のようにその時期であることが確認できる遺跡を抽出し、分析あるいは検討の対象としたい。また、遺跡によっては、複数の時期に属する場合もある。

（2）時期別の様相

　次に、時期別に縄文石器出土遺跡について概観してみたいと思う（文中の町名は、集成作業との整合を図るため旧市町村名で表記している。）。

a　草創期

　矢柄研磨器が確認された菰野町西江野遺跡や最古級の土偶や矢柄研磨器の出土が確認された飯南町粥見井尻遺跡などがあげられる。これら以外にも、四日市市一色山、一志町田尻上野、明和町コドノB、松阪市上ノ広・王子広東、多気町高皿、玉城町仲野、勢和村石神A、大王町次郎六郎遺跡が当該期に属すると考えられる。

b　早期

　大鼻式の標識遺跡となっている亀山市大鼻遺跡や炉穴が検出され九州や関東地方との広域的な関連が考えられる松阪市鴻ノ木市遺跡などをあげることができる。これら以外にも、四日市市一色山、美里村西出、松阪市上ノ広、飯南町足ヶ瀬、度会町上ノ垣外・栢垣外、宮川村不動前・神滝、尾鷲市向井、青山町勝地大坪・花代遺跡が当該期に属するといえる。

c　前期

　遺跡の数的にみれば少ない状況を呈している。員弁町北野遺跡では三重県でも数少ない竪穴住居跡が確認されているし、松阪市山添遺跡では方形の竪穴住居跡や土坑群、多量の土器群とともに石器群が確認されている。これら以外にも、嬉野町井之上、松阪市新田町・池田、勢和村縁通庵・アカリ遺跡が当該期に属すると思われる。

d　中期

　前段階と同様に遺跡数は少ない状況である。竪穴住居跡と土器・石器群が確認された芸濃町大石遺跡、竪穴住居跡内で埋設土器が検出された大里西沖遺跡があげられよう。これら以外にも、北勢町川向、鈴鹿市西川、嬉野町堀之内、松阪市笠松・追上・新殿木戸、大宮町樋ノ谷遺跡が当該期に属する。

e　後期

　遺跡の数としては、他の時期と比較して最も多い時期である。良好な土器資料が確認されている北勢町覚正垣内遺跡、鈴鹿市東庄内A遺跡、多気町新徳寺遺跡、宮川村下モ切遺跡があげられる。また、大量の土器群や祭祀遺物、朱生産への関連が考えられている嬉野町天白遺跡についても当該期の遺跡である。質的にみても良好な遺跡が多い。これら以外にも、北勢町川向、大安町宮山、一志町川原出、松阪市王子広・口南戸・皆鍋、飯南町中山、多気町奥ホリ・田中廻り、勢和村新神馬場・井尻、玉城町狼谷・明豆・庄出、大宮町大西、磯部町大矢、大王町次郎六郎東、熊野市釜の平・志原尻、上野市清水北・小芝・高野、青山町川上中手遺跡が当該期に属すると考えられる。

f 晩期

良好な土器資料が確認されている嬉野町天保遺跡・蛇亀橋遺跡、松阪市大原堀遺跡、勢和村片野殿垣内（ホソダ）遺跡があげられる。大原堀遺跡については、土器だけでなく出土した石器群についても注目に値しよう。これら以外にも、桑名市志知南浦、四日市市西野、津市松ノ木・六大A・雲出島貫、松阪市上出・園・下宮前A・中谷・曲、飯南町東沖、多気町二ツ山、勢和村池ノ谷、大宮町長者野、磯部町飯浜・丸海、大王町十王下遺跡が当該期に属すると思われる。

（3）遺跡群の検討

時期別にみていけば、草創期については11遺跡で全体の12.4％、早期については13遺跡で全体の14.6％、前期は7遺跡で全体の7.9％、中期は9遺跡で全体の10.1％、後期は28遺跡で全体の31.5％、晩期は21遺跡で全体の23.6％が確認されている。後期以降の遺跡については全体の50％を越えることがこの結果から窺え、遺跡数の多く、分布の密度が濃い状況であることが認識できよう。

これらの遺跡群の分布状況を細かくみていくと、三重

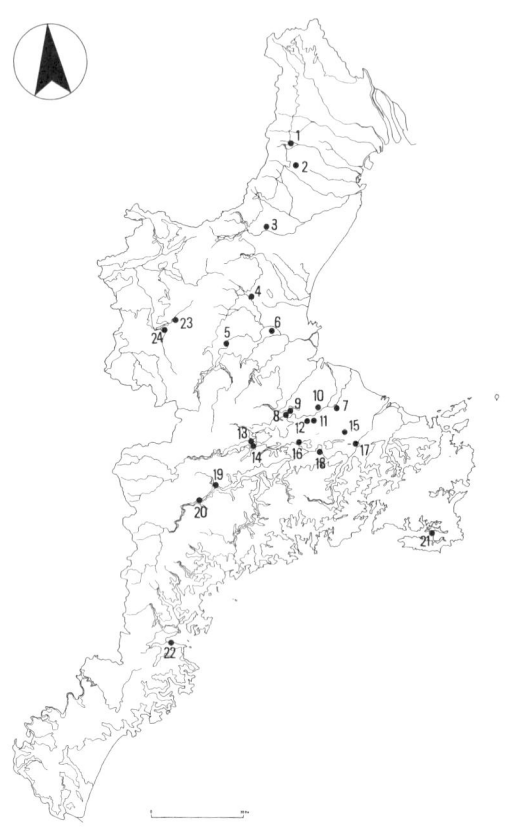

第1図 草創・早期の遺跡群

表1 草創・早期の遺跡一覧

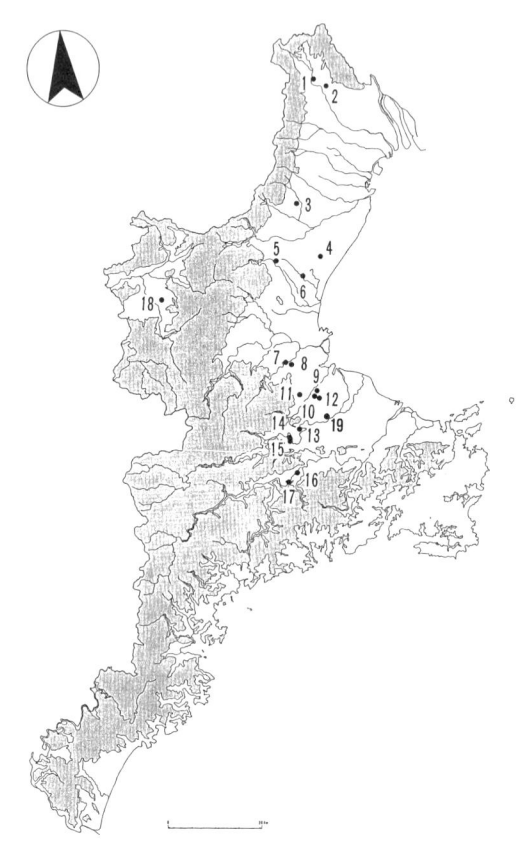

第2図 前・中期の遺跡群

表2 前・中期の遺跡一覧

県の中央、中勢あるいは南勢と呼称される地域に集中していることがわかる。このことは、櫛田川あるいは宮川といった三重県でも屈指の大河川を擁している地域であることが大きな要因と考えられる。

2. 縄文石器出土遺跡の石器群の傾向（第6～11図参照）
(1) 石器群の分類

石器群の組成の傾向について考えてみたい。分類については、表1～表3にあるように石鏃、尖頭器類、石錐、石匙、スクレイパー類、異形石器、楔形石器、RF、UF、剥片・砕片、石核、磨石、敲石・凹石、石皿・台石、打製石斧、磨製石斧、打欠石錘、切目石錘、その他に分類している[2]。その他の項には、分類に入ってないものをここに一括している。祭祀具や装飾具についても同様であるが、本稿ではそれについては取り上げないが、その他の項を細分して別稿を期して一考を加えたいと思っている。

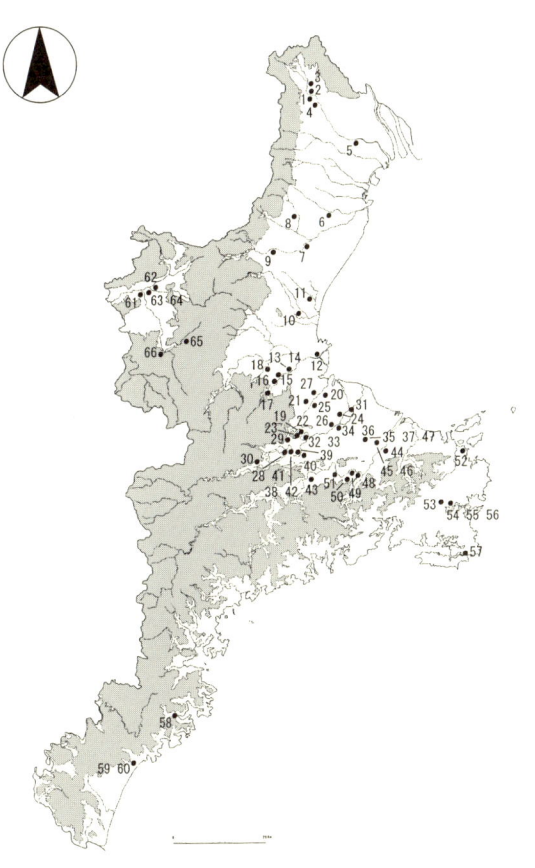

第3図　後・晩期の遺跡群

表3　後・晩期の遺跡一覧

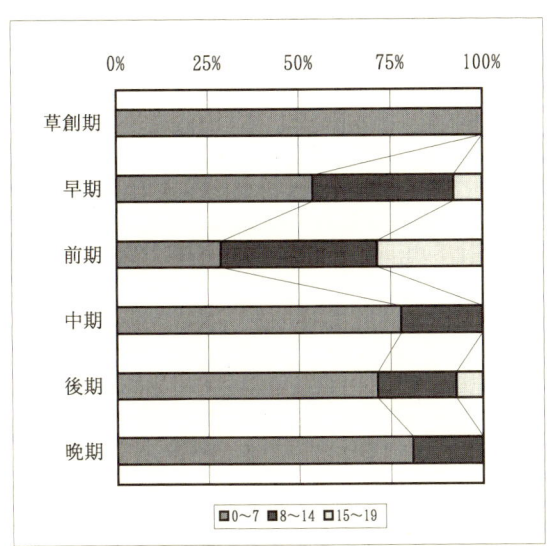

第4図　時期別の遺跡における器種数の比較

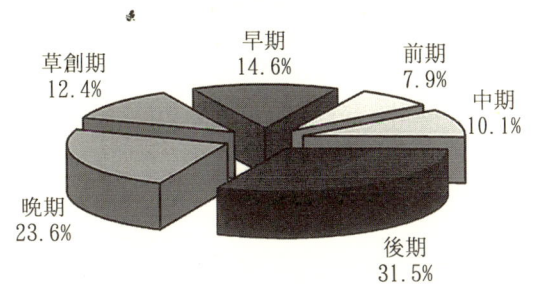

第5図　時期別遺跡数の比率

（2）時期別の傾向
a 草創期

石鏃、尖頭器類、スクレイパー類、異形石器、楔形石器、RF、剥片・砕片、打製石斧、その他が確認できる。当時期の指標になる矢柄研磨器をはじめとして、抽出した各遺跡は器種の数が6より少なく、器種はあまり多くはない状況がみてとれる。

器種別にみていけば、石鏃は3遺跡、尖頭器類は10遺跡、スクレイパー類は7遺跡、打製石斧は6遺跡で確認されている。これら以外の器種については確認された遺跡数が3以下である。石鏃より、尖頭器類・スクレイパー類・打製石斧が普遍的な存在であることが傾向から読み取れる。この時期の特徴なのだろうか。前段階の後期旧石器時代の流れを汲んでいるものと捉えるのはあながち間違いともいえないのではないだろうか。

b 早期

石鏃、尖頭器類、石錐、石匙、スクレイパー類、異形石器、楔形石器、RF、UF、剥片・砕片、石核、磨石、敲石・凹石、石皿・台石、打製石斧、磨製石斧、その他が確認できる。抽出した遺跡のうち器種の数が7より多いものがほぼ半数近く存在し、確認できた器種の増加が前段階よりも顕著であることが傾向から読み取れよう。

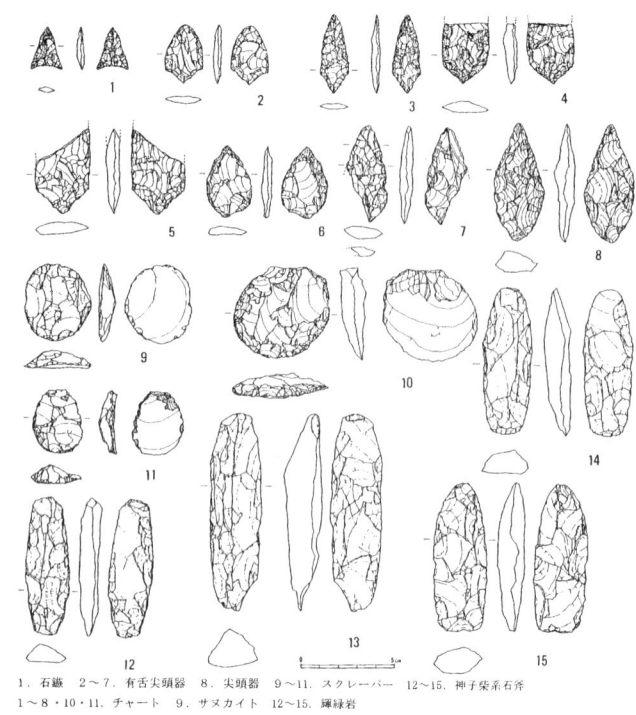

1．石鏃　2～7．有舌尖頭器　8．尖頭器　9～11．スクレーパー　12～15．神子柴系石斧
1～8・10・11．チャート　9．サヌカイト　12～15．輝緑岩

第6図　高皿遺跡出土石器（草創期）

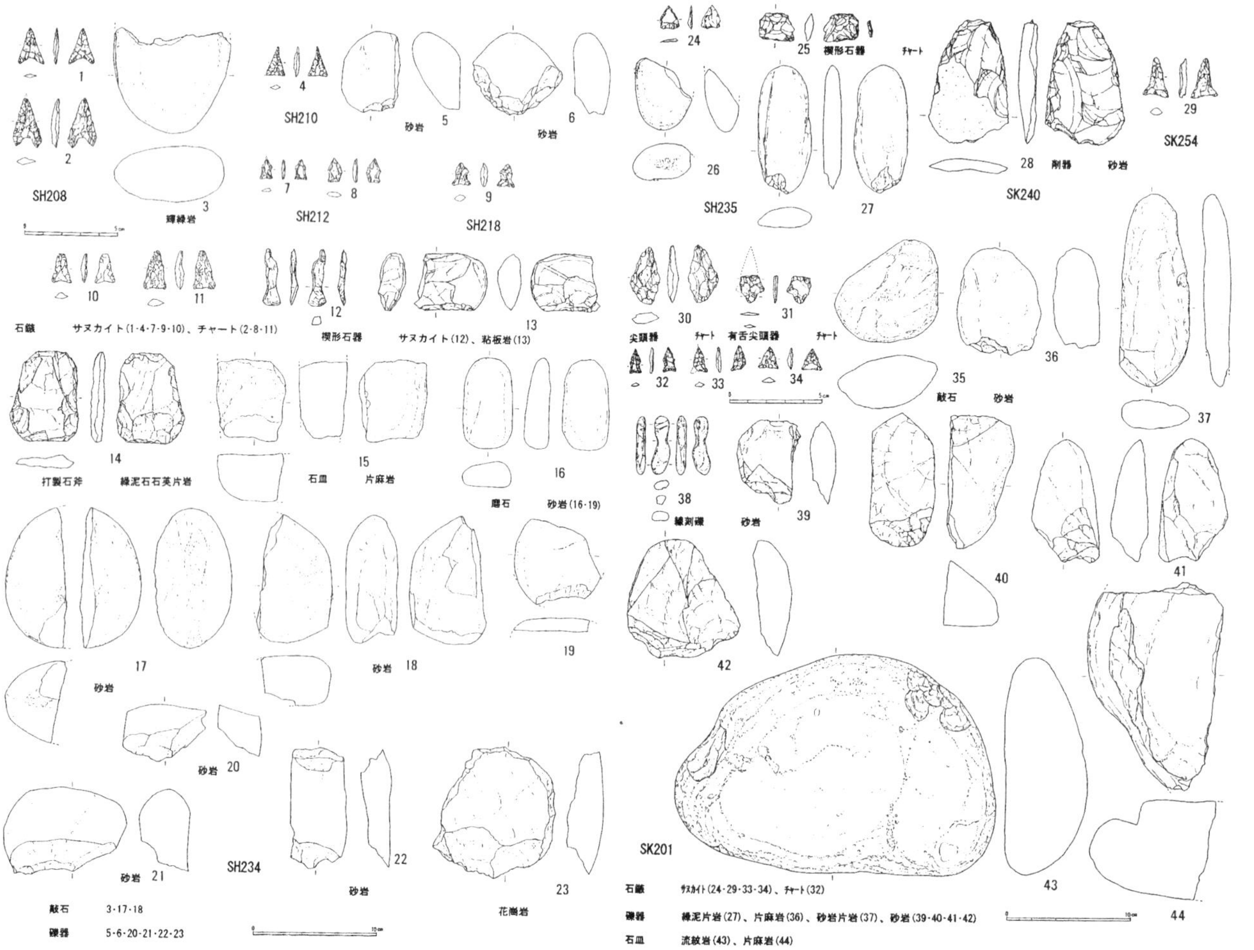

第7図　鴻ノ木遺跡出土石器（早期）

縄文時代における伊勢湾西岸域の石器組成からみた社会構造（小濱）

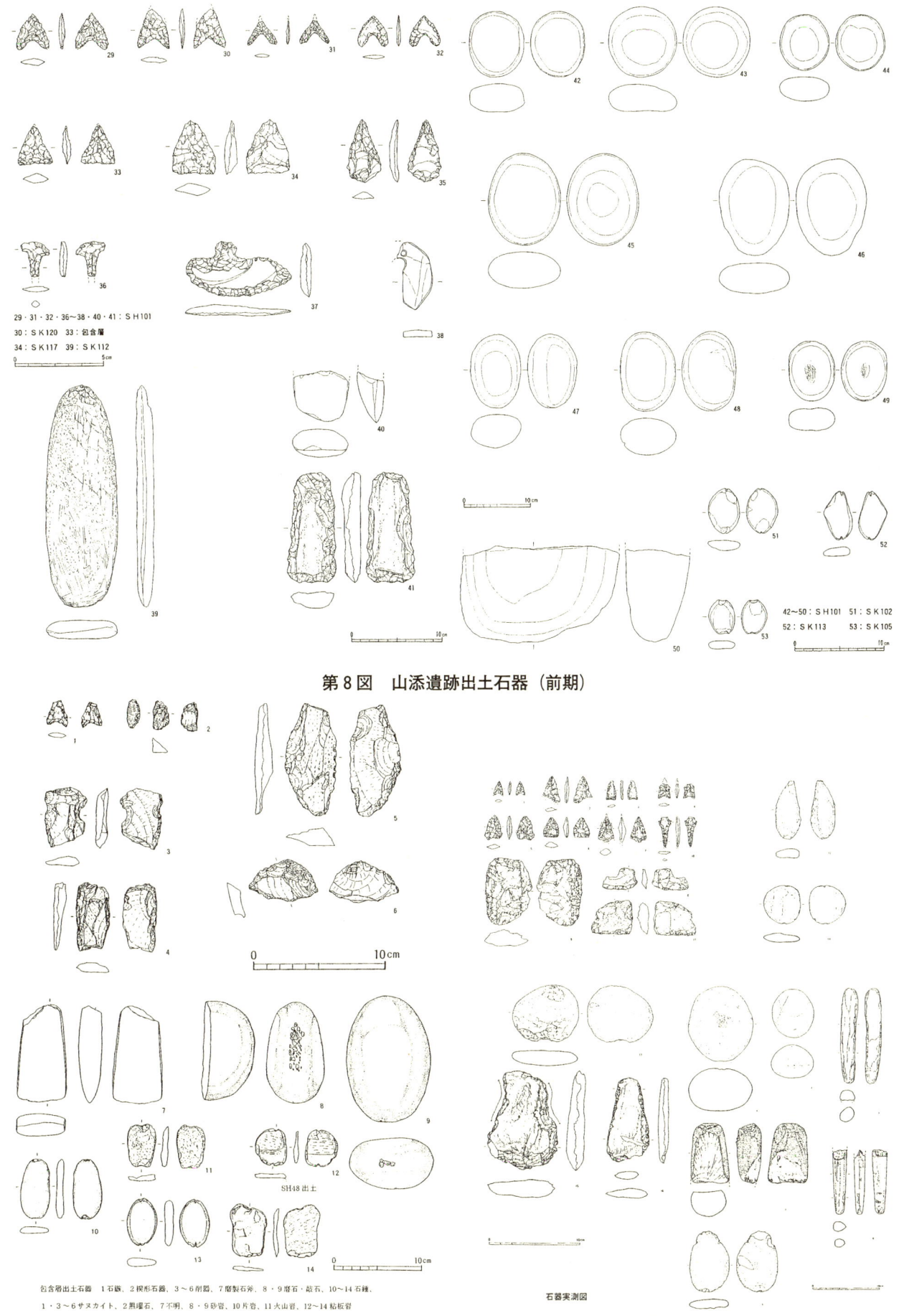

第8図　山添遺跡出土石器（前期）

第9図　大石遺跡出土石器（中期）　　　第10図　片野殿垣内遺跡出土石器（晩期）

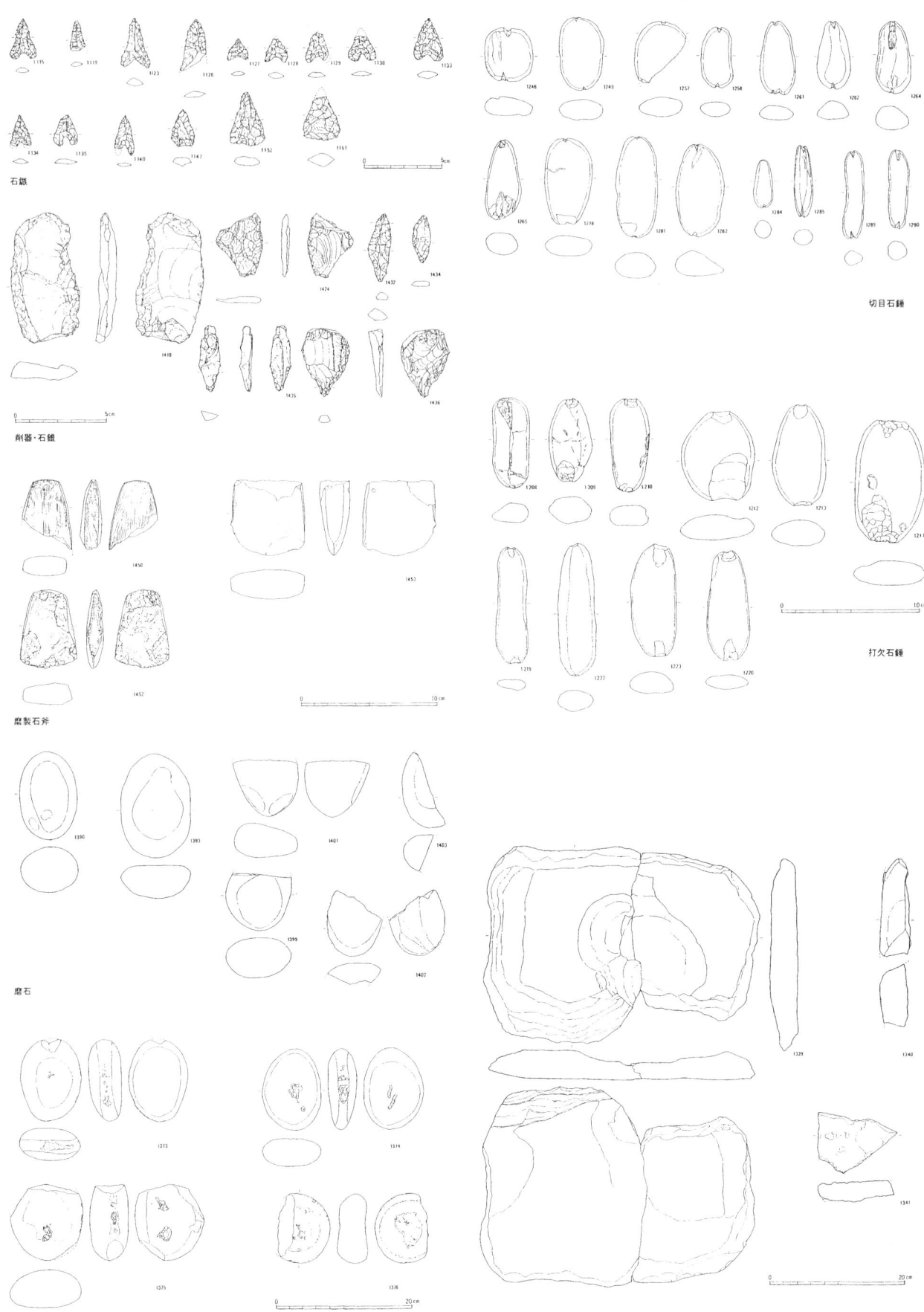

第11図 新徳寺遺跡出土石器（後期）

器種別にみていけば、石鏃は 11 遺跡、尖頭器類は 5 遺跡、石錐は 5 遺跡、スクレイパー類は 10 遺跡、楔形石器は 8 遺跡、磨石は 5 遺跡、敲石・凹石は 6 遺跡、石皿・台石は 5 遺跡で確認されている。これら以外の器種については確認された遺跡数が 1～6 である。石鏃・スクレイパー類・楔形石器が普遍的な存在であることが傾向からいえる。前段階には存在が顕著であった尖頭器類については減少の傾向となる。

c 前期

石鏃、尖頭器類、石錐、石匙、スクレイパー類、楔形石器、RF、UF、剥片・砕片、石核、磨石、敲石・凹石、石皿・台石、打製石斧、磨製石斧、打欠石錘、切目石錘、その他が確認できる。抽出した遺跡のうち器種の数が 5 より少ないものがない。遺跡数の少なさのためであろうか。確認できた器種の増加が傾向から読み取れよう。

器種別にみていけば、石鏃は 7 遺跡、石錐は 5 遺跡、石匙は 6 遺跡、スクレイパー類は 6 遺跡、楔形石器は 5 遺跡、RF は 5 遺跡、UF は 5 遺跡、磨製石斧は 5 遺跡で確認されている。これら以外の器種については確認された遺跡数が 1～7 である。石鏃・石錐・石匙・スクレイパー類・楔形石器・RF・UF・磨製石斧が普遍的な存在であることが傾向からわかる。剥片・砕片についても抽出した全遺跡で確認され、その他の項目に装飾品である玦状耳飾がみられるようになる。また、尖頭器類については確認された遺跡が 1 遺跡となり、前段階に引き続き減少の一途をたどるようである。

d 中期

石鏃、石錐、石匙、スクレイパー類、楔形石器、UF、剥片・砕片、磨石、敲石・凹石、打製石斧、磨製石斧、打欠石錘、切目石錘、その他が確認できる。抽出した遺跡のうち器種の数が 5 以下の遺跡が 5 を数える。確認できた器種の数について前段階とあまり差違はないようである。

器種別にみていけば、石鏃は 8 遺跡、石匙は 4 遺跡、スクレイパー類は 4 遺跡、打欠石錘は 5 遺跡、切目石錘は 5 遺跡、剥片・砕片についても 7 遺跡で確認できる。これら以外の器種については確認された遺跡数が 1～5 である。石鏃、打欠石錘、切目石錘が普遍的な存在であることが傾向からいえる。また、尖頭器類については出土する遺跡を確認することができなかった。

e 後期

石鏃、尖頭器類、石錐、石匙、スクレイパー類、楔形石器、RF、UF、剥片・砕片、石核、磨石、敲石・凹石、石皿・台石、打製石斧、磨製石斧、打欠石錘、切目石錘、その他が確認できる。当該期の遺跡数が対象の遺跡群の中で最も多く、器種の数も多いことが読み取れる。

器種別にみていけば、石鏃は 20 遺跡、石錐は 9 遺跡、石匙は 8 遺跡、スクレイパー類は 16 遺跡、楔形石器は 7 遺跡、磨石は 11 遺跡、敲石・凹石は 12 遺跡、石皿・台石は 7 遺跡、打製石斧は 9 遺跡、磨製石斧は 8 遺跡、打欠石錘は 15 遺跡、切目石錘は 16 遺跡、剥片・砕片についても 14 遺跡で確認されている。これら以外の器種については確認された遺跡数が 1～3 である。石鏃・スクレイパー類・打欠石錘・切目石錘が普遍的な存在であることが傾向からわかる。その他の項目に祭祀具である石棒・石剣、装飾具である垂飾が見られるようになる。また、辰砂原石や朱付着磨石・石皿といった朱生産に関連するものもあり、中央構造線を抱える地域的な特徴を示しているといえる。

f 晩期

石鏃、尖頭器類、石錐、石匙、スクレイパー類、楔形石器、RF、UF、剥片・砕片、石核、磨石、敲石・凹石、石皿・台石、打製石斧、磨製石斧、打欠石錘、切目石錘、その他が確認できる。当該期の遺跡数が対象の遺跡群の中で後期に次いで多く、確認された器種の数も多いことがわかる。

器種別にみていけば、石鏃は 15 遺跡、石錐は 5 遺跡、石匙は 4 遺跡、スクレイパー類は 6 遺跡、楔形石器は 6 遺跡、磨石は 4 遺跡、敲石・凹石は 7 遺跡、石皿・台石は 5 遺跡、打製石斧は 7 遺跡、打欠石錘は 6 遺跡、切目石錘は 4 遺跡、剥片・砕片についても 13 遺跡で確認されている。これら以外の器種については確認された遺跡数が 1～4 である。石鏃が普遍的な存在であることが傾向からいえるのであるが、漠然とはしているものの、より多様性が増した感をうける。その他の項目に祭祀具である石刀・石棒・石剣・岩偶が見られるようになる。また、前段階にもみられるように辰砂原石といった朱生産に関連するものもある。

3. 縄文遺跡における石器組成（第 12 図、表 4 参照）

（1）器種別の傾向

次に、器種別に先述している時期区分に沿ってどのような傾向があるか考えてみたいと思う。

a 石鏃

全時期にわたって確認されている器種である。全時期を通じて他の器種と比較しても安定した様相を示していると考えられる。草創期については対象の遺跡である 11 遺跡のうち、3 遺跡（27.3%）で確認されているが、他の時期は対象の遺跡の約 80% でみられるというように、明らかな差違がみられる。

b 尖頭器類

草創期においては、対象の遺跡である 11 遺跡のうち 10 遺跡（90.9%）で、早期については対象の遺跡である 13 遺跡のうち 5 遺跡（38.5%）で確認されている。この結果からみても、草創期から早期において減少傾向がみられる。次段階の前期に目を転じてみれば、対象の遺跡である 7 遺跡のうち 1 遺跡（14.3%）で確認されている。それ以降の時期である中期は対象の遺跡である 9 遺跡のうちで確認されておらず、後期については対象の遺跡である 28 遺跡のうちで確認されておらず、晩期は

対象の遺跡である21遺跡のうち1遺跡（4.8％）での確認にとどまっている。石鏃のように全時期にわたって確認されている器種ではない傾向がみられる。草創期には普遍的に存在する尖頭器類が早期には石器群の中において普遍的な存在ではなくなり、それ以降はみられないに等しい状況になるようである。

c 石錐

草創期には今のところ確認されておらず、次の早期から見られるようになる。早期は対象の遺跡である13遺跡のうち5遺跡（38.5％）で、前期については対象の遺跡である7遺跡のうちすべて（100％）で、中期は対象の遺跡である9遺跡のうち2遺跡（22.2％）、後期については対象の遺跡である28遺跡のうち9遺跡（32.1％）、晩期は対象の遺跡である21遺跡のうち5遺跡（23.8％）で確認されている。時期により多寡はあるがそれぞれの時期の石器群を構成する1器種といえよう。

d 石匙

草創期では今のところ確認されていない。次の早期から見られるようになる。早期は対象の遺跡である13遺跡のうち1遺跡（7.7％）で、前期については対象の遺跡である7遺跡のうち6遺跡（85.7％）、中期は対象の遺跡である9遺跡のうち4遺跡（44.4％）、後期については対象の遺跡である28遺跡のうち8遺跡（28.6％）、晩期は対象の遺跡である21遺跡のうち4遺跡（19.0％）で確認されている。特に、前期については当器種が数多くの遺跡でみられ、他の時期と比較しても対象となる遺跡の内での占める割合は非常に高い数値を示している。時期により多寡はあるが確認された時期の石器群を構成する1器種であることがいえる。

e スクレイパー類

草創期は対象の遺跡である11遺跡のうち7遺跡（63.6％）で、早期は対象の遺跡である13遺跡のうち10遺跡（76.9％）で、前期については対象の遺跡である7遺跡のうち6遺跡（85.7％）、中期は対象の遺跡である9遺跡のうち4遺跡（44.4％）、後期については対象の遺跡である28遺跡のうち16遺跡（57.1％）、晩期は対象の遺跡である21遺跡のうち6遺跡（28.6％）で確認されている。草創期から晩期にわたり確認することができる器種である。中期において漸減しているものの、全時期を通じて他の器種と比較しても安定した様相を示している器種と考えられる。また、晩期における当器種の減少傾向については、食料の獲得形態の変化といった問題を孕んでいるのかもしれない。

f 異形石器

草創期は対象の遺跡である11遺跡のうち1遺跡（9.1％）で、早期は対象の遺跡である13遺跡のうち3遺跡（23.1％）で、後期については対象の遺跡である28遺跡のうち1遺跡（3.6％）、晩期は対象の遺跡である21遺跡のうち1遺跡（4.8％）で確認されている。前期・中期については対象の遺跡うちで確認されていない。他の器種のあり方と比較して異質な感を受ける。

g 楔形石器

草創期は対象の遺跡である11遺跡のうち2遺跡（18.2％）で、早期は対象の遺跡である13遺跡のうち8遺跡（61.5％）で、前期は対象の遺跡である7遺跡のうち5遺跡（71.4％）、中期は対象の遺跡である9遺跡のうち2遺跡（22.2％）、後期については対象の遺跡である28遺跡のうち7遺跡（25.0％）、晩期は対象の遺跡である21遺跡のうち6遺跡（28.6％）で確認されている。草創期から晩期にわたり確認することができる。早期及び前期については当器種が数多くの遺跡でみられ、他の時期と比較しても対象となる遺跡の内での占める割合は非常に高い。時期により多寡はあるが確認された時期の石器群を構成する1器種であることが窺える。

h RF

草創期は対象の遺跡である11遺跡のうち2遺跡（18.2％）で、早期は対象の遺跡である13遺跡のうち3遺跡（23.1％）で、前期は対象の遺跡である7遺跡のうち5遺跡（71.4％）、後期については対象の遺跡である28遺跡のうち3遺跡（10.7％）、晩期は対象の遺跡である21遺跡のうち4遺跡（19.0％）で確認されている。前期については対象の遺跡うちで確認されていない。時期により有無はあるものの各時期の石器群を構成する1器種といえるのではないか。

i UF

早期は対象の遺跡である13遺跡のうち3遺跡（23.1％）で、前期は対象の遺跡である7遺跡のうち5遺跡（71.4％）、中期は対象の遺跡である9遺跡のうち1遺跡（11.1％）、後期については対象の遺跡である28遺跡のうち3遺跡（10.7％）、晩期は対象の遺跡である21遺跡のうち2遺跡（9.5％）で確認されている。草創期については対象の遺跡うちで確認されていない。時期により有無はあるものの各時期の石器群を構成する1器種といえよう。

j 剥片・砕片

草創期は対象の遺跡である11遺跡のうち3遺跡（27.3％）で、早期は対象の遺跡である13遺跡のうち5遺跡（38.5％）で、前期は対象の遺跡であるすべてで、中期は対象の遺跡である9遺跡のうち7遺跡（77.8％）、後期については対象の遺跡である28遺跡のうち14遺跡（50.0％）、晩期は対象の遺跡である21遺跡のうち13遺跡（61.9％）で確認されている。草創期から晩期にわたり確認することができ、全時期を通じて他の器種と比較しても安定した様相を示しているといえよう。また、前期以降における確認された遺跡に占める割合が高い傾向については、人の移動・定住化といった問題を孕んでいるのかもしれない。

k 石核

早期は対象の遺跡である13遺跡のうち3遺跡（15.4％）で、前期は対象の遺跡である7遺跡のうち3遺跡

(42.9%)、後期については対象の遺跡である28遺跡のうち3遺跡（10.7%)、晩期は対象の遺跡である21遺跡のうち1遺跡（4.8%）で確認されている。草創期及び中期については対象の遺跡うちで確認されていない。時期により有無はあるものの各時期の石器群を構成する1つといえるのではないか。

l 磨石

早期は対象の遺跡である13遺跡のうち5遺跡（38.5%）で、前期は対象の遺跡である7遺跡のうち2遺跡（28.6%）、中期は対象の遺跡である9遺跡のうち3遺跡（33.3%）、後期については対象の遺跡である28遺跡のうち11遺跡（39.3%)、晩期は対象の遺跡である21遺跡のうち4遺跡（19.0%）で確認されている。草創期においても確認されてもおかしくないのだが、対象となる遺跡群からは確認されていない。後期以降になると朱付着のものがみられるようになる。多様な生業の一端を垣間見れるものである。

m 敲石・凹石

早期は対象の遺跡である13遺跡のうち6遺跡（46.2%）で、前期は対象の遺跡である7遺跡のうち3遺跡（42.9%）、中期は対象の遺跡である9遺跡のうち1遺跡（11.1%）、後期については対象の遺跡である28遺跡のうち12遺跡（42.9%)、晩期は対象の遺跡である21遺跡のうち7遺跡（33.3%）で確認されている。草創期においても確認されてもおかしくないのだが、対象となる遺跡群からは確認されていない。

n 石皿・台石

早期は対象の遺跡である13遺跡のうち5遺跡（38.5%）で、前期は対象の遺跡である7遺跡のうち2遺跡（28.6%）、中期は対象の遺跡である9遺跡のうち3遺跡（33.3%）、後期については対象の遺跡である28遺跡のうち11遺跡（39.3%)、晩期は対象の遺跡である21遺跡のうち4遺跡（19.0%）で確認されている。草創期においても確認されてもおかしくないのだが、対象となる遺跡群からは確認されていない。後期以降になると朱付着のものがみられるようになる。多様な生業の一端を垣間見るようである。

o 打製石斧

草創期は対象の遺跡である11遺跡のうち6遺跡（54.5%）、早期は対象の遺跡である13遺跡のうち2遺跡（15.4%）、前期は対象の遺跡である7遺跡のうち2遺跡（28.6%）、中期は対象の遺跡である9遺跡のうち2遺跡（22.2%）、後期については対象の遺跡である28遺跡のうち9遺跡（32.1%)、晩期は対象の遺跡である21遺跡のうち7遺跡（33.3%）で確認されている。草創期から晩期にわたり出土の確認ができ、草創期においては確認された遺跡に占める割合が高いという傾向が読み取れる。

p 磨製石斧

早期は対象の遺跡である13遺跡のうち5遺跡（38.5%）、前期は対象の遺跡である7遺跡のうち5遺跡（71.4%）、中期は対象の遺跡である9遺跡のうち3遺跡（33.3%）、後期については対象の遺跡である28遺跡のうち8遺跡（28.6%)、晩期は対象の遺跡である21遺跡のうち3遺跡（14.3%）で確認されている。草創期については対象の遺跡うちで確認されていない。早期から晩期にわたり確認することができる。また、前期においては出土が確認された遺跡に占める割合が高くなっている。

q 打欠石錘

前期は対象の遺跡である7遺跡のうち4遺跡（57.1%）、中期は対象の遺跡である9遺跡のうち5遺跡（55.6%）、後期については対象の遺跡である28遺跡のうち15遺跡（53.6%)、晩期は対象の遺跡である21遺跡のうち6遺跡（28.6%）で確認されている。草創期及び早期においては、対象となる遺跡群からは確認されていない。前期から晩期にわたり確認することができ、当該の時期を通じて他の器種と比較しても安定した様相を示していると考えられる。特に、後期についてはより安定した状況といえよう。当該期の漁撈活動の様相を考えるうえで興味深い傾向である。

r 切目石錘

前期は対象の遺跡である7遺跡のうち3遺跡（42.9%）、中期は対象の遺跡である9遺跡のうち5遺跡（55.

表4 時期別の石器組成表

時期	遺跡数	石鏃	尖頭器類	石錐	石匙	スクレイパ類	異形石器	楔形石器	RF	UF	剥片砕片	石核	磨石	敲石・凹石	石皿・台石	打製石斧	磨製石斧	打欠石錘	切目石錘	その他
草創期	11	○	●		○	●	○	○	○		○	○				●				○
早期	13	●	○	○	●	○	○	○	●	○	●	○	○	○	○	○	○			●
前期	7	●	○	○	●	●	○	○	○	○	●	○	○	○	○	○	●	●	○	○
中期	9	●		○	○	●	○	○	○	○	○	○	○	○	○	○	○	●	●	○
後期	28	●	○	○	●	●	○	○	●	○	●	○	○	●	●	○	○	●	○	○
晩期	21	●	○	○	●	●	○	○	○	○	●	○	○	○	○	○	○	○	○	○

＊●については対象となる遺跡群のうち1／2以上を占めた場合、○については対象となる遺跡群のうち1／2に達しない場合、空白については対象となる遺跡群において確認できなかった場合を表している。

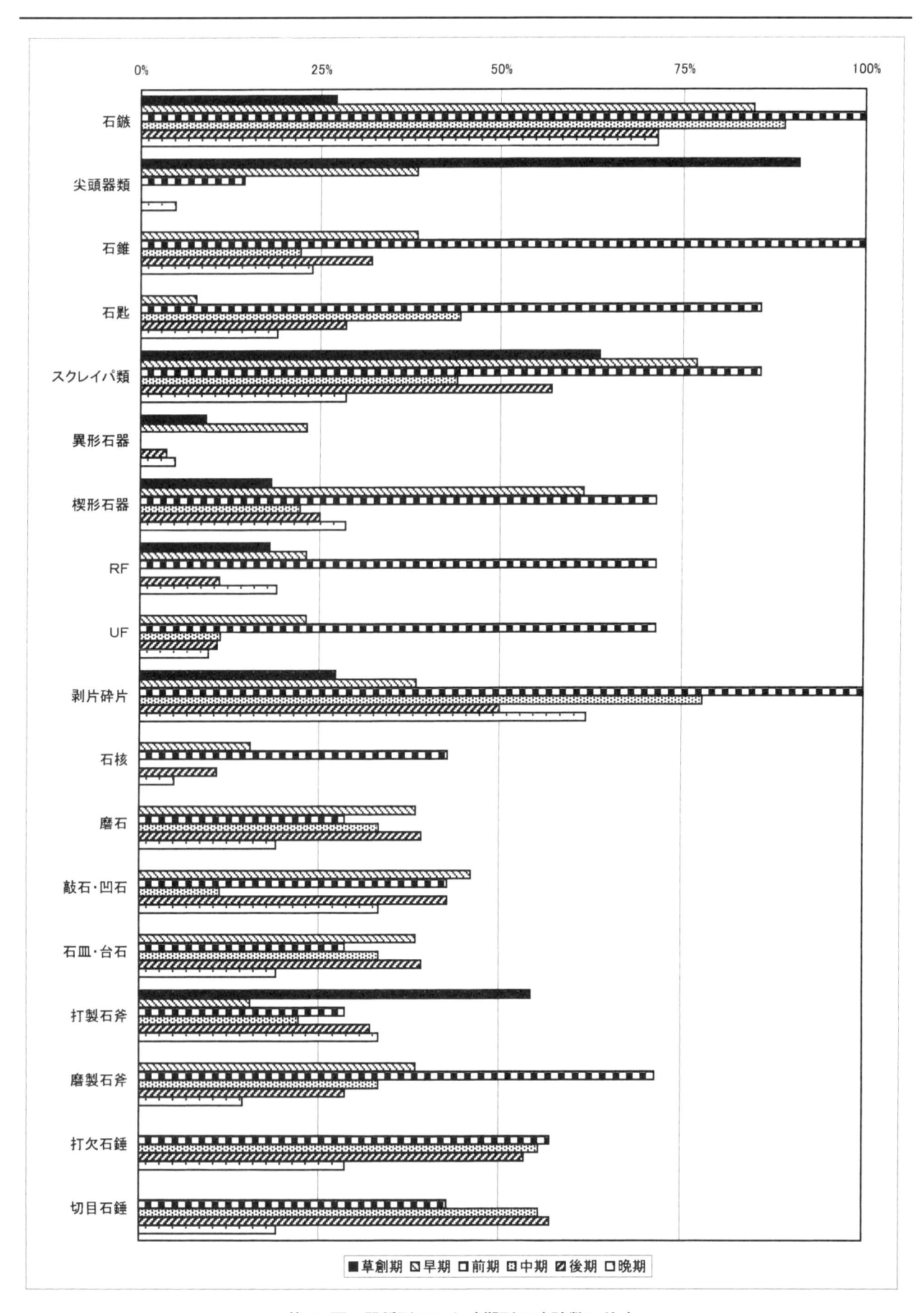

第12図　器種別にみた時期別の遺跡数の比率

6％)、後期については対象の遺跡である28遺跡のうち16遺跡 (57.1％)、晩期は対象の遺跡である21遺跡のうち4遺跡 (19.0％) で確認されている。草創期及び早期においては、対象となる遺跡群からは当器種は確認されていない。前期から晩期にわたり確認することができ、当該の時期を通じて他の器種と比較しても安定した様相を示していると考えられる。打欠石錘と同様に、後期についてはより安定した状況といえよう。当該期の漁撈活動の様相を考える上で興味深い傾向である。

s　その他

装飾具、祭祀具等を一括しているため、ここまでの分析とは相容れないと思われる。しかし、対象とする地域は狭小ではあるが、縄文時代の社会構造を考える上で様々な可能性を示唆するものと考える。

(2) 石器組成の分析からみえるもの

a　草創期から早期へ

対象の全時期を概観したとき、器種の多様さという観点から、草創期と早期以降の対象となる遺跡群で確認された器種の数の差は大きな隔たりを感じるとともに、一つの画期であることが窺えよう。人の移動や定住化、集落の形成に関連する動きがあったものと考えられなくもない[3]。

草創期の器種の少なさについては、当時が定住化や集落の形成を行ったというのではなく移動を是とした社会構造を示していて、必要最小限の携行品で日々を凌いでいたことが想定できる。剝片・砕片の確認された遺跡群の少なさや磨石、敲石、凹石、石皿、台石、石錘が対象とする遺跡群で確認されていないことも、先述の想定の傍証となるものと考える。

早期の代表的な遺跡である松阪市鴻ノ木遺跡では炉穴[4]の築造が当時の人々によって行われている。これは、定住化と集落の形成が開始されたと想定できる一つの証拠と考えられる。生活の拠点あるいは拠点となる地域を獲得すれば、生業に関わる様々な活動に進出することができ、それに伴い石器群を含めた道具類の充実が図られた可能性がある。そのことが先述の器種の多寡という状況とも符号するわけである。また、尖頭器類については、前期以降で確認されることは非常に少なくなるなど、以後、石器群を含めた道具類の取捨選択を行いつつ、定住化と集落の形成が各地域に徐々に浸透していくことになるのだろう。

b　石匙・スクレイパー類と打製石斧の動向

まず、石匙は、食料獲得の一環として行われた狩猟活動によりえられた獣の解体や皮なめし等に用いられたと考えられている。当器種については、早期以降で対象の遺跡群から確認することができる。対象となる遺跡群のうち当器種が確認されたものの割合は、早期は7.7％、前期は85.7％、中期は44.4％、後期は28.6％、晩期は19.0％である。時期により多寡はあるが確認された各時期の石器群を構成するものである。ただ、後期以降徐々に減少している傾向が読み取れる。

次に、スクレイパー類は石匙と同様に、食料獲得の一環として行われた狩猟活動によりえられた獣の解体や皮なめし等に用いられたと考えられている。当器種について対象となる遺跡群のうち当器種が確認されたものの割合は、草創期は63.6％、早期は76.9％、前期は85.7％、中期は44.4％、後期は57.1％、晩期は28.6％である。全時期を通じて他の器種と比較しても安定した様相を示してはいる。ただ、晩期については大きく減少している傾向が読み取れる。

続いて、打製石斧に目を向けてみたい。用途については、木材の伐採や根菜類の掘り起こし等への使用が想定できる。また、縄文農耕説の根拠として鍬等として耕作に使用したものといわれる場合もある。当器種について対象となる遺跡群のうち当器種が確認されたものの割合は、草創期は54.5％、早期は15.4％、前期は28.6％、中期は22.2％、後期は32.1％、晩期は33.3％である。草創期から晩期にわたり確認することができ、草創期の割合が高いということと、草創期以降減少傾向であったが後期を境に増加傾向に転じることが読み取れる。

石匙及びスクレイパー類は、対象地域において後期から晩期かけて器種自体が減少する傾向がみられる。これは狩猟対象の資源の枯渇を示しているのではない。現象として当器種の使用頻度が減少したこと、つまり狩猟活動が減少していることを示し、狩猟活動を以前ほど頻繁に行わなくてもいい状況が現出したと考えられる。また、打製石斧については、対象地域において後期を境に増加傾向となる。このことと、石匙及びスクレイパー類の動向を踏まえると、打製石斧の用途に変化があった可能性を指摘できるのではないか。つまり伐採や掘り起こし等への使用から農耕具としての使用するに至ったことを示しているものと思われる。縄文遺跡からのプラントオパールの検出や穀殻圧痕の確認等の報告がなされるようになった現状を踏まえれば、対象地域での農耕及び栽培が行われた可能性は十分あるものと考える。

4．まとめにかえて

これまでに、伊勢湾西岸域における縄文石器出土遺跡の概況や石器群の傾向、石器組成についての検討や分析等を行ってきた。ここでは、それらから判明したことや可能性あるいは課題について考えてみたい。以下に列記し、まとめとしたい。

① 対象とした遺跡群の内、草創期は11遺跡 (12.4％)、早期は13遺跡 (14.6％)、前期は7遺跡 (7.9％)、中期は9遺跡 (10.1％)、後期は28遺跡 (31.5％)、晩期は21遺跡 (23.6％) であり、後期以降の遺跡については全体の50％を越え、濃密な分布状況であることを認識することができた。

② 対象とした遺跡群の分布状況は、三重県の中央、中

勢あるいは南勢と呼称される地域に集中していて、櫛田川あるいは宮川といった三重県でも屈指の大河川を擁していることが大きな要因であると考えられる。

③ 対象とした遺跡群の草創期の様相としては、各遺跡の器種の数が6より少なく、石鏃より尖頭器類・スクレイパー類・打製石斧が普遍的な存在であることが判明した。

④ 対象とした遺跡群の早期の様相としては、抽出した遺跡のうち器種の数が7より多いものがほぼ半数近く存在し器種の増加が前段階よりも顕著で、石鏃・スクレイパー類・楔形石器が普遍的な存在である。前段階には存在が顕著であった尖頭器類については減少の傾向となることが判明した。

⑤ 対象とした遺跡群の前期の様相としては、抽出した遺跡のうち器種の数が5より少ないものがなく、器種の増加が傾向から読み取れ、石鏃・石錐・石匙・スクレイパー類・楔形石器・RF・UF・磨製石斧が普遍的な存在であり、尖頭器類が減少していることが判明した。

⑥ 対象とした遺跡群の中期の様相としては、抽出した遺跡のうち器種の数が5以下の遺跡が5を数え、器種の数について前段階とあまり差違はなく、石鏃、打欠石錘、切目石錘が普遍的であり、尖頭器類の出土が確認できないことが判明した。

⑦ 対象とした遺跡群の後期の様相としては、遺跡数が最も多く、石鏃・スクレイパー類・打欠石錘・切目石錘が普遍的な存在であり、祭祀具である石棒・石剣や辰砂原石等といった朱生産に関連するものを確認した。

⑧ 対象とした遺跡群の晩期の様相としては、遺跡数が後期についで多く、石鏃が普遍的な存在であることが傾向からわかるのであるが、遺跡毎の多様性が増した感をうけ、祭祀具である石刀・石棒・石剣・岩偶、辰砂原石といった朱生産に関連するものを確認した。

⑨ 器種の多様さという観点から、草創期と早期の間に画期があることを想定し、早期以降に定住化、集落の形成により、石器群を含めた道具類の充実が図られた可能性を提示した。

⑩ 石匙・スクレイパー類と打製石斧の動向の分析から、狩猟活動が減少や打製石斧の用途の変化つまり伐採や掘り起こし等への使用から農耕具として使用されていたことを示し、当該地域での縄文時代の農耕・栽培の可能性を提示した。

⑪ 石器群の傾向や組成に関わることだけで稿を進めてきたが、土器型式と石器群の対応や細分、自然環境、遺跡の立地環境、人口の動態、使用石材の分析、石器の大きさや重量の分析等について、筆者の能力不足もあり、本稿において十分加味することができなかったことを反省し、今後の課題としたい。

本稿を成すにあたり、大下明、鈴木康二、小山憲一の各氏の他、関西縄文文化研究会の諸氏には有益なご教示をいただいた。また、編集担当の松尾洋次郎氏にはご迷惑をおかけしました。文末ではありますが、心より感謝をいたします。

註

（1）表採及び遊離資料の扱いも含め、比較、検討、分析の対象を考えたとき、時期の限定は必要不可欠と考える。

（2）分類について異論はあるかと思うが、集成との整合性や地域的な比較検討を行う場合、ある程度の統一は必要と考える。そのため、本稿においてはこれらの分類を採用することとした。

（3）ここでいう定住化については、1箇所に留まっていることのみを指しているのではなく、限定された狭小な地域の中に留まることも指している。

（4）関東地方の炉穴と類似した遺構が、1990年代に鹿児島県を中心にした南九州地方で確認されるようになり、当初は「連結土坑」と呼称されていたが、後に「煙道付き炉穴」と呼称されるようになったようだ。拙稿「煙道付き炉穴及び炉穴に関する一考察」（『関西縄文時代の集落・墓地と生業　関西縄文論集1』2003）において、「炉穴」という呼称を関東地方や九州地方においても使用すべきことについて述べている。

参考文献・挿図引用文献

『縄文文化の研究　7　道具と技術』　雄山閣　1983
鈴木道之助『図録　石器入門事典　縄文』柏書房　1991
山田昌久「道具の復元」『季刊　考古学』雄山閣　1991
『縄文時代』第10号　縄文時代文化研究会　1999
『関西の縄文住居』関西縄文文化研究会　1999
『関西の縄文墓地』関西縄文文化研究会　2000
『関西縄文時代の生業関係遺構』関西縄文文化研究会　2001
『関西時代集落研究の現段階』縄文時代文化研究会　2001
『列島における縄文時代集落の諸様相』縄文時代文化研究会　2001
『縄文時代の石器　草創期・早期』関西縄文文化研究会　2002
鈴木康二「縄文時代石器研究の方法序説石器」『紀要　第10号』（財）滋賀県文化財保護協会　2002
鈴木康二「「石器」から考えるために」『往還する考古学』2002
『縄文時代の石器Ⅱ　前期・中期』関西縄文文化研究会　2003
『関西縄文時代の集落・墓地と生業　関西縄文論集1』関西縄文文化研究会　2003
『縄文時代の石器Ⅲ　後期・晩期』関西縄文文化研究会　2004

定住の指標

■矢野　健一　　（YANO, kenichi)

1. 定住の定義

　定住という用語は遊動という用語に対比させて用いられているが、基本的には年間を通じて同じ場所に居住するような生活様式を意味すると理解している。人類史的な観点から「定住革命」という概念を提唱した西田正規氏［西田1984］も、定住とは1年間を通じて同じ場所に住むことであると考えている。つまり、季節移動を行っていたかどうかが問題となるわけである。

　しかし、実際の定住に関する議論は季節移動の有無に焦点をしぼったものばかりではなく、季節性とは直接関係ない居住期間の長さに焦点をあてているものも多い。居住期間の長さを問題にすることは、もちろん有意義なことであるが、同じ場所に住む期間が数年か、数十年か、という問題は、季節移動が行われていたかどうかとは別に論じるべき問題である。

　筆者はこの点を明確にするために、季節移動が生じていたかどうかという点を定住に関する問題として限定し、季節移動とは無関係の居住期間に関する問題は定着性という別個の概念として扱うことを提案している［高松・矢野1997］。本論でも、定住とは季節移動を行わずに生活のための本拠地を年間を通じて1箇所に固定している状態をさすことにする。

　このような筆者の用語の定義と抵触するのは「季節的定住」という概念である。これは季節を限った拠点を複数設けて、その拠点を固定させているような状態をいう。渡辺仁氏［渡辺1990：16-20］は住居移動のパターンとして、夏冬それぞれの恒久的な住居を固定する「定住型」といずれかの季節の住居を恒久的に固定する「半定住型」「半遊動型」を設定している。「季節的定住」というのはこれらの各パターンを幅広く含むようである。筆者の用語法によればこれは季節移動を行っているので、定住ではないということになる。

　このように、定住の概念を季節移動の問題に限定するのは、考古資料を解釈する際、季節移動の有無の判断と居住期間の長さの判断は異なる指標を用いる必要があるからである。「季節的定住」の場合、（1）季節により居住地を変えていた、（2）その居住地に毎年、回帰していた、という2つの条件を満たす必要がある。すなわち、（1）は居住地における活動が季節的に限定されていることを証明する必要があり、（2）その居住地における季節的活動がある程度長期間、累積している、という判断を必要とするわけである。つまり、「季節的定住」は、定住性と定着性という2つの概念を併用することによってのみ、証明可能となる。

　このように、いかなる生活様式も季節移動の有無と居住期間の長さを組み合わせれば説明できるので、筆者の言う定住性と定着性という概念で網羅できることになる。本論で問題にしたいのは居住地の移動や固定の指標となる考古資料の解釈において、移動や固定が季節性をおびたものかどうか、という点に対する判断が不十分な場合がある、という点にある。居住地の移動や固定の証拠となる指標が、季節性をおびたものか、単なる居住期間の長さを示すものか、という判断を問いたいわけである。

　本論では、この点を問題にし、定住すなわち季節移動の有無の証明の指標として用いられてきた基準の中で有効な指標は何かということを議論する。雨宮瑞生［雨宮・松永1991、雨宮1992・1993a・1993b］は定住性について様々な指標を設定して詳細な議論を行っているが、小林謙一氏［小林1995］は各指標が機械的なチェックリストして用いられれば、多様な生活形態を見失う危険性を指摘している。この危険性を防ぐには、指標の意味を厳密に問うことが必要である。特に、西日本では縄文時代に季節移動を行なっていたという見解が提起されている［坂口2003：138-141］。また、関西地方の縄文社会が「季節的定住」を中期中葉まで行なっていたという主張を瀬口眞司氏が展開している［瀬口2001・2002・2003a・2003b・2003c］。これらの議論においては、貯蔵穴のあり方も重視されている。このような議論が適切か否かについても検討し、定住にとって密接に関係すると考えられている貯蔵穴の意義についても論じる。

2. 定住に関する議論

　1年間を通じて居住地を固定したかどうかを証明するためには、たとえば遺跡や遺構・遺物からその場所にお

ける活動が季節的に限定されるような条件を想定したうえで、そのような条件を満たすか否かを検討する必要がある。この条件は、特に魚介類の獲得、動物の狩猟、堅果類の採集、といった食料獲得活動の季節的なかたよりが遺跡において認められるかどうかという検討や、住居や貯蔵穴など遺構のあり方や石器組成などの遺物のあり方に季節性を反映した2種類以上の型が認められるかどうかという検討から導くことが可能となる。

西田氏［西田1980］は季節的なかたよりを有する食料獲得活動が福井県鳥浜貝塚において、多様な形で行われていることに注目し、縄文時代前期における定住生活の証拠とみなした。雨宮瑞生氏は西田氏の観点を特に人工遺物に対して適用し、人工遺物から定住生活の証拠を探るための指標を提唱し、定住の指標に対する認識が高まった。雨宮氏は（1）土器、磨石類、石皿の量（2）磨製石斧の量（3）装飾・呪術・祭祀用具の量（4）住居の柱穴サイズ、の4つの指標を重視している。具体的には、土器と磨石類（本論では磨石、特殊磨石、叩石を磨石類として一括する）および石皿の石鏃に対する比率、土器量の遺跡ごとの出土量の差、堅果類の貯蔵施設の存在、磨製（刃部磨製を含む）石斧の石鏃と磨石類に対する比率、磨製石斧の太さ、住居跡の柱穴サイズ、遺構に対する労力の投下量、装飾・呪術・祭祀用具の石鏃と磨石類の量に対する比率、土器の多様性、集落における季節風に対する配慮、集落周辺の植生への関与、といった実に様々な要素がとりあげられている。雨宮氏も定住の定義については西田氏と同様、通年居住をもって定住とみなしている。

雨宮氏が提唱した定住の指標については、後に検討するが、定住を季節性の問題から解釈する観点とは別に、居住期間の長さをもって定住を論じる観点が、縄文研究の中では比較的古くから存在した。高橋護氏［高橋1965］や泉拓良氏［泉1985］の集落研究がその代表例で、両氏は土器型式の存続期間から定住集落の存在を証明しようとしたのである。つまり、連続する土器型式の出土はその集落が長期間居住されていることを証明する一方で、土器型式の断絶は居住の断絶を意味する。その連続と断絶の関係において集落の移動も描写できることになる。

末木健氏［末木1975］や石井寛氏［石井1977］の移動論は、遺構内の遺物堆積状況などを根拠にして、高橋氏や泉氏が想定したよりも居住期間を短く見積もり、土器型式の連続がそのまま居住の連続を意味するのではなく、断続的な居住の累積結果によって生じるものとみなした。末木氏の場合、集団の入れ替わり、石井氏の場合、集団の回帰的居住を想定している。ただし、両氏とも季節移動の証明を第一義的に念頭においているわけではない。

このような移動論の流れの中で、羽生淳子氏［羽生1993］や黒尾和久氏［黒尾1988］らのように、大規模遺跡を小規模な居住活動の累積とみて、頻繁な集団の移動を想定する議論が活発化するわけである。この議論において、居住期間の短さが強調される中で、季節移動もとりあげられるようになる。ただし、黒尾氏にしても、羽生氏にしても、季節移動を問題の焦点においているわけではなく、食料獲得活動において移動を含めた戦略パターンを重視した議論をすべきだという主張にとどまる［羽生1990］。

したがって、先に述べた雨宮氏の議論はこの種の議論とは前提が異なる。雨宮氏の議論はあくまで季節移動を焦点においた議論であり、居住期間の長さに焦点を当てた議論ではない。両者の議論はともに縄文社会の生活形態を論じながら、すれ違いに終わる可能性をはらんでいたわけである。

ただし、雨宮氏による季節移動の有無に関しての議論は、草創期の南九州の遺跡が早期以降と変わらず定住的であることを、先に述べた4つの指標からみて草創期も早期以降も大差ないことから証明しようとしたものである。氏の論法からいえば、早期以降が定住的であるという前提が崩れれば、つまり、早期以降の縄文集落が季節移動を行なっていたとすれば、草創期も季節移動を行っていたということになる。この点、居住期間の短さからさらに踏み込んで、住居形態の相違［武藤1995］や貯蔵穴の有無［堀越1991］および石器組成の差［末木1991］などを根拠に、縄文社会一般における季節移動の可能性を想定する議論は、雨宮氏の議論の前提を疑うことになる。現在、この季節移動を想定する議論が十分な支持を得ているとはいいがたいものの、先に述べた坂口氏や瀬口氏の見解はこのような議論に大きく影響を受けている。そして、東日本よりも西日本の方が縄文時代の資料数が少ないため、この小規模性を解釈する上でも季節移動を行うような遊動性の高い社会を想定しやすい。

縄文社会における頻繁な移動を想定する議論において領域の観念が希薄であるという批判を谷口康浩氏が行っている［谷口1998］。筆者は、季節移動の有無に対し、領域を関係させたより直接的な判断が可能ではないかと考えた［高松・矢野1997］。より直接的な判断というのは、夏の居住地と冬の居住地を仮定し、同一土器型式期間内に両者が並存するかどうかを判断しようとしたのである。降雪のため、越冬に困難が予想される標高の高い場所の遺跡を夏の居住地と仮定した場合、冬の居住地は低地に存在することになる。このような標高差のある遺跡が一定地域内にセットで存在するのであれば、季節移動を行なった可能性が生じてくる。この観点は、ある一定地域内で季節移動を行なったかどうかを検討する場合、有効であるが、その地域を越えて季節移動を行なったという想定が困難な場合は、セット関係にある標高差のある遺跡が一定地域内に存在しなければ、季節移動を否定する根拠となりうる。

筆者の分析では、中期まではある限られた時期に季節

移動を想定することは可能ではあるが、変則的な条件を必要とするため、季節移動の存在については、懐疑的な結論を導かざるを得なかった［矢野2002］。

　季節移動を行なっているかどうかという判断をより確実に下すためには、動植物資料の分析が有効である。この分析が可能な資料は限られているため、多くの遺跡にこの分析を適用することは無理だが、この点に関するデータが蓄積されつつある。遺跡における食料獲得活動の季節性に関して、滋賀県粟津湖底遺跡第3貝塚の分析は画期的な成果をもたらした［滋賀県教委ほか1997］。この遺跡のデータが画期的であったのは、堅果類の層と貝層が互層になる形で検出された点にある。貝の成長線の分析からその捕獲時期が7月から9月を中心とする時期であることが明らかになり、堅果類の加工は貝類採取が低調になる11月以後から、貝類採取が再び活発化しはじめる3月頃までに集中的に行われたと推定できる。また、イノシシの歯の萌出状況から、その捕獲が冬を中心としつつも年間を通じて分散する傾向が明らかにされている。これほど、明瞭な形で、遺跡における活動が通年におよぶ例が証明された例はない。この成果を一般化すれば、イノシシ等獣骨を出土することの多い貝塚で、堅果類の出土が確認されれば、通年にわたって食料獲得活動が同じ場所で行なわれた可能性が高いことになる。

　その後、瀬口眞司氏［瀬口2001］は関西地方の縄文社会が中期中葉までは季節移動を行なっていたことを積極的に主張するようになる。氏は前期の鳥浜貝塚や中期前葉の粟津湖底第3貝塚という典型的事例を例外とみなすのである。氏は、春夏は水産資源、秋冬は植物質食料を利用するために、春夏は湖岸部、秋冬は内陸部に移動するのが、中期中葉までの滋賀県の縄文遺跡のあり方であり、このような季節移動の存在は関西地方の縄文社会全体に対して想定できると考えている。氏が季節移動の根拠としているのは、（1）竪穴住居は秋冬の住居に限られ、春夏は平地住居を利用した、（2）石器組成が遺跡により大きく異なり、これは遺跡の活動の季節性を反映している、という2点である。そして、中期後葉以後は平地住居と竪穴住居が同一遺跡に存在し、石器組成に偏りがないものが出現するので、年間を通じて同じ場所に住むようになると説く。氏は貯蔵穴の増加が中期後葉以後認められることを季節移動がなくなることの要因と考えている［瀬口2003c］。瀬口氏が問題にした個々の観点はすでに議論されてきたものであるが、そのような観点を総合化し、時期的な推移を描出し、なおかつ中期末葉以後の遺跡数の増加や、それ以前の資料の少なさといった西日本特有の現象を遊動的性格の強いいわば後進的な姿と理解することが可能であるため、東日本と西日本との対比も合わせて説明可能となり、東日本において縄文社会一般を問題にして季節移動を想定する見解と比べて、ある意味では対立的な議論ではなく、従来のイメージの補助的な説明を行ったものと理解しうる。したがっ

て、東日本の尖鋭的な議論に比べて受け入れられやすいという性格を有する。

　問題は、瀬口氏が定住の指標としてとりあげた住居形態や石器組成の差といった指標の有効性である。住居形態の差が季節性を示すというのはある種の民族例からの類推であり、縄文社会においてその差が季節性を有すると見る見解は一般的ではなく、検証されていない。石器組成についての差もしばしば言及されてきたが、その集落の生業差が季節移動によってのみ生じると判断するのは早計で、季節移動とは無関係の一時的な活動、あるいは立地による特色により、石器組成に差が生じることは十分予想できる。季節移動が一般的であったかどうかは、居住期間の短い一時的な活動が一般的であったかどうかによらず、縄文人の生活様式の根幹に関わる前提となる重大な問題である。一時的な活動は縄文時代以降もしばしば行われたことは想像に難くないが、水稲耕作普及以後も季節移動が一般的に行われていたと想定する人は皆無であろう。縄文時代に季節移動が行われていたかどうかは決定的といってよいほど縄文社会のイメージを左右するという点で、重大な問題なのである。したがって、その判断には慎重を期すべきで、粟津貝塚第3貝塚のように確実に定住が証明された遺跡が、その指標から判断してどのような特徴が看取できるかという点を検討する必要がある。また、ある指標にもとづく判断と別の指標にもとづく判断が矛盾すれば、指標のいずれか、あるいは両方に問題があるということになる。したがって、各指標にもとづく判断に矛盾がないかどうか、検討する必要がある。

3. 定住の指標とされているものの有効性

　季節性を直接的に反映する指標については、先に述べたように、動植物資料がまずとりあげられる必要がある。これに関して、粟津湖底第3貝塚のような場合、議論の余地無く、年間の居住地であることを判断できるわけだが、そうではない場合がある。同じ滋賀県の赤野井湾汶渫A遺跡（早期）の動植物資料の分析例から、この遺跡が季節的居住地であったという判断が加えられており［内山・中島1998］、瀬口氏はこの分析例を前提として議論を進めている。この点について全く逆の結論を導くことが可能であることを示し、動植物資料を指標とする場合の判断について議論しておきたい。

　まず、この遺跡で季節性を示す根拠となったのはイノシシの歯の萌出状況の分析であるが、赤野井湾で分析資料となった歯はわずか2点である。この2点の資料が4月から8月までの季節限定に用いられている。一方、堅果類の出土が少ないことが秋冬に居住していない理由としてあげられるが、少ないながらも出土している点は重視すべきである。少量の堅果類は秋冬の活動を示すか、あるいは堅果類が貯蔵されていたかのいずれかを示すと判断しうる。貯蔵されていたとすれば、すぐ近くに貯蔵

場所が存在するはずである。離れた貯蔵場所に堅果類を加工するたびに堅果類を取りにもどっていたならば、季節移動を行う意味がなくなる。つまり、この遺跡ではいずれにせよ、季節移動を行っていないことになる。

また、堅果類の少なさは廃棄場所や遺存状況によって説明しうる。堅果類の廃棄場所は他の獣骨やこの調査区では出土していない貝類などと共に調査区域外に存在する可能性がある。また一般的にいって、貝塚を含むいかなる遺跡においても堅果類の出土は少ない。もし、堅果類の少なさを季節性の根拠として取り上げるならば、大半の遺跡は春夏の居住地ということになる。筆者はこの遺跡も通年にわたって活動が行われていたことを示す遺跡と考える。動植物資料の分析は季節性を判定する有力な手段となるが、その遺存の状況は人工遺物以上に考慮しなければならない。

次に、季節移動を判断する材料として用いられている指標について、動植物遺体以外のものについて、その有効性を判断したい。季節移動を行なわない定住の証拠として、雨宮氏が重視しているのは、

（1） 土器、磨石類、石皿の量
（2） 磨製石斧の量
（3） 装飾・呪術・祭祀用具の量
（4） 住居の柱穴サイズ

である。もちろん、動植物遺体から季節性を直接把握できればよいわけで、実際はそのような分析が限られるため、いわば次善の策として、このような条件を問題にしている、と理解してよい。また、氏の指標はあくまで、定住が確実な資料と、それが不確実な資料を比較するための基準として設定したものであり、数値だけから、たとえば、どの程度の土器量があれば定住といえるか、ということは比較の対象がなければ議論できない性格のものである。

このような限界があることを認めてもなお、雨宮氏が想定した指標の多くは季節性の指標として有効とはいいがたいと考える。まず、（2）の磨製石斧の量は木材加工の程度を示すものであり、それが多ければ木材加工が活発であったということを意味するわけだが、これが耐久性の高い住居の構築を示すといった漠然とした居住期間の長さを示す指標とはなりうるにせよ、季節性との関連は説明困難である。磨製石斧の太さについても同様である。（3）の装飾・呪術・祭祀用具については、西田氏の説明を引用し、実際の移動の頻度が減れば、「心理的空間移動」を行なうようになる、といった説明が与えられている。仮に、そのような心理現象が一般的であるとしても、減少する移動が季節性をおびた移動に限定できるわけではない。（4）の住居の柱穴サイズについては、雨宮氏は住居の耐久性の指標として把握するが、これについても同様で、夏冬の住居を固定的に設営する場合、季節移動を行なわない集落の住居と大差ない耐久性を有するはずであり、柱穴サイズに差が生じるとは考えられない。その都度、住居を設営しなおしたとすれば話は別であり、その場合はこの指標が有効であるとする考えもあろうが、その場合でもその住居が単なる居住期間の短さによる回帰的居住によるものか、季節移動によるものかを区別することは困難である。

なお、坂口氏は東日本に比べて西日本の縄文住居が堅牢ではないことを季節移動を認める根拠としている。積雪量の多寡が住居形態に差を生じさせることは十分ありうるが、これは季節移動の有無に拘わらず生じる差である。

（1）の土器、磨石類、石皿の量については、雨宮氏は2点から問題にしている。一つは土器や石皿など移動が困難なものが増加するということは移動の減少を示す、という観点である。確かに、季節移動を行なう集団は季節的な居住地を固定したにせよ、移動困難な装備の量は、季節移動を行なう場合、少ない方が都合がよい。しかし、移動頻度の差が季節移動から生じたとは限定しえない。土器の種類や大きさの問題も移動頻度と関係すると解釈したとしても、その移動頻度が季節移動によって生じたと限定できない限り、季節移動の指標とはなりえない。

もう1点はこれらの量は植物質食料の加工の頻度を示す、という観点である。筆者はこの点のみが定住にとって有効な指標であると考える。ただし、土器よりも磨石類や石皿の方が堅果類の加工との関係は深いはずである。植物質食料の加工が活発になることは、植物質食料の貯蔵が進んだことを意味する。貯蔵により、越冬が可能になったというのは通説だが、植物質食料の貯蔵が定住を可能にするならば、堅果類の加工量も増え、ひいてはこれを加工する道具も増えるはずで、雨宮氏もそのように理解している。雨宮氏は石鏃の量との比較において問題にしており、石鏃の量が増減するという現象が生じない限り、この指標は妥当と考える。居住期間の長さによってこれらの量が増えることはありうるが、この点も同様に増えるはずの石鏃の量を分母としてみれば、問題はない。

このように、雨宮氏が問題にした指標は、季節移動の有無を判断する指標ではなく、漠然と居住期間の長さと関係するものが多い。季節移動という現象はもちろん居住期間の長さとも関連する現象ではあるが、両者を区別しない限り、季節移動を否定も肯定もできない議論が続くことになる。そして、居住期間の長さと関連することが漠然と想定できる指標もその居住期間が数年なのか数十年なのか、といった具体的な長さとの関係を問題にできない限り、その指標の意味する現象を具体化しえないので、居住期間の判断にとっても有効性を欠くように思う。

次に、瀬口氏［瀬口2003c］の提唱する（1）住居形態（竪穴住居か平地住居か）、（2）石器組成（石鏃類、石錘、磨石類、打製石斧の4器種の量比）という2つの基準は季節移動の判別において有効なのであろうか。氏の述べ

表1　早期の器種別石器出土点数

＊〔大下 2002〕と〔関縄研 2002〕より作成。

竪穴住居出土遺跡

遺　跡　名（時期）	石　鏃	尖頭器	磨石類	石　錘	打製石斧	主要器種
兵庫・上ノ山（早期後半）	2	0	4	0	4	
三重・大鼻（押型文）	43	1	3	0	0	石鏃
三重・西出（押型文）	20	0	4	0	0	石鏃
三重・鴻ノ木（押型文）	85	9	209	0	11	磨石類＋石鏃
愛知・織田井戸（押型文）	38	0	0	2	0	石鏃
岐阜・西田（押型文）	91	0	280	0	7	磨石類＋石鏃
岐阜・蘇原東山（早期後半）	539		197	20	16	石鏃＋磨石類
岐阜・上ヶ平（押型文）住居跡	92	0	7	0	0	石鏃
岐阜・上ヶ平（押型文）包含層	395	22	386	0	68	石鏃＋磨石類
岐阜・富田清友（押型文）	3	0	31	0	0	磨石類

貝塚出土遺跡

和歌山・高山寺（押型文）	20	0	8	4	5	石鏃＋磨石類
愛知・二股（早期後半）	42	0	18	0	0	石鏃＋磨石類

るところに従えば、中期中葉までの生活形態とは

（1）春夏の拠点：湖岸部＝平地住居＝水産資源の獲得
（2）秋冬の拠点：内陸部＝竪穴住居＝植物資源の獲得

という図式的理解が成立する。また、氏が中期後葉以後に出現すると述べる定住集落は

（3）通年の拠点：内陸部＝平地住居＋竪穴住居＝各種資源の獲得

ということになる。（1）の場合、氏の理解に従えば、石錘など漁労具が多い「1器種突出型」の遺跡となるはずである。また、（2）の場合、磨石類などが多い「1器種突出型」の遺跡となるはずである。（3）の場合、「1器種突出型」ではなく、2器種以上が多い「複合型」もしくは「総合型」となるはずである。

瀬口氏の石器組成の分析法と解釈については、大下明氏が批判しているが〔大下2003〕、筆者も石器の器種の抽出に問題があると考える。瀬口氏が対象とした4つの器種（石鏃類、石錘、磨石類、打製石斧）のうち、打製石斧は後・晩期に普及する。また、早期～中期中葉の石器組成の資料の多く（8遺跡中6遺跡）に切目石錘が普及していない早・前期の資料を用いている。打製石斧も切目石錘も普及していない時期には、ある器種への偏りが激しくなるのは自明であり、「1器種突出型」を指摘しやすい。逆に、これら4器種とも普及する中期末葉以後は「複合型」「総合型」が指摘しやすいのも当然である。瀬口氏が指摘した器種の偏りは、季節性を反映したものではなく、器種の普及度を反映したものなのである。

そして、瀬口氏の石器組成の分析法と解釈を前提としても、瀬口氏の描いた図式に合致しない例が多いのである。たとえば、年間を通じて活動していたことが確実な中期中葉の粟津湖底第3貝塚の石器組成は石鏃の比率が非常に高い1器種突出型である。この遺跡が年間の活動の場所であったことは、瀬口氏も例外として認めており、氏が「1器種突出型」と判断した遺跡には年間の活動拠点であった遺跡がおそらくはかなり含まれることを示している。しかも、石器の組成は鳥浜貝塚でも示されたように〔前山1991〕、この遺跡でも層位によって変化する〔瀬口2003d〕。すなわち、ここで「1器種突出型」とか、「複合型」とか判断された石器の総体は土器型式存続期間内のトータルの活動の総体であり、1年ごとの石器の組成を反映していない。

同じ粟津湖底遺跡の早期押型文の石器組成は総点数が17点と少ないが、磨石類に大きく偏る組成を有する。この資料も湖岸部にありながら、石器組成は瀬口氏が秋冬の活動を想定した型を呈するという点で、瀬口氏の図式と矛盾する。関西地方の他の早期の石器組成は岐阜・愛知と同様に「1器種突出型」もあれば、「複合型」や「総合型」もあり、普及度を考慮すれば、この点は中期後葉以降と大差ない（表1）。

湖岸部においても通年の食料獲得活動が行なわれていたことは先に述べた赤野井湾浚渫Aの解釈からも示しうると思うが、たとえば、早期の和歌山県高山寺貝塚においても、愛知県二股貝塚においても石鏃と磨石類がともに多い。これは瀬口氏のいう「複合型」や「総合型」の組成を有しており、水産資源の獲得のためにのみ、海岸部付近に貝塚が形成された形跡はない。いずれの遺跡でも磨石類が比較的多く出土しており、堅果類の加工も同時に行なわれたことを示している（表1）。

竪穴住居についても、瀬口氏が述べるように竪穴住居が秋冬の住居であれば、中期中葉までの竪穴住居を有する遺跡は磨石類が多い「1器種突出型」の組成を示すはずであるが、このような傾向はなく、石鏃が多い型や石鏃と磨石類がともに多い「複合型」も一般的である（表

表2　貯蔵穴出土遺跡の磨石類の数
＊〔関縄研 2004〕と〔橿考研 2004〕より作成。

遺跡名（時期）	磨石類	石鏃	打製石斧
兵庫・佃下層中層（後期中・後葉）	22	245	0
奈良・本郷大田下（後・晩）	0	4	0
奈良・布留（晩）	0	12	0
京都・寺界道（晩）	2	14	0
大阪・長原（晩）	0	26	0

1）。ようするに、竪穴住居が秋冬の住居であることを認めれば、瀬口氏の分類した石器組成の型は季節性の指標とはなりえず、逆に石器組成の型が季節性の指標であることを認めれば、竪穴住居は季節性の指標とはなりえないことになる。このような傾向は中期後葉以後も同様で、竪穴住居を出土する遺跡の石器組成の型には様々なものがあり、瀬口氏の指標にしたがっても季節性を認めることはできない。

　竪穴住居について、若干、補足しておく。瀬口氏は、湖岸に立地する赤野井湾浚渫 A 遺跡に竪穴住居がないことをもって検出しにくい平地住居の存在を想定する。赤野井湾では赤野井南（弥生・古墳）、赤野井北（縄文晩期・弥生）といった遺跡があるが、住居跡は検出されていない。土器量からみて、近くに居住地があったのは間違いないので、住居跡が消失したか、すぐ近くの別の場所にあるか、検出できなかったか、いずれかであろう。縄文早期のみ、竪穴住居が検出されないことを平地住居の存在の根拠とするのは不合理である。逆に、縄文早期の竪穴住居は柱穴も小さく、他の時期に比べて検出が難しいため、他の時期よりもその存在の可能性を高く見積もる必要がある。

　そもそも関西地方における平地住居の存在にはまだ確証がない。かりに、平地住居が存在するとして、それが春夏の住居だとする根拠はない。筆者は小川原遺跡〔滋賀県教委ほか 1993〕では、炉が、竪穴住居が削平されたものとしては不自然なほど、同じ高さで検出されており、平地住居とされているものの中では、最も可能性が高いのではないかと考えている。瀬口氏によれば、これは夏の住居跡であり、近くに竪穴住居が存在するはずだということになろう。しかし、石器組成は典型的な「総合型」であり、氏の基準にしたがえば、通年の居住跡であるということになる。他は柱穴のみが検出されている状態で、竪穴住居が削平を受けたものかどうか、判断を下すことが困難である。

　以上、これまでに問題とされてきた季節移動の指標としては、雨宮氏が問題にした磨石類・石皿の量が相対的比較規準ではあるものの、有効であると考える。瀬口氏が問題にした住居形態や石器組成の型は季節性の指標としては成立しない。

4. 磨石類の量と貯蔵穴の量

　磨石類・石皿の量を特に堅果類の加工との関連で問題にするのであれば、これは堅果類の貯蔵穴の量と比例関係にあるか否かが問題となる。関西地方を含む本州西部においては、後・晩期において貯蔵穴が増加する。この貯蔵穴の増加に従い、磨石類・石皿は増加するのであろうか。貯蔵穴を定住と関連させる意見は定説で、これまで定住を問題にする多くの論者が貯蔵穴を問題にしている。しかし、貯蔵穴が普及していないことが定住を否定する根拠となるわけではない。貯蔵方法は地下貯蔵に限られるわけではないからである。特に、西日本に多い低地の貯蔵穴については、越冬のための短期貯蔵説と食料欠乏時の備蓄としての長期貯蔵説があり、定説が無い〔今村 1988〕。関西地方で後・晩期に増加するのはすべて、この低地の貯蔵穴である。

　もし、貯蔵穴の増加が季節移動を不要にしたのであれば、堅果類の加工量の増加、ひいては磨石類・石皿の増加をもたらすはずである。逆に、貯蔵穴が増加しても堅果類の加工量が増加しないのであれば、すなわち、磨石類・石皿が増加しないのであれば、貯蔵穴の増加は単なる貯蔵方法の変化を意味するに過ぎないか、日常の貯蔵方法として貯蔵穴が重視されていなかったか、いずれかだということになる。救荒時の蓄えとして長期貯蔵を主目的として貯蔵穴が設けられる場合、堅果類の加工量はさほど増えないはずだから、磨石類・石皿の量もあまり増加しないはずである。石皿の量は磨石類の量と相関するので、ここでは磨石類の量のみから、この点を検討する。

　まず、貯蔵穴出土遺跡の性格を知る上でも、貯蔵穴出土遺跡の磨石類の量をみておきたい。少なくとも関西地方では、貯蔵穴を出土する遺跡において磨石類はむしろ少ない（表2）。関西地方では後・晩期における石鏃と磨石類の出土量比はおおむね 1：0.5 となるが[註1]、貯蔵穴出土遺跡における値はこの値を下回る。これは磨石類の廃棄場所や堅果類の加工場所が貯蔵穴のある場所とは違っていたことを意味する場合もあるが、おしなべて磨石類が少ないのは、貯蔵穴が日常の堅果類の加工のためのものとすれば、奇異である。佃遺跡〔兵庫県教委 1988〕のように、貯蔵穴が大量に出土し、住居跡も検出されており、しかも水場と関係するらしい木道も出土しており、加工場が遺跡内ないしすぐ近くにあると考えられる遺跡でも磨石類が少ないのは、日常の堅果類の加工量は貯蔵穴を出土しない遺跡と比べて大差ないと考えざるを得ない。貯蔵穴を出土する遺跡で磨石類が少ない反

表3　早期の磨石類の数
＊〔大下2002〕と〔関縄研2002〕より作成。

遺　跡　名	磨　石　類	石　　鏃	尖　頭　器
兵庫・上ノ山	8	2	0
兵庫・鳥ヶタワ	16	3	2
兵庫・別宮家野	147	61	0
大阪・神並	6	107	12
和歌山・高山寺	8	20	0
奈良・大川	32	199	5
奈良・宮ノ平	534	64	6
滋賀・赤野井湾浚渫A	38	3	1
滋賀・粟津流路	14	3	0
福井・鳥浜	2	9	0
三重・大鼻	3	38	0
三重・西出	4	20	0
三重・鴻ノ木	209	85	9
三重・勝地大坪	2	26	0
三重・花代	0	39	0
合　　計	1,023	679	33

面、貯蔵穴を出土しない遺跡でも磨石類が大量に出土する例は一般的である。

粟津湖底遺跡第3貝塚は流路に面しており、堅果類の廃棄量からみて、近くでその加工が行なわれたことは明白である。この遺跡の石鏃と磨石類の出土量比は1：0.25であり、貯蔵穴出土遺跡における磨石類の対石鏃出土量比はすべてこの値を大きく下回る。粟津においては、堆積土のふるいかけが実施されており、通常より石鏃が多く検出されているのは確実なので、貯蔵穴出土遺跡との実際の磨石類の出土量比の差はさらに大きいものであったはずである。

この点については当然、異論があろう。貯蔵穴出土遺跡で磨石類が少ないのは廃棄場所の差であるかもしれないし、貯蔵穴を出土していない遺跡でも近くに貯蔵穴はあるかもしれない。しかし、貯蔵穴の増加が堅果類加工量の増加とは必ずしも関係が無いことについては、貯蔵穴の少ない時期と多い時期との磨石類の量の比較からも裏付けることができるのである。

さきほど、石鏃と磨石類の比率が後・晩期で1：0.5になると述べたが、貯蔵穴がほぼ存在しない早期において、近畿2府4県に三重・福井を加えた石器組成のわかる主な遺跡14遺跡では、合計値で石鏃よりも磨石類の方が多くなる（表3）。磨石類が特に多量に出土した奈良県宮ノ平遺跡を除いても、後・晩期の比率1：0.5を下回る傾向はない。遺跡ごとの量比をみても、磨石類が石鏃を上回る遺跡は14遺跡中7遺跡にのぼり（後・晩期では29遺跡中13遺跡）、早期における堅果類の加工量が後・晩期よりも少なかったとはいいがたいのである。もちろん、後・晩期の石鏃の量が早期よりも多いということになれば、結論は変わるが、その場合でも、石器組成からみる限り、早期における植物質食料に対する比重の高さは否定できないのである。

早期の石器組成は（1）小型剥片石器の主体の遺跡と（2）小型剥片石器と磨石類が主体の遺跡に2分されることを川添和暁氏が論じている〔川添2002〕。この傾向は後・晩期にも共通する傾向ではないかとみており、早期にのみ特有の傾向とみるのは早計と考えるが、それでも、川添氏が述べるように、早期においては、炉穴や集石遺構などの遺構群が検出される遺跡には（2）の型が多いことを否定できない。筆者は遺構群のなかでも特に、集石遺構の存在が磨石類の量と関係しているのではないかと考える。集石遺構には磨石類が他の礫とともに使用されることが少なくない。早期においては、磨石類が集石遺構に廃棄されることが多いために、集石遺構の検出の有無により、このような差が目立つにすぎないのではないか。

いずれにせよ、磨石類の量は早期においても後・晩期を下回っていたとはいいがたく、磨石類の量からみれば、おおまかながらも、堅果類の加工が貯蔵穴が非常に少ない早期においても貯蔵穴が多い後・晩期と同様、活発に行なわれていた。すなわち、貯蔵穴の増加は堅果類の加工量の増加を意味するものではない。

つまり、貯蔵穴の増加は単なる貯蔵方法の変化を意味するに過ぎないか、日常の貯蔵方法として貯蔵穴が重視されていなかったか、いずれかだという推定を支持しうる。貯蔵穴が救荒時の蓄えとして長期貯蔵を主目的として設けられた可能性も含まれる。また、低地の貯蔵穴が虫殺しなど堅果類加工の処理過程として必要とされただけであり、貯蔵を主目的としたものではないという解釈の可能性も残す。いずれにせよ、貯蔵穴の増加は堅果類の加工量の増加を反映しているわけではないので、貯蔵穴が増加しない段階で、貯蔵穴が増加した段階と同じ程度の定住を推定できるわけである。

関西地方における貯蔵穴検出遺跡はまだ少なく、今後

表 4　貯蔵穴出土遺跡数と貯蔵穴数の推移

＊〔関西縄文研 2001〕の近畿 2 府 4 県のデータに〔橿考研 2000〕のデータを加えて作成。

時　　期	貯蔵穴出土遺跡数	貯蔵穴数
早期	2	2
前期	4	12
中期	3	6
後期前葉	2	5
後期中葉	7	36
後期後葉	3	59
晩期	5	36

の出土例の増加によって、現状の把握に不備があることが明らかになる可能性があることを認めざるを得ない。最近、特に九州地方において、早期の貯蔵穴の発見例が増加しており、関西地方においても今後増加する可能性はあると考えるが、現状では、貯蔵穴出土遺跡の増加期、特に群集する貯蔵穴が増加する時期は、後期中葉である（表 4）。関西地方では標高の高い山間部の遺跡が少なくなり、平野部に増加する現象が中期末葉から後期前葉にかけて進行するが、この平野部への集中がほぼ完了するのが後期中葉である。低地の貯蔵穴が増加する時期はこの低地部への進出が完了する時期とも一致している。低地の貯蔵穴の増加はまず、このような遺跡の立地の変化と合わせて理解する必要があり、立地の変化に伴う貯蔵方法の変化が想定できる。山本悦世氏〔山本 1992〕も本州西部の貯蔵穴について低地部への遺跡立地の変化と合わせて理解している。

しかし、この場合でも、低地の遺跡が後期以前にも多いにも拘らず、なぜ低地の貯蔵穴が非常に少ないのか、という疑問が残る。貯蔵目的の変化を考慮する余地があるわけである。

貯蔵穴の意義について、注意すべき事例は滋賀県穴太遺跡のように異なる種実が木の葉などをはさんで層状に堆積する事例である〔泉 1987〕。これは、日常的に堅果類の加工を行うのではなく、一時的に多種類の種実を利用することを意図した貯蔵法である。粟津湖底遺跡第 3 貝塚では、堅果類の層は貝層とは明確に区別して存在している。このことは、通年の活動拠点においても、堅果類の加工が少なくとも貝類の廃棄が開始される春までに完了していたことを示す。低地の貯蔵穴が普及しても、年間の加工量には差がないと考えられるため、粟津のような堅果類加工の季節性は引き続き継続したとみてよいだろう。したがって、低地の貯蔵穴が堅果類を春夏にも常に利用することを目的としたとは考えにくい。

平地部の人口増加が進む後期中葉には打製石斧が大量に出土する遺跡が関西地方を含む西日本に出現する時期でもあり、堅果類以外の新たな植物質食料の獲得が本格化したと考えられる時期でもある。これが貯蔵穴の増加期と一致しているのが、現状の出土数から見た偶然ではないとすれば、次のような想定が可能になる。人口増加

によって、堅果類に余裕が少なくなったから、欠乏時の備蓄として、低地の貯蔵穴が増加すると同時に、打製石斧を用いた堅果類以外の植物質食料の獲得も必要とされた、という想定である。

低地の貯蔵穴の目的については、長期貯蔵説では説明しがたい点が指摘されており〔橿考研 2000〕、今後の検討や出土例の増加を必要とするが、現状では、貯蔵穴の増加も打製石斧の増加もこのような平野部への人口集中と関係している。貯蔵穴が増加する時期に堅果類の加工量が増加していないので、貯蔵穴の増加は人口集中の要因とはならず、その結果として生じた食料の不足に備えるためのものと見るべきだろう。低地の貯蔵穴の増加は定住の開始とは無関係であり、人口維持のための食料確保の手段であったと考える。

5. まとめ

これまで論じてきたことをまとめると、以下のようになる。

（1）従来、定住の指標として用いられてきたものには一般的な居住活動の期間の長短を示すものも用いられているが、定住を季節移動の有無の問題にしぼれば、多くは定住の指標とはなりえない。定住の指標は季節移動の有無を判断しうる指標を用いるべきである。

（2）季節移動の有無に関する判断は動植物遺体の分析が有効である。また、磨石類や石皿の量は堅果類の加工量、ひいては堅果類の貯蔵量の指標ともなるため、定住を判断する指標の一つとして有効である。

（3）関西地方において、磨石類の量は貯蔵穴が増加しても増加する傾向はない。したがって、関西地方における貯蔵穴の増加は堅果類の加工量の増加、ひいては堅果類の日常的な利用のための貯蔵量の増加を意味しない。したがって、貯蔵穴の増加を堅果類の貯蔵量の増加と直結させて定住の進行を想定することはできない。

（4）関西地方に多いのは低地の貯蔵穴で、現状では、これが増加する後期中葉は打製石斧の大量出土遺跡が出現する時期で、低地部への人口集中が完了

する時期でもある。貯蔵穴の増加によって堅果類の加工量が増加する形跡はないので、低地の貯蔵穴の増加は貯蔵方法の変化、ひいては食糧欠乏時の備蓄等、貯蔵目的の変化を想定しうるものの、定住化、すなわち季節移動の減少とは無関係である。

　以上のことを、特に雨宮氏や瀬口氏の議論を吟味しながら、議論してきた。季節移動の問題については、特に石器組成の差が問題の焦点ともなってきた。本論も磨石類の量を問題の核にすえているため、広い意味では石器組成論の一種といえるだろう。石器組成については個々の遺跡のデータの分類指標がまちまちであったり、様々な要因によって変化しうる組成の問題を単純化する危険性がある。本論では個々の遺跡の特殊性を捨象するため、多くの遺跡のデータを総合して比較する方法をとった。この方法から浮かび上がる事実がある一方で、捨象される事実も多いことは承知している。今後は、動植物遺体の分析例が増えることが予想されるので、その分析と石器組成との関連に注意することで、遺跡ごとの石器組成の差について、多くのことがわかるのではないかと考える。これは今後の課題である。

註
（1）　磨石類と石鏃の量比については、[矢野2004]の第4表（89頁）で磨石類・磨製石斧・打製石斧の点数を把握した遺跡のうち、兵庫・大阪・和歌山・京都・奈良・滋賀・三重の29遺跡について、磨石類と石鏃との出土点数を比較した数値である。合計値は磨石類1527点、石鏃2748点である。この第4表の中から、兵庫・片吹、和歌山・溝ノ口、京都・北白川追分町、奈良・橿原、滋賀・正楽寺、および福井県の遺跡については、集計上の理由から除外した。この第4表の遺跡は磨石類と打製石斧と量比を見るために、両者のうちいずれかが10点以上出土している遺跡を選んでいる。そのため、ここでとりあげた遺跡は磨石類が比較的多い遺跡が含まれていると判断してよい。石器類の点数は発掘の精粗や認定の基準によって変化するが、早期と後・晩期との量比の差を比較する場合は、大まかな比較として有効性をもつと考える。

参考文献
泉　拓良　1985　「縄文集落の地域的特質―近畿地方の事例研究」『講座地理学4』
泉　拓良　1987　「植物質食料」『季刊考古学』21、63-67
雨宮瑞生　1992　「最後の遊動生活―南九州縄文草創期資料を取り上げて」『筑波大学先史学・考古学研究』3、31-51
雨宮瑞生・松永幸男　1991　「縄文早期前半・南九州貝殻文円筒土器期の定住的様相」『古文化談叢』26、135-150
雨宮瑞生　1993a　「研究展望・縄文時代の定住生活の出現および定住社会に関する史的諸問題」『古文化談叢』29、1-19
雨宮瑞生　1993b　「温帯森林の初期定住―縄文時代初頭の南九州を取り上げて」『古文化談叢』30、987-1027
雨宮瑞生　1995　「小林謙一氏への回答」『南九州縄文通信』9、24-29
石井　寛　1977　「縄文社会における集団移動と地域組織」『調査研究集録』2　港北ニュータウン埋蔵文化財調査団
今村啓爾　1988　「土坑性格論」『論争学説日本の考古学2　先土器・縄文時代Ⅰ』雄山閣
内山純蔵・中島経夫　1998　「第Ⅴ章第8節　動物依存体Ⅱ（浚渫Ａ調査区）『赤野井湾遺跡』」（『琵琶湖開発事業関連埋蔵文化財発掘調査報告書2』滋賀県教育委員会・財団法人滋賀県文化財保護協会
大下　明　2002　「近畿地方と東海地方西部における押型紋土器期の石器群について」『縄文時代の石器―関西の縄文草創期・早期』関西縄文文化研究会
大下　明　2003　「関西における縄文時代前・中期石器群の概要と組成の検討」『縄文時代の石器―関西の縄文時代前期・中期』関西縄文文化研究会
川添和明　2002　「早期後半（表裏条痕文期）石器群の概要」『縄文時代の石器―関西の縄文草創期・早期』関西縄文文化研究会関西縄文文化研究会2001『関西縄文時代の生業関係遺構』
関西縄文文化研究会　2002　『縄文時代の石器―関西の縄文草創期・早期』
関西縄文文化研究会　2003　『縄文時代の石器―関西の縄文前期・中期』
関西縄文文化研究会　2004　『縄文時代の石器Ⅲ―関西の縄文後期・晩期』
黒尾和久　1988　「縄文時代中期の居住形態」『歴史評論』454、9-21、45
小林謙一　1995　「雨宮瑞生・縄文時代草創期研究をめぐって」『南九州縄文通信』9、10-23
滋賀県教育委員会・財団法人滋賀県文化財保護協会　1998　『赤野井湾遺跡』（『琵琶湖開発事業関連埋蔵文化財発掘調査報告書2』）
坂口　隆　2003　『縄文時代貯蔵穴の研究』（『未完成考古学叢書5』アム・プロモーション
滋賀県教育委員会・財団法人滋賀県文化財保護協会　1993　『小川原遺跡Ⅰ』（『ほ場整備関係発掘調査報告XX-3』）
滋賀県教育委員会・財団法人滋賀県文化財保護協会　1997　『粟津湖底遺跡第3貝塚（粟津湖底遺跡Ⅰ）』（『琵琶湖開発事業関連埋蔵文化座材発掘調査報告書1』）
末木　健　1975　「移動としての吹上パターン」『山梨県中央道埋蔵文化財包蔵地発掘調査報告書―北巨摩郡長坂・明野・韮崎地内』山梨県教育委員会
末木　健　1987　「縄文時代集落の継続性（Ⅱ）―縄文中期八ヶ岳山麓の石器組成より」『山梨県考古学協会誌』創刊号、3-20
瀬口慎司　2001　「縄文時代の琵琶湖周辺における人類の適応―環境の変化と居住形態の推移から考える」『環境と人間社会―適応、開発から共生へ』第50回埋蔵文化財研究集会発表要旨集
瀬口慎司　2002a　「住まいの移ろい」『往還する考古学　近江貝塚研究会論集Ⅰ―例会100回記念』
瀬口慎司　2002b　「定住度の高まりに伴う石器組成の複合化・総合化」『究班Ⅱ―埋蔵文化財研究会25周年記念論文集』
瀬口慎司　2003a　「縄文時代における貯蔵穴の数と容量の推移

　　　　　　　　―関西地方での貯蔵経済の出現と展開に関する基礎的検討」『紀要』16、1-6、財団法人滋賀県文化財保護協会
瀬口慎司　2003b　「関西地方における縄文時代の集石遺構と貯蔵穴―「減少・小型化する遺構／増加・大型化する遺構」と居住形態の関わり」『続文化財学論集』745-754、文化財学論集刊行会
瀬口慎司　2003c　「関西縄文社会とその生業―生業＝居住戦略の推移とそれに伴う諸変化」『考古学研究』50-2（通巻198）、28-42
瀬口慎司　2003d　「粟津湖底遺跡第3貝塚出土石器群の構成」『縄文時代の石器Ⅱ―関西の縄文前期・中期』関西縄文文化研究会
高橋護 1965「縄文時代の集落分布について」『考古学研究』12-1、16-20
高松龍暉・矢野健一　1997　「縄文集落の定住性と定着性―八木川上・中流域における事例研究」『考古学研究』44-3（通巻175）、82-101
谷口康浩　1998　「縄文時代集落論の争点」『國學院大學考古学資料館紀要』14、43-88
奈良県立橿原考古学研究所　2000　『本郷大田下遺跡』（『奈良県立橿原考古学研究所調査報告第83冊』）
西田正規　1980　「縄文時代の食料資源と生業活動―鳥浜貝塚の自然遺物を中心として」『季刊人類学』11-3、3-41
西田正規　1984　「定住革命」『季刊人類学』15-1、3-27
羽生淳子　1990　「縄文時代の集落研究と狩猟・採集民研究との接点」『物質文化』53、1-14
羽生淳子　1993　「集落の大きさと居住形態」『季刊人類学』44、37-41
兵庫県教育委員会　1998　『佃遺跡』（『本州四国連絡道路建設に伴う埋蔵文化財調査報告Ⅲ』）
堀越正行　1991　「縄文中期の貝の花集落」『東邦考古』15、74-78
前山精明　1991　「縄文時代の石器」『季刊考古学』35、30-33
武藤康弘　1995　「民俗誌からみた縄文時代の竪穴住居」『帝京大学山梨文化財研究所報告』6、267-301
矢野健一　2002　「縄文社会における定住と定着」『第10回京都府埋蔵文化財研究集会発表資料集―住まいと移動の歴史』
矢野健一　2004　「磨石類の数量的検討」『縄文時代の石器Ⅲ―関西の縄文後期・晩期』関西縄文文化研究会
山本悦世　1992　「3章考察2 縄文時代の貯蔵穴について」『津島岡大遺跡3-3次調査』（『岡山大学構内遺跡発掘調査報告第5冊』143-147
渡辺　仁　1990　『縄文式階層化社会』六興出版

東海地域における縄文時代後晩期の石鏃について

■川添　和暁 (KAWAZOE, Kazuaki)

はじめに

　縄文時代後晩期には、石鏃を中心とする「小型剝片石器」[1]の資料数が増大することが知られている。この現象は東海地域のみならず、関東・中部高地・関西などより広範囲な地域に渡り、同様な現象があったようである。当時期の小型剝片石器は出土点数などからも石鏃が主体であったといえよう。従って、石鏃を検討することで、当時期の小型剝片石器体系全体への問題提起などを行うことが可能になると考えられる。

　今回、特に東海地域の（打製）石鏃について、形態・製作・石材など諸属性を検討して、後晩期を通じての段階設定を行う。その上で、関西・関東・中部高地などとの関係や、弥生時代以降の石鏃群の様相との比較など、いくつか問題提示をしたい。

　対象地域は、旧国名の尾張・三河・美濃・伊勢を中心とし、飛騨・遠江・駿河以東・中部高地・関西地域・北陸地域は必要に応じて適宜触れていく。資料は「関西縄文文化研究会」で提示された資料集を基本に、追加していったものである[2]。

研究小史

　ここでは、当地域の後晩期石鏃の研究動向に関連するもののみを簡単に概観する。

　鈴木道之助氏は、関東から東海地域にかけて晩期の石鏃を分析・考察されている（鈴木1974）。まず「東海地方では畿内の後期後葉の宮滝式以来の伝統である五角形の無茎鏃が晩期中葉には普遍的に見られ」「この五角形鏃に茎さえつけば飛行機鏃となる」とし、「おそらく東海地方で発生したものとしてようであろう」と「飛行機鏃」の分析を行った上で、各地における有茎鏃の出現について述べられている。有茎鏃の出現については「新潟県を除きまだ後期の段階では、関東、中部、東海のいずれの地域に於ても初現は見るものの、主体は無茎鏃であり、その存在は微々たるものにすぎない。しかし晩期に入ると有茎鏃の受容はがぜん積極的となり、その割合は急激に高くなりはじめる。」と述べられ、関東地域・東海地域での「飛行機鏃」の帰属時期に関しては、椙山林継・金子裕之両氏の成果を受け、上限を安行Ⅲc式期とし、下限を晩期末とする。さらに「石鏃の量的な増大」と「大形化の現象」についても触れられ、神奈川県下原遺跡の統計的分析を提示されている。また、鈴木氏は別稿で列島内での「有茎鏃の普及期」を図示されている（鈴木1991）。東海地域は「晩期中葉」に「有茎鏃の普及期」の範囲に入った形になっている。

　町田勝則氏は南関東地域の晩期中葉（安行Ⅲc式期～Ⅲd式期）に限定できる資料を用いて、有茎鏃製作工程の復元を行っている（町田1986）。論の特徴としては石鏃製作に対する素材剝片を分類し（石鏃製作に移行するⅠ型～Ⅳ型と、移行しないⅤ型）、各型について製作工程を復元した上で、石鏃形態との関係を提示している点にある。その中で横長剝片に代表される「Ⅲ型」を有効な型で目的的な剝片と位置づけられている。素材剝片獲得以降、「剝片を固定し上部（剝離打面側）より打撃を加えることにより厚みを減少、階段状剝離痕の重層により「コブ状突起」を形成する技術」の「第1次器厚調整」と、「「コブ状突起」を除去し、場合によっては器面を磨くことにより調整を完了する技術」の「第2次器厚調整」に分けられるとする。最後に「製作工程内に位置付けて理解することはできなかった」とする「凹基式」に関しても、使用石材の違いなど若干の考察がなされている。

　湯浅利彦氏は、近畿以西を対象として「五角形鏃」を起点に、晩期を中心に石鏃の形態について述べられている（湯浅1992）。「「五角形鏃」の萌芽は、後期中葉にあ」り、「後期後葉に至って「五角形鏃」はその頻度を増」し、「晩期において、その頻度は最大を示す」とする。弥生前期・中期にも存在することから、「前後の時期幅を以て考えるべきであろう」とも述べられている。

　小宮山隆氏は、長野県・山梨県下の資料について組成比率を提示して、石鏃の多量化、有茎鏃の出現比率、使用石材の推移を述べられている（小宮山1996）。石鏃の多量出土の時期は後期後半から晩期前半であること、有茎鏃の出現が石鏃の多量化とほぼ一致していること、石鏃多量期の使用石材として黒曜石よりもむしろチャー

ト・頁岩などが多用されていること、など東海地域との比較を行う上で、興味深い考察がなされている。

松田順一郎氏は、東大阪市馬場川遺跡D地点で出土した滋賀里Ⅱb式期とされる石鏃・楔形石器・剥片類の分析および製作実験の結果から、「両極打法によって分割された「薄片」が石鏃素材となった可能性が高い」とし、楔形石器（楔形両極石核）の分割による石鏃製作を想定されている（松田1999）。実験結果の考察には岩石学的・物理学的見地も垣間みられ非常に興味深いが、中でも馬場川遺跡D地点の遺物の観察結果が注目される。特に「石鏃未製品の中には、楔形両極石核にひじょうに似たものがあ」る点と、「楔形両極石核とみなしうる資料中には、片面全体が1枚の主剥離面をなすものがしばしばみとめられる」点の指摘が注目され、さらに後者では「この剥片は、主剥離面側（裏面）が平坦で、表面は石核の凸状の器面を残す。いっぽう、石鏃とその未製品には片面が凸面で、細部調整剥離が石鏃器面の中央におよぼす、取り残された台状の高まりがあり、他面には両極打法によって生じたと思われる素材剥片の平坦な主剥離面を残す特徴が頻繁にみとめられる」と指摘する。この観察結果は、東海地域の晩期打製石鏃を検討する上でも重要な視点となる。

角張淳一氏は、愛知県牛牧遺跡の剥片石器を分析し、当遺跡出土剥片石器群の「石器群構造」の分析を行っている（角張2001）。その中で「瘤付き石鏃」の存在とその除去および部分磨製石鏃について触れられている。石器組成および剥片剥離技術の分析の結果、関東・甲信越との比較で、長野県飯田市中村中平遺跡・小諸市石神遺跡・栃木県八剣遺跡などの天竜川以東とは別様相であると論じている。それは加曽利B式から大洞BC式併行期までの関東・甲信越地域では、「加曽利B式土器と有茎石鏃が、それまでの土器型式と石鏃形態を下位におき、在地の土器と石器が加曽利B式土器と有茎石鏃との折衷形式を生み出す構造をもつ」とする一方で、牛牧遺跡では「大量の凹基鏃が製作され、少量の有茎鏃はむしろ凹基鏃との折衷形式をうみだし、凹基鏃と有茎石鏃との関係は関東・甲信越とは逆転している。そして下呂石を大量に持ち込みつつ、サヌカイト製の石器と全く同じ製作技法の構成（石器群構造）をもつのである。」と考察されている。

「研究会」では久保勝正氏が関西・東海地域の後晩期石鏃について、主に形態について詳細な分析がなされている（久保2004）。有茎鏃、特に「有茎五角形鏃」の「波及」について、「サヌカイト石材が二上山→（吉野川流域）→櫛田川・宮川流域およびその周辺、志摩半島→渥美半島という交易ルートを流れる一方で、晩期後半には逆に渥美半島付近→櫛田川・宮川流域およびその周辺、志摩半島に有茎五角形鏃がもたらされた可能性が強い」と想定する。一方で、滋賀県金谷遺跡の有茎五角形鏃が下呂石製であることから「岐阜県→滋賀県湖東地域への製品流入が見て取れ、今後、湖東地域での下呂石のあり方に注視する必要がある。」と提言されている。

また、当地の後晩期の石鏃には「部分磨製石鏃」の存在が知られている。上記の町田氏（1986）・角張氏（角張2001）のなかでも若干言及されているが、磨製技術を中心に分析・考察したものには、齊藤基生氏（齊藤1986）・信藤祐仁氏（信藤1989）・大工原豊氏（大工原1990）・拙稿（川添2005）などの各論考がある[3]。

さらに小型剥片石器に使用される石器石材についての研究もいくつか行われている。齊藤基生氏は下呂石を中心として石材供給経路の復元を詳細に行っている（齊藤1993・1994）。特に注目されるのは、石材産地である湯ケ峰周辺からの陸路のみならず、飛騨川・木曽川の各川原での転石（円礫）の利用も想定された点である。田部剛士氏は黒曜石・サヌカイト・下呂石の各石材の供給の動向を、縄文時代を通じてまとめている（田部2001）。また、同氏は「研究会」で後期初頭が愛知県下における下呂石使用の画期と考えられており、「その量も爆発的に増加」するとされている。また、下呂石流通圏とサヌカイト流通圏に関して、「滋賀の東部、三重県の北～中部あたりが緩衝地帯」と述べられている。また小島隆氏は東三河の資料を中心に、石材の検討（小島1994・1995）と、製作実験（小島2001）を行っている。

以上、縄文時代後晩期の石鏃に関する研究の概略である[4]。総括すると（1）有茎鏃の出現、（2）「五角形鏃」「飛行機鏃」など特徴的形態の消長、（3）石鏃の多量化、（4）石鏃の大型化、（5）部分磨製石鏃の位置づけ、（6）製作工程の復元、（7）使用石材、について一つもしくは複数の事象を分析・考察という方向にあるようである。ここでは、上記の問題に関して、東海地域の資料を用いて以下再検討を行っていく。

地域的概要

尾張・三河・美濃・飛騨・伊勢地域に関しては「資料集」を参考に、地域・時期的な指標となりうる石器群を抽出した。また遠江地域および木曽・伊那地域の遺跡を地点的に選択した[5]。まず、各遺跡における石器全体の数量的傾向を簡単に整理する。

表1は各遺跡の石器出土状況を点数化したものである[6]。ここでは、「小型剥片石器」と「中型・大型剥片石器」と磨製石斧との関係を概観する。これらの関係の数量的な検討には、相対数的比較と絶対数の検討を行う。

相対数的比較では、次のパターンが存在する[7]。

（相対パターン1）磨製石斧＜「中型・大型剥片石器」＜「小型剥片石器」

（相対パターン2）「中型・大型剥片石器」＜磨製石斧＜「小型剥片石器」

（相対パターン3）磨製石斧＜「小型剥片石器」＜「中型・大型剥片石器」

（相対パターン4）「小型剥片石器」＜磨製石斧＜「中

表1 東海地域縄文時代後晩期遺跡出土石器点数表

集成No.	遺跡名	所在地	時期	土器型式時期	石鏃	尖頭器類	石錐	石匙	スクレイパー	異形石器	模形石器	RF	UF	剥片・砕片	石核	磨石	敲石凹石	石皿台石	粗製剥片石器	打製石斧	磨製石斧	打欠石錘	切目石錘	備考
愛知01	東苅安賀道遺跡	尾西市開明町	晩期後葉	五貫森式	13															1	1			
愛知02	馬見塚遺跡	一宮市大字馬見塚字郷前など	後期末～晩期	五貫森式以降	218		30	2								2		1		33	33		1	
愛知05	権現山遺跡	岩倉市北島町・野寄町	後期初頭～前葉・晩期	中津式～福田K2式主体	5							4		多数		11						6	6	
愛知08	牛牧遺跡	名古屋市守山区	後期後葉～晩期末	元住吉山式～馬見塚式	1652	32	230	2	242		735	多数	223	多数	多数	119		66		47	71			
愛知09	古沢町遺跡	名古屋市中区	晩期後葉	馬見塚式以降	1			1						1		1	1			4	3			
愛知10	富士見町遺跡	名古屋市中区	後期末～晩期中頃	～稲荷山式					1						1		3	1		1	1			
愛知13	玉ノ井遺跡	名古屋市熱田区	晩期前半	元刈谷式～稲荷山式	18		3	1	2		13	7	3	38	3	3	2	2		3	2	2		
愛知15	高ノ御前遺跡第1地点	東海市大田町	晩期末葉		5											1					1			
愛知15	高ノ御前遺跡第2地点	東海市大田町		元刈谷式	1																1			
愛知15	高ノ御前遺跡第3地点	東海市大田町	晩期前葉主体か	元刈谷式主体?	144	1?	11									1	1				3	2			
愛知20	宮西貝塚	知多郡東浦町大字緒川	晩期前葉主体	元刈谷式	5												1							
愛知21	西の宮貝塚	半田市乙川西の宮町	晩期	元刈谷式	25							3								1	2			
愛知22	林ノ峰貝塚	南知多町内海	中期末～後期中葉	林ノ峰II～八王子式	15		2	1?	9							3	4	4		1		70	3	
愛知25	内田町遺跡	瀬戸市内田町	中期後葉～後期中葉	～北白川上層3式併行	170		25	2	12		23	27		2268	10	42		8		135	4	3	3	
愛知27	大坪遺跡	瀬戸市上之山町2丁目	後期中葉～後葉		53	3		1								2				3	1			
愛知29	大六遺跡	瀬戸市山口町	後期後葉～晩期後葉	～稲荷山式が主体	196		14	2	7	1	22					18		1		4	5	1	1	
愛知30	吉野遺跡	瀬戸市吉野町ほか	中期後葉～後期前葉	北白川C式～福田K2式	19		9	5	13		2	27	15	多数	16	21		21		3	11	7	11	
愛知31	宮東第1号貝塚	刈谷市泉田町	晩期前葉	寺津式～稲荷山式	○		○		○											○	○			
愛知34	築地貝塚	刈谷市築地町	後期中葉～後葉	八王子式～元住吉山式併行	53		5	1?									1						1	
愛知35	本刈谷貝塚	刈谷市天王町	晩期前葉～中葉	元刈谷式～稲荷山式	66≦		3		3	○		○		○		○	○	○			9	1		
愛知36	中手山貝塚	刈谷市中手町	晩期	寺津式～五貫森式	52		1		3							1					7	1		
愛知37	正林寺貝塚	高浜市呉竹町2丁目	晩期前葉	元刈谷式中心	5								1							3	2			
愛知38	三斗目遺跡	豊田市坂上町	後期前葉～後葉	北白川上層～宮滝式	106		9	1	8				16			19		14		7	3			
愛知39	三本松	豊田市坂上町	後期後葉～晩期	宮滝式～突帯文期	184		10	1	10					多数	多数	5					4	1		
愛知40	中川原遺跡	豊田市坂上町	後期前葉～晩期	堀之内式～元刈谷式中心	176		6		7							7				1	9		1	
愛知41	神郷下遺跡	豊田市猿投町	晩期前半	寺津式～稲荷山式	150		12									3				10	8	1		
愛知42	丸根遺跡	豊田市野見町	晩期前半	寺津式～稲荷山式	330				7							1		1		2	5	3		
愛知43	真宮遺跡	岡崎市六名1丁目・真宮町	晩期	寺津式～五貫森式	484		22	1								85	158	85		4	243	1	1	
愛知44	高木遺跡	岡崎市柱町	後期初頭～後葉	～吉胡下層式	26		1									41	52	10		2	8	4		
愛知45	神明遺跡	岡崎市柱町	後期後葉	五貫森式主体	12											2	21	3			9			
愛知46	御用池遺跡	安城市柿埼町	晩期前葉～後葉	寺津式～突帯文期	234		17		37		17		2			42	9		5	27	2		
愛知47	堀内貝塚	安城市堀内町	晩期中葉	桜井式主体	10		3					1		2			4			4				
愛知48	八王子貝塚	西尾市上町	後期中葉	八王子式主体	13		3									4	13	13		1	6	37		
愛知50	住崎遺跡	西尾市住崎町	晩期後葉以降	五貫森式～	3												4			1	21	9		
愛知51	新御堂遺跡	西尾市八ツ面町	後期前葉主体	堀之内式主体	3	1									1						3	1		
愛知52	貝ス遺跡	西尾市南中根町	後期中葉～中葉	称名寺式併行～八王子式	1																	6		
愛知53	東光寺遺跡	額田郡幸田町深溝	後期中葉	稲荷山式	51		6	2	2							5				7	30	2		
愛知55	坂口遺跡	西加茂郡旭町大字池嶋	後期中葉～晩期中葉	八王子式中心	24		2	1	6											14	2	1		
愛知58	今朝平遺跡	西加茂郡足助町大字今朝平	後期中葉主体	八王子式～元刈谷式	267		6	4	12					多数		17	14		25	22	50		
愛知59	馬の平遺跡	西加茂郡稲武町大字稲橋	後期中葉	八王子式	10			1				7		179	1		1			8	5	1		
愛知65	西向遺跡	南設楽郡鳳来町大字布里	晩期主体		32		3		2					多数						7	18	1		
愛知66	観音前遺跡	新城市稲木	後期中葉～後葉	元住吉山I式～宮滝式	120≦		2	2	1							17		2		3	25	2	2	
愛知67	大ノ木遺跡	新城市大宮	後期後葉～晩期	堀内式～稲荷山式以降	156≦		2	2	1							17≦		2		3≦	25≦	2		
愛知68	真向遺跡	新城市豊栄	後期前葉～晩期 (晩期後葉主体)		238								2			19		3		109		1		
愛知70	麻生田大橋遺跡	豊川市麻生田町	晩期中葉～	稲荷山式～馬見塚式以降	521		57		102		41		10			972		44		3291	4975	12	3	
愛知72	平井稲荷山貝塚	宝飯郡小坂井町平井	晩期中葉	稲荷山式	529		16	2	1	1		2	1			1	9≦	4		51	77≦	7		
愛知75	五貫森貝塚	豊橋市大村町	晩期後葉	五貫森式～馬見塚式以降	10							3				2				31	13			
愛知76	大蚊里貝塚	豊橋市大村町	晩期前葉～	～馬見塚式以降	6		3						17		2	2	14			3	6			
愛知77	大西貝塚	豊橋市牟呂町	晩期中葉～	稲荷山式以降	2			1				10	1			1	3			7	10			
愛知78	水神貝塚	豊橋市牟呂町	晩期前葉～後葉	保美II式～五貫森式	2							1	24			2	5			3	10	1		
愛知79	水神貝塚(第2貝塚)	豊橋市牟呂町	晩期後葉	五貫森式～	2								2			4	2			2	14	1		
愛知80	さんまい貝塚	豊橋市牟呂町	晩期中葉	稲荷山式主体	1												2							
愛知81	吉胡貝塚	渥美郡田原町大字吉胡	後期後葉～晩期末	伊川津式～突帯文期	135≦		7		2			○				15≦				15≦	62≦	23≦		
愛知82	伊川津貝塚	渥美郡渥美町大字伊川津	晩期前葉～中葉	伊川津式～稲荷山式主体	234		1		14							6	52	7		7	68	8		
愛知82	伊川津貝塚	渥美郡渥美町大字伊川津	晩期後葉	五貫森式	200		9		2								39			6	24	13		
愛知83	川地貝塚	渥美郡渥美町大字亀山	中期中葉～後期後葉	北白川上層～宮滝式	64≦		7		13			13				24≦		8	250	10	52	838	2	
愛知85	保美貝塚	渥美郡渥美町大字保美	後期後葉～晩期	伊川津式～稲荷山式	5000≦		6		7					193	5		3				4	10			
岐阜01	巾通り遺跡	大野郡白川村	晩期主体		20	3		1	7				1			3	145	1		79	13		2	
岐阜02	宮ノ前遺跡	吉城郡宮川村	後期～晩期		21		9		41		39					43	52	28		36	5		1	
岐阜03	塩屋金清神社遺跡	吉城郡宮川村	後期中葉		3				2			12		163	7	12				3	1			
岐阜05	荒城神社遺跡	吉城郡国府町	後期		18		4							228	15	17		1		6	7	1	4	
岐阜07	カクスケ遺跡C地点	大野郡丹生川村	後期中葉～後葉					2	6		1	2	5	91	1	57				74				
岐阜08	西田遺跡	大野郡丹生川村	後期中葉～晩期		493		259	19	70		112	87	193		68	457	2			173	159	1		II層出土含む
岐阜09	たのもと遺跡	大野郡丹生川村	後期後葉		9	3			1							32				5			1	
岐阜10	岩垣内遺跡	大野郡丹生川村	中期末～後期初頭		21				1			9	14	731	3	8				7	2	1	49	
岐阜11	堀内遺跡	高山市上野	後期前葉～晩期	堀之内I・II～加曽利B1併行	53	1	17	3	82		14		14	680	64	70	21	22		149	64	36	27	
岐阜13	飛騨横倉遺跡	益田郡萩原町	後期末～晩期		122		9										14			167	17	4		
岐阜14	湯屋遺跡	益田郡小坂町	後期前葉～後葉		9		2		2					295		2				4	1		1	
岐阜15	祖師野遺跡	益田郡金山町	中期末～後期前葉		65		7		6		1	6	7			12	3	5		604	9	8		
岐阜16	広島遺跡	加茂郡白川町	後期中葉		○				○			24	20			80				60				
岐阜17	下島遺跡	恵那郡福岡町			80		5		2											26	3			
岐阜20	阿曽田遺跡(下阿曽田地区)	中津川市阿木	晩期		273	2	27	3	36							6	2	4		60	13			
岐阜21	道下遺跡	恵那郡上矢作町	後期～晩期		450	1	21	5	229	1						1	12	1		269	30	8		
岐阜24	はいづめ遺跡	揖斐郡藤橋村	晩期後半主体		30			10			○					664				64	11	3	3	

集成No.	遺跡名	所在地	時期	土器型式時期	石鏃	尖頭器類	石錐	石匙	スクレイパー	異形石器	楔形石器	RF	UF	剥片・砕片	石核	磨石	敲石凹石	石皿台石	粗製剥片石器	打製石斧	磨製石斧	打欠石錘	切目石錘	備考
岐阜26	戸入村平遺跡II	揖斐郡藤橋村	中期末〜後期前葉		7		4	1				4	6	61	1					5	1	6	16	
岐阜27	いんべ遺跡	揖斐郡藤橋村	晩期		1							3	4	11			3			1		2	2	
岐阜29	塚遺跡	揖斐郡藤橋村	後期		24		6		12		4	14	27	784	7	9				8	2	1	59	
岐阜30	西乙原遺跡・勝更白山神社周辺遺跡	郡上郡八幡町	後期		42		1		2		7			392	14	17	1	2		850		1	3	
岐阜31	高見遺跡	武儀郡洞戸村	後期初頭〜前葉		6		1		7			7	21	261			2			42		1	7	
岐阜33	宮下遺跡	郡上郡美並村	後期〜晩期		19		13		8		5	8	19	509	21	5	3	2		86	2	5	19	
岐阜32	羽沢貝塚	海津郡南濃町	後期中葉〜晩期後葉		35		4		7							5	15			5		5	7	
岐阜	下島遺跡	益田郡下呂町	後期〜弥生		1011		120		113	3	172						34		228	59	21	6	7	
岐阜	北裏遺跡	可児市	晩期		8701		238	15	3											1305	107	134	10	
岐阜	家ノ下遺跡	吉城郡宮川村	後期中葉〜晩期	井口式〜氷式	69		49	1	39		328	115	219				1716			630	90			
三重02	覚正垣内遺跡	員井郡北勢町	後期初頭・中葉	中津式・元住吉山I式	3				1		4	2	15	4		8	13	25		1	1	2	16	
三重13	天保遺跡	一志郡嬉野町	晩期〜弥生前期	晩期・樫王式	6	1			1		2					2	2							
三重14	六大A遺跡	津市大里窪田町	晩期後葉	馬見塚式	7	1														3		1		
三重15	天白遺跡	一志郡嬉野町	後期中葉〜晩期初頭	一乗寺K式〜滋賀里K式	842		125	2	282			1203	436	918	13496	1038	42	367	89	10	25	5	5	
三重16	下沖遺跡	一志郡嬉野町	後期後半〜晩期中心		75		2	1	14					2093				○		15				
三重23	大原堀遺跡	松阪市広瀬町	晩期後半	滋賀IV式〜	146		17	2	16	1	34	14	41			27	96	60		9	18	43	1	
三重34	新徳寺遺跡	多気郡多気町	後期前半	新徳寺I式〜北白川上層式2期	55		10	1	16	2	4	3	2	1269		4	24	34	20	1	1	80	83	
三重41	井尻遺跡	多気郡明和村	後期初頭		5		1	1	1		1			○							3	7	1	
三重47	片野殿垣内遺跡	多気郡勢和村	晩期		47		3		3		2						4	1		3	2	1		
三重48	森添遺跡	度会郡度会町	後期初頭〜晩期後葉		○		○		○			○		○			○	○		○	○	○	○	
静岡	西貝塚	磐田市西貝塚	後期前葉〜晩期	堀之内〜晩期	17											3	4	4		5	8	110		
静岡	蜆塚貝塚	浜松市蜆塚	後期中葉〜晩期初頭		77				2							12	24	17	●	23	23	154		(*)
静岡	勝田井の口遺跡	榛原郡榛原町	後期後葉〜晩期前半主体		65		4		4		4	2				1	2	1		25	9	1		
長野	川原田B遺跡	長野県木曽郡山口村	後期〜晩期前葉主体		364		57		39											773	36	11	3	
長野	大明神遺跡	長野県木曽郡大桑村	後期中葉〜晩期前半		1064	1	2	2	19								170			197	43			
長野	田中下遺跡	長野県伊那郡宮田村	後期中葉〜晩期末主体		84		6	9												3				

型・大型剥片石器」

（相対パターン5）「中型・大型剥片石器」＜「小型剥片石器」＜磨製石斧

（相対パターン6）「小型剥片石器」＜「中型・大型剥片石器」＜磨製石斧

　このような相対パターンは、縄文時代後晩期にかけて通じて見られるようであり、時期的偏りは窺えない。これは遺跡の立地などに代表される活動の場としての役割がある程度反映されている結果とも考え、より小地域の遺跡群内での検討が必要であろう。ただし、「小型剥片石器」のなかでも石鏃の出土数（絶対数）を勘案すると、状況は大きく異なる。便宜的に大きく100点で目安に分けた場合、100点を越える出土例が増加する傾向が見られる。愛知県の内田町遺跡や三斗目遺跡・今朝平遺跡および三重県天白遺跡などがその早い時期の例と考えられ、後期中葉から後葉の時期（顕著なのは後期後葉から）にかけての出現が想定される。またさらに1000点を越える出土例が出現するもの、後晩期の出土状況の特徴として知られている。該当する遺跡としては、愛知県の牛牧遺跡・保美貝塚、岐阜県の下島遺跡・北裏遺跡・長野県の大明神遺跡などである。保美貝塚・下島遺跡では弥生時代以降の資料が混在している可能性があり、同一に検討することはできないかもしれないが、大明神遺跡以外は晩期の中でも、晩期中葉以降の遺物が多く出土している遺跡であり、この時期にさらなる石鏃の大量製作が行われた可能性がある。

　石鏃の多量出土の状況には上記の二段階が窺える。ただし、後期後葉以降どこの遺跡でも石鏃が多量出土しているわけではない。調査手法および調査面積により状況は異なることを承知であえて言及するならば、多量出土する遺跡と多量出土していない遺跡間の差が大きく開く傾向がある。また愛知県の麻生田大橋遺跡や長野県（現在は岐阜県）の川原田B遺跡のように300点近くの石鏃が出土している一方で、それを数倍上回る点数の打製石斧・磨製石斧が出土している事例も存在する。

平面形態について

　平面形態については、身部形状の「五角形鏃」の増加と、基部形状の有茎鏃の出現・増加が特徴的である。「五角形鏃」に関しては、久保氏が「研究会」で今後の問題点も含めて論じられている。ここでは、有茎鏃および「飛行機鏃」など特徴的形態の消長について、簡単に述べていく（表2）。

　東海地域において、有茎鏃・柳葉形鏃は早い段階では静岡県西貝塚・蜆塚貝塚、愛知県内田町遺跡・築地貝塚、三重県天白遺跡・下沖遺跡・新徳寺遺跡などで散見されることから、後期中葉には若干数存在していた可能性がある。しかし、そのありかたは圧倒的点数の無茎鏃の中にごく少数存在するのみで当地域の石鏃群の構成下にあるとはいえない状況である。また、天白遺跡・下沖遺跡・新徳寺遺跡では、有茎鏃とはいえ、いずれも茎部の作り出しが明瞭ではない、柳葉形であることが注目される。

　晩期に入り、有茎鏃は「ある一定量」存在するようになる。ここでは「ある一定量」を石鏃全体数の10％以上の場合と仮に設定する。平井稲荷山貝塚・堀内貝塚など、これらの遺跡では晩期中葉の稲荷山式・桜井式を含む場合が多いことから、晩期中葉でも稲荷山式期から徐々に見られるようになったと考えられる。晩期後半の突帯文期にかけてこの傾向はそのまま継続されるようである。尾張・三河地域では東苅安賀道遺跡・住吉遺跡(8)・五貫森貝塚・伊川津貝塚（92年調査分）、飛騨

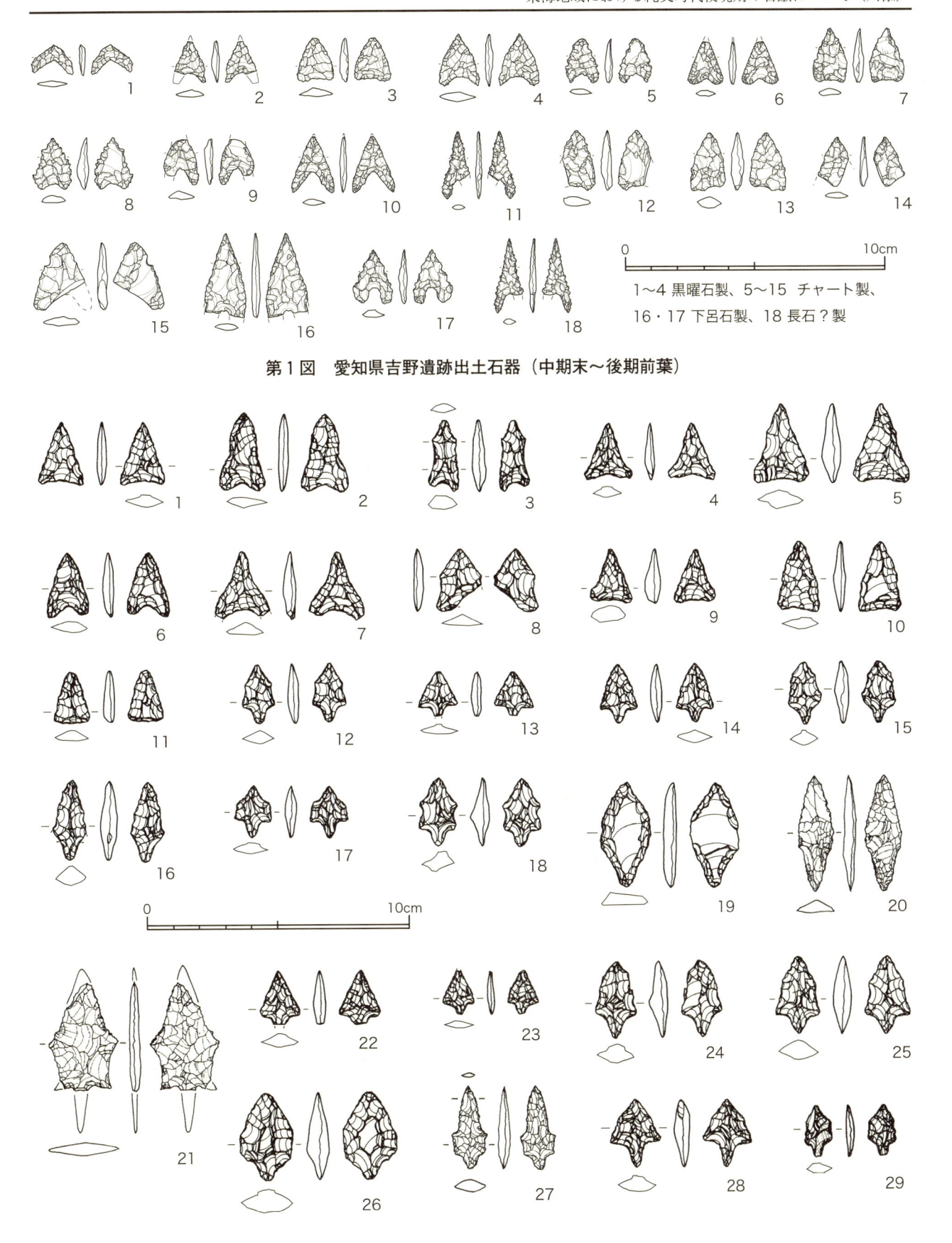

1〜4 黒曜石製、5〜15 チャート製、
16・17 下呂石製、18 長石？製

第1図　愛知県吉野遺跡出土石器（中期末〜後期前葉）

1〜5・12〜16 下呂石製、6〜8・17〜21 サヌカイト製、9〜11・22〜28 チャート製、29 黒曜石製

第2図　愛知県牛牧遺跡出土石鏃（後期後葉〜晩期末）

表2　後晩期遺跡出土石鏃群の形態別点数と比率一覧

集成No.	遺跡名	時期	無茎鏃 点数	%	有茎鏃 点数	%	柳葉形など 点数	%
愛知01	東苅安賀道遺跡	晩期後葉	4	30.77	9	69.23		
愛知02	馬見塚遺跡	後期末〜晩期	120	60.61	68	34.34	10	5.05
愛知05	権現山遺跡	後期初頭〜前葉・晩期	4	80.00	1	20.00		
愛知08	牛牧遺跡	後期初〜晩期末	1261	80.99	295	18.95	1	0.06
愛知09	古沢町遺跡	晩期後葉					1	100.00
愛知13	玉ノ井遺跡	晩期後半	13	92.86	1	7.14		
愛知15	高ノ御前遺跡第1地点	晩期末葉	5	100.00				
愛知15	高ノ御前遺跡第2地点	晩期末葉	4	100.00				
愛知15	高ノ御前遺跡第3地点	晩期前葉主体か	129	96.99	4	3.01		
愛知20	宮西貝塚	晩期前葉主体	5	100.00				
愛知21	西の宮貝塚	晩期	24	100.00				
愛知22	林ノ峰貝塚	中期末〜後期中葉	14	100.00				
愛知25	内田町遺跡	中期後葉〜後期中葉	169	99.41	1	0.59		
愛知27	大坪遺跡	後期中葉〜後葉	47	100.00				
愛知29	大六遺跡	後期後葉〜晩期前葉	178	95.19	8	4.28	1	0.53
愛知30	吉野遺跡	中期末〜後期前葉	19	100.00				
愛知34	築地貝塚	後期中葉〜後葉	52	98.11	1	1.89		
愛知35	本刈谷貝塚	晩期後葉〜晩期	64	96.97	2	3.03		
愛知37	正林寺貝塚	晩期前葉	4	80.00	1	20.00		
愛知38	三目遺跡	晩期	93	100.00				
愛知39	三本松遺跡	後期後葉〜晩期	152	96.82	3	1.91	2	1.27
愛知40	中川原遺跡	後期後葉〜晩期	166	94.32	10	5.68		
愛知41	神郷下遺跡	晩期前半	118	98.33	2	1.67		
愛知42	丸根遺跡	晩期前半	151	85.80	20	11.36	5	2.84
愛知43	真宮遺跡	晩期	377	82.68	76	16.67	3	0.66
愛知44	高木遺跡	後期初頭〜後葉						
愛知45	神明遺跡	後期後葉	10	83.33	1	8.33	1	8.33
愛知46	御用池遺跡	晩期後葉〜晩期	179	89.95	18	9.05	2	1.01
愛知47	堀内貝塚	晩期中葉	6	60.00	3	30.00	1	10.00
愛知48	八王子貝塚	晩期	11	100.00				
愛知50	住崎遺跡	晩期後葉以降			3	100.00		
愛知51	新御堂遺跡	後期前葉主体	2	66.67			1	33.33
愛知52	貝ス遺跡	晩期前葉〜中葉	1	100.00				
愛知53	東光寺遺跡	晩期中葉	44	83.02	7	13.21	2	3.77
愛知55	坂口遺跡	後期末〜晩期中葉	18	75.00	6	25.00		
愛知59	馬の平遺跡	後期後葉	5	83.33			1	16.67
愛知65	西向遺跡	晩期主体	17	80.95	3	14.29	1	4.76
愛知70	麻生田大橋遺跡	晩期中葉〜	275	60.31	178	39.04	3	0.66
愛知72	平井稲荷山貝塚	晩期後葉	255	53.57	208	43.70	13	2.73
愛知75	五貫森貝塚	晩期後葉			5	100.00		
愛知76	大蚊里貝塚	晩期前葉〜	3	75.00	1	25.00		
愛知77	大西貝塚	晩期後葉	1	50.00	1	50.00		
愛知79	水神貝塚(第2貝塚)	晩期後葉	2	100.00				
愛知80	さんまい貝塚	晩期中葉	1	100.00				
愛知82	伊川津貝塚	後期後葉〜晩期中葉	272	96.11	11	3.89		
愛知82	伊川津貝塚	晩期後葉	69	39.66	105	60.34		
愛知83	川地貝塚	中期中葉〜後期前葉	18	81.82	4	18.18		
愛知85	保美貝塚	後期後葉〜晩期	1337	77.55	357	20.70	31	1.80
岐阜02	宮ノ前遺跡	後期〜晩期	12	57.14	9	42.86		
岐阜08	西田遺跡	後期末〜晩期	473	95.94	20	4.06		
岐阜10	岩屋内遺跡	中期末〜後期初頭	5	100.00				
岐阜13	飛騨橋倉遺跡	後期末〜晩期	70	57.38	18	14.75	34	27.87
岐阜20	阿曽田遺跡(下阿曽田地区)	晩期	240	96.77	6	2.42	2	0.81
岐阜32	羽沢貝塚	後期中葉・晩期後葉	29	82.86	6	17.14		
岐阜	北裏遺跡	晩期	5184	77.47	748	11.18	760	11.36
岐阜	家ノ下遺跡	後期中葉〜晩期	39	58.21	23	34.33	5	7.46
三重02	覚正垣内遺跡	後期初頭・中葉	2	100.00				
三重13	天保遺跡	晩期〜弥生前期	4	80.00	1	20.00		
三重14	六大A遺跡	晩期後葉	5	71.43	2	28.57		
三重15	天白遺跡	後期中葉〜晩期初頭	791	99.87			1	0.13
三重16	下沖遺跡	後期後半〜晩期中心	74	98.67			1	1.33
三重23	大原堀遺跡	後期	115	85.19	20	14.81		
三重34	新徳遺跡	後期前半	47	97.92			1	2.08
三重41	井尻遺跡	後期前半	5	100.00				
三重42	片野堀垣内遺跡	晩期	44	93.62	3	6.38		
静岡	西貝塚	後期前葉〜晩期	16	94.12	1	5.88		
静岡	蜆塚貝塚	後期後葉〜晩期初頭	72	93.51	5	6.49		
静岡	勝田井の口遺跡	後期後葉〜晩期前半主体	9	36.00	16	64.00		
長野	川原田B遺跡	後期〜晩期前半主体	336	92.31	28	7.69		
長野	大明神遺跡	後期〜晩期	692	92.27	58	7.73		
長野	田中下遺跡	後期中葉〜晩期末主体	63	94.03	1	1.49	3	4.48

地域では宮ノ前遺跡などでは50％を越える割合で有茎鏃が占める例が出現する。牛牧遺跡・保美貝塚・北裏遺跡など石鏃総数1000点以上を越える石鏃群では、有茎鏃の割合は20％程度である。その一方で、伊勢地域では大原堀遺跡例[9]が「ある一定量」の有茎鏃を保有している資料として注目でき、ここでは有茎鏃が15％程度を占める。時期の新しい天保遺跡・六大A遺跡などでも30％以下で、有茎鏃の占める割合が顕著に増加する傾向は見られない。

次にいわゆる「飛行機鏃」についてである。身部の両肩が張る有茎鏃は、身部三角形などした有茎鏃と共存するようである（牛牧遺跡・真宮遺跡など）。東海地域において両者の出現時期の差は現状では把握できず、ほぼ同時に出現したようである。有茎鏃の導入により、これまであった無茎の五角形鏃に茎部がつき「飛行機鏃」が発生したとする鈴木氏の論考は今日でも重要である。ここで注意したいのは、「飛行機鏃」の存在は、東海地域において有茎鏃の製作が「意識的に」一定量行われたこと、言い換えるならば当地域の石鏃群の構成の中に有茎鏃が組み込まれたことを示唆していると考えられる点である。

石鏃の多量化

上述したように、石鏃の出土点数が一遺跡で100点以上、場合によっては1000点以上出土する事例が存在する。ここではこの現象をよくいわれる「石器の多量化」現象と捉え、その状況を若干概観する。

石鏃の多量出土には後期後葉以降と晩期中葉以降の二段階が存在する可能性をすでに指摘した。後期後葉では天白遺跡などが指標となる。この石器群はほぼ無茎鏃であり、「多量化」は無茎鏃の多量化であることが指摘できる。これは後期後葉から晩期前半の伊川津貝塚（84年調査）でもほぼ無茎鏃のみの構成を示す石鏃群であり、この傾向を追認する事例である。一方、遺跡によっては1000点以上出土する晩期中葉以降では上述のように有茎鏃が石鏃群の構成に組み込まれる時期である。しかし、有茎鏃のみが増加したとは考えられない。それは石鏃全体に占める有茎鏃の比率を見ると、上述したように石鏃総数1000点以上を越える石鏃群を例にとれば、有茎鏃の割合は20％程度であるからである。これは有茎鏃のみならず無茎鏃も含めた石鏃数全体が増加したと考えることができよう。

石鏃の法量変化について

第3図は各遺跡出土の石器群について、法量をグラフ化したものである。ここでも石鏃の大型化について二段階存在すると考えられる。

一段階目は後期後葉以降である。この段階には最大厚が5mmを越えるものが出現する[10]。東海地域のみならず田中下遺跡など伊那地域の資料にも同様の傾向が窺えられ、より広域的な現象かもしれない。二段階目は晩期中葉以降である。この段階には、長さ3cm以上の資料がまとまって登場する。一部、天白遺跡など後期後葉の時期にも若干見られるが、これは素材剝片の大きさの違い、換言すればサヌカイトを主とする使用石材の状況が反映された結果かもしれない。伊川津貝塚（92年調査）では、長さ3cm以上の資料は有茎鏃に集中しているが、牛牧遺跡では有茎鏃ばかりではなく、無茎鏃にも同様の「大型化」の傾向が見られる点が注目される。この違いは後述する有茎鏃に対応する使用石材の差が影響しているかもしれない。最大厚に関していえば、有茎鏃の方が無茎鏃よりも厚手のものが存在する傾向が見られる。一方で有茎鏃にも長さ2cm以下の「小型」のものが存在する。牛牧遺跡・真宮遺跡などでは、石鏃の素材剝片は法量的に区別なく、有茎鏃・無茎鏃の両方に使用された

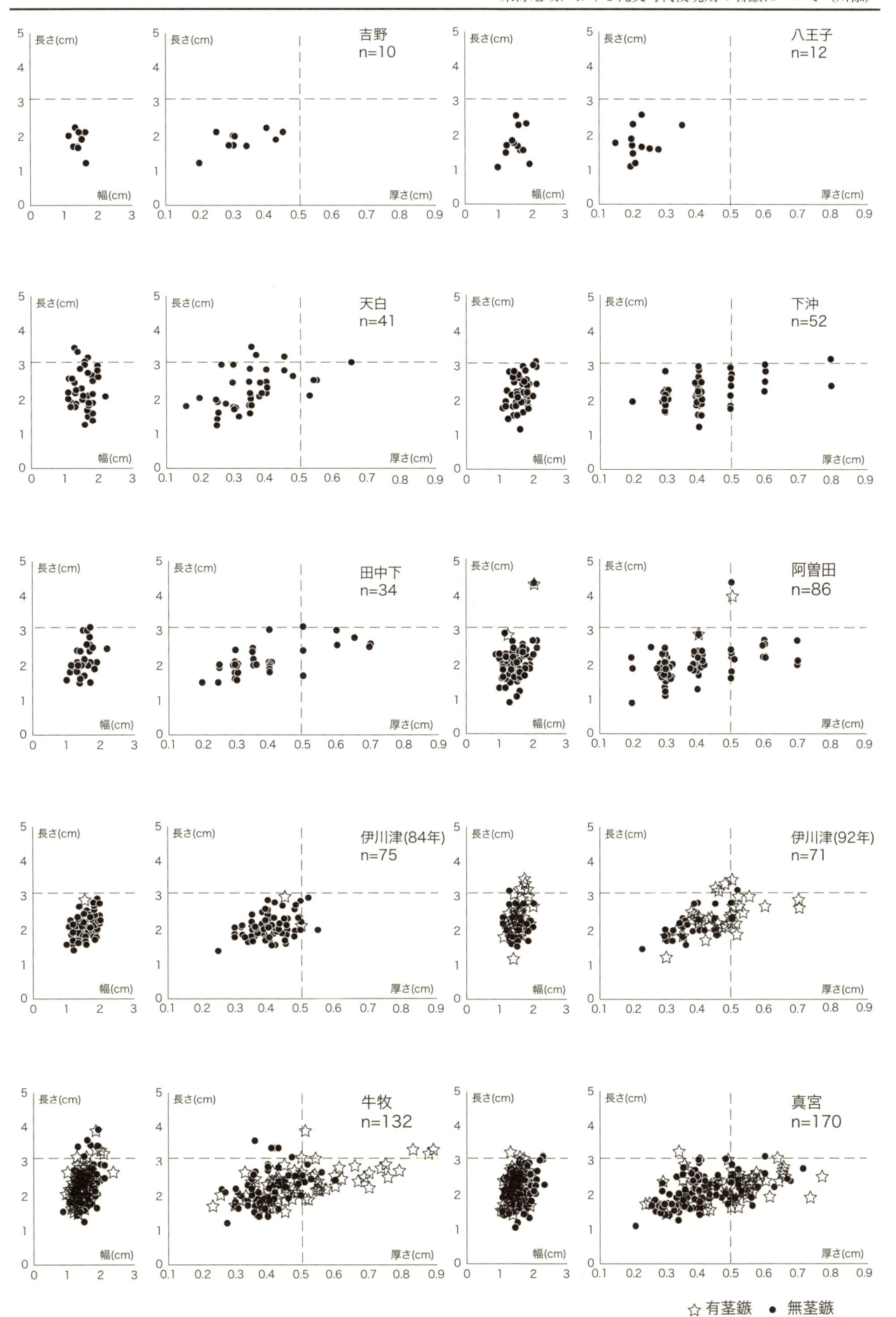

第 3 図　石鏃法量散布図

☆ 有茎鏃　● 無茎鏃

可能性が高い。

製作について

　ここでは、製品を中心に石器製作について若干考察する。

　製作の特徴（1）　縄文時代を通じて、石鏃は両面同様な調整が施されている場合が多く見られる。断面形状でいえば「菱形」あるいは「凸レンズ形」を呈するものが多い。しかし、後晩期では状況に変化が見られるようになる。「菱形」・「凸レンズ形」に加え、片面が平坦でもう片面が凸状のいわば「カマボコ形」ともいうべき形状の資料が多出するようになる。これは石鏃素材剥片の形状がこのような形状であったと考えられ、表面には複数の剥離が見られる一方で、裏面は主剥離面の様子を残し、一回の剥離で作出されている様子が窺えるものである。これは松田氏が馬場川遺跡で注目された事柄と同一である（松田1999）。東海地域では、この出現時期を特定するのは難しい。後期中葉中心の八王子遺跡には見られないようである。また、大坪遺跡などでも見られないようである。一方、後期後葉の天白遺跡や晩期前半の本刈谷貝塚ではそれとおぼしき例がいくつか報告されている。天白遺跡では、楔形石器の1000点以上にも及ぶ大量出土が報告されており、松田氏のいうところの「楔形両極石核の分割による石鏃製作」にあたる可能性がある。これらのことから、ここでは一旦、このような断面形状「カマボコ形」の石鏃の出現を後期後葉と考えたい。

　製作の特徴（2）　当地域の石鏃を観察すると、平面中央部付近に階段状剥離が発達し、瘤状に残された部分のある例が目に付く。これを仮に「瘤状残存部」と仮称する。「瘤状残存部」は片面側（主に素材剥片の表面）を中心に形成される場合が多いが、時には表裏両面の中央に形成される場合もある。しかしその場合も階段状剥離の発達状態などに差があるようである。「瘤状残存部」の見られる石鏃例は、後期後葉以降からの遺跡で散見されるようである。さらに詳しく見ると、牛牧遺跡・真宮遺跡など晩期中葉以降に中心を迎える遺跡での出土が多い。また、無茎鏃・有茎鏃の両者に見られるのも注目される（第2図）。さらにこれらの遺跡の資料では、調整の見られる剥片（「未製品」と想定されているものも含む）や尖頭器状の石器・石錐などにもしばしば同様な「瘤状残存部」が見られる。さて、この「瘤状残存部」が多く出現する時期についても特定するのは難しいが、東海地域では晩期中葉の有茎鏃普及時と共時である可能性がある。その理由は、（1）上述した遺跡出土状況、（2）「瘤状残存部」が有茎鏃にしばしば残されていること、（3）有茎鏃では身部が厚みのある断面形状を呈している場合が多いことから、本来、この「瘤状残存部」を残す石鏃製作は、有茎鏃に対応する作り方ではなかったのかと想定でき、それが無茎鏃の製作にも影響を与えたとも考えられることなどがあげられる。

部分磨製石鏃の位置づけ

　部分磨製石鏃[11]の中でも東海地域の資料にはこの「瘤状残存部」が見られるものがある。特に縄文時代晩期以降の下呂石製のものにほぼ限定される。これは拙稿で示した「類型Ⅶ」の一群である（川添2005）。この類型では最大厚部分に対して研磨を行っており、その場合、「瘤状残存部」に対して研磨を施している場合が多い（第4図）。言い換えるならば、石鏃の最大厚を薄くする目的で行われた研磨工程は、「瘤状残存部」を薄くする目的であった可能性が高い。一方、黒曜石製を主体とする北関東地域の資料（拙稿の「類型Ⅱ」など）には、部分磨製石鏃に「瘤状残存部」の痕跡が窺えるものが少ないようであり、基部への研磨が主体である。これは別の目的で研磨が行われた可能性を示唆するものである。

　この「瘤状残存部」が出現する剥片石器製作が、有茎鏃製作と有機的なつながりを想定するならば、この部分磨製石鏃の「類型Ⅶ」の出現は、晩期中葉稲荷山式期以降に顕著になったと考えられる。また、この部分磨製が

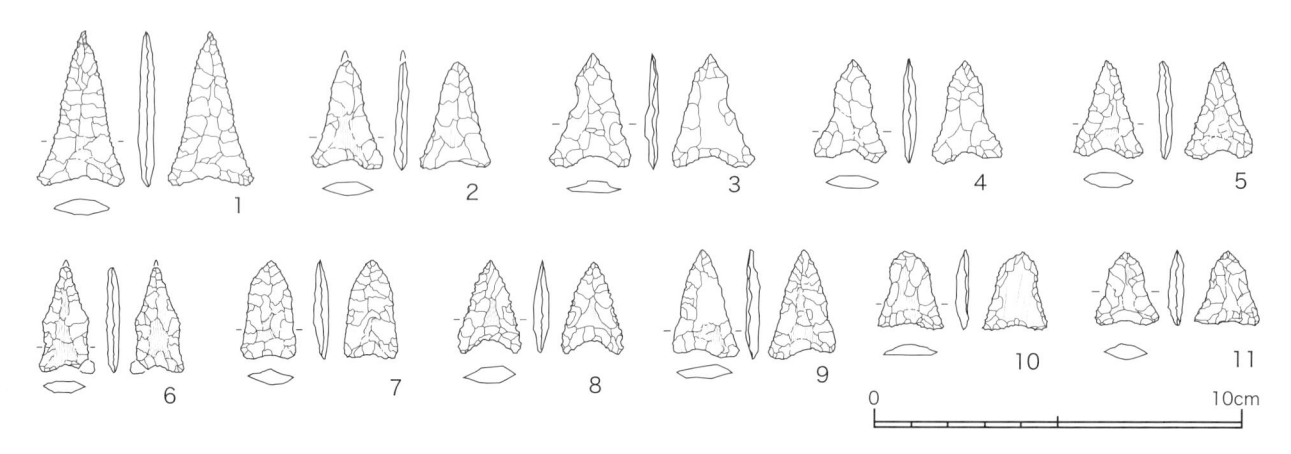

1 岩切森本、2 東光寺、3・4 真宮、5 牛牧、6・7・8 北裏、9 中村、10 平井稲荷山、11 雷　　（すべて下呂石製）

第4図　「瘤状残存部」が部分磨製された石鏃（部分磨製石鏃類型Ⅶ）

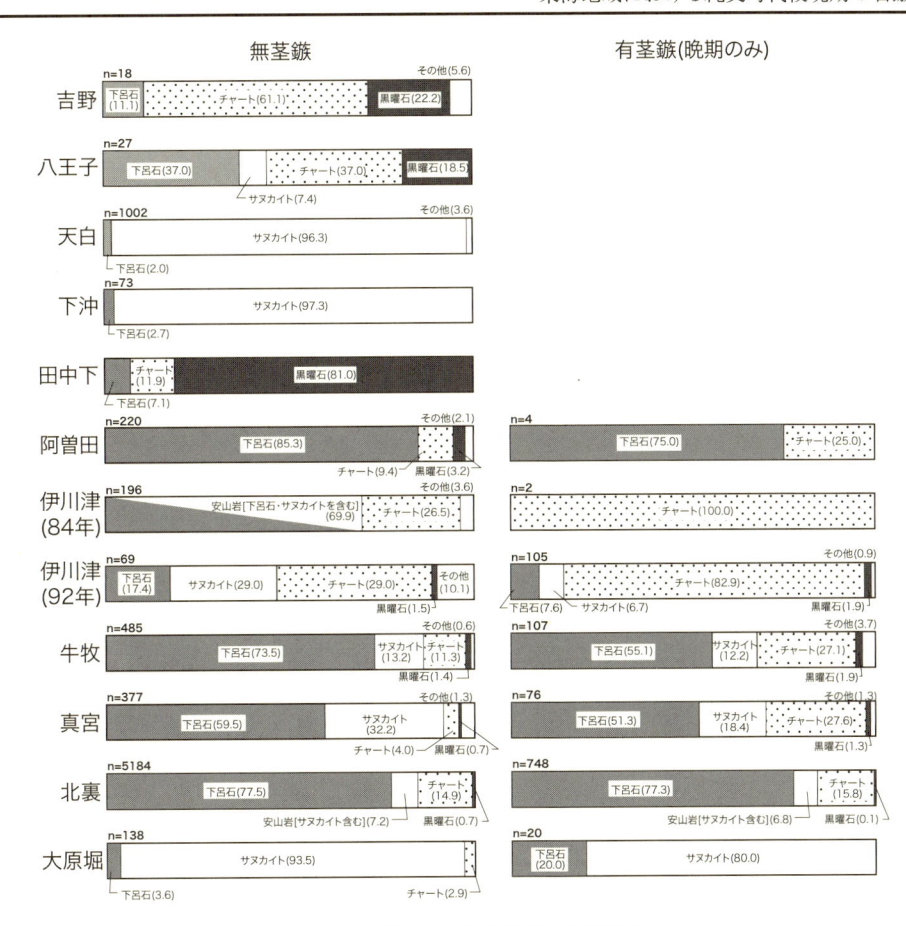

第5図　無茎鏃・有茎鏃使用石材比率

「瘤状残存部」を薄くする目的であるならば、一方で敲打あるいは剝離調整による「瘤状残存部」の除去が行われた可能性も考慮しなくてはならない(12)。

使用石材

　縄文時代後晩期になると、尾張・三河地域を中心して小型剝片石器石材として下呂石が広く使用されることは、先学によってすでに指摘されている。ここでは、石鏃使用石材について簡単に概観する。

　第5図は、各地域のうち、12遺跡の資料について使用石材の割合を提示したものである(13)。

　まず、尾張・三河・美濃地域について、無茎鏃からみていく。多くの遺跡で下呂石の使用に傾倒していく傾向が窺えられ、田部氏が提示されたように後期初頭から徐々にその志向になっていくようである。しかし、後期初頭では小型剝片石器自体の絶対量がそれほど多くない。小型剝片石器の絶対数が増加する後期後葉になり、それに従い下呂石の割合も増加してくる傾向にある。その他サヌカイト・チャートにわずかに黒曜石が含まれる様相を呈する。有茎鏃に関しても、基本的に無茎鏃と同様の石材が使用されている。その中で注目されることはサヌカイト製有茎鏃が存在することと、いずれの遺跡でもチャートの使用頻度が無茎鏃より増加傾向にあることである。

　また、伊川津貝塚を指標にする渥美半島先端部は特異な状況を呈している。84年調査（後期後葉～晩期前半）では下呂石の割合が不明であるが、立地的条件からサヌカイト石材が多く入ってきており、下呂石の割合は低くなるものと想定される。特にチャートの占める割合の変化が注目され、92年調査（晩期後葉）では無茎鏃の約3割・有茎鏃の約8割がチャート製で占められている。

　一方、伊勢地域についても若干見ていくと、後晩期を通じてサヌカイトの使用が主体となっているといえる。天白遺跡・下沖遺跡・大原堀遺跡のいずれもサヌカイトに若干の下呂石が含まれる程度である。注目すべき事柄は、大原堀遺跡の有茎鏃の使用石材である。総点数は多くないものの、下呂石が2割・サヌカイトが8割を占めている。

　下呂石は尾張・三河・美濃地域へは後期初頭以来、小型剝片石器石材として、石鏃ではいわば無茎鏃製作のために広がった石材といえる。後期後葉以降の石鏃の多量化では下呂石の使用頻度をさらに高めていったが、晩期中葉の多量化では、石鏃群構成に有茎鏃が組み込まれることにしたがい、それまでの使用石材に加え、有茎鏃中心にチャートの使用頻度が高くなったとも考えられる。一方、伊勢地域でも大原堀遺跡のように晩期後半から有茎鏃が作られるようになるが、ここではサヌカイト製が主体で下呂石製が若干加わる構造となっている。

まとめ

(1) 画期の設定 以上の考察結果から東海地域における縄文後晩期の石鏃について三段階の画期を設定する。

第一段階（後期初頭） 尾張・三河地域において小型剥片石器素材として下呂石の比重が高くなりはじめる転換期である。しかし、その転換は時期を下るにしたがって徐々に増加するという転換であって、この時期を境に激変するものではないようである。

第二段階（後期中葉〜後葉） 石鏃の多量化が見られる時期であり、一遺跡から100点以上の出土例が知られる時期である。有茎鏃は散発的に存在するものの、石鏃群の構造に明確に組み込まれていない状況である。大型化に関して言えば、最大厚5mm以上の石鏃および「石鏃形」した石器が出現する。また、製作上の特徴としては断面形状「カマボコ形」の石鏃が出現する。この時期は、天白遺跡に見られるように多量の楔形石器や尖頭器状の石器なども多量に出土する時期である。特に楔形石器と断面形状「カマボコ形」の石鏃とは有機的関係がみられると考えられる。

第三段階（晩期中葉） さらに石鏃の多量化が見られる時期であり、一遺跡から1000点以上の出土例も出現する。この時期には石鏃群の構造に有茎鏃が組み込まれて存在するようになる。これと「五角形鏃」との融合により「飛行機鏃」が出現する。石鏃群内で有茎鏃が半数以上を占める場合もある一方、総点数1000点以上の石鏃群では2割程度である。有茎鏃は尾張・三河・美濃では稲荷山式期、大原堀遺跡など伊勢地域では滋賀里Ⅳ式期からである。大型化については長さ3cm以上の資料がまとまって出現するようになる。また「瘤状残存部」に特徴的な剥片石器製作が明確に行われるようになり、無茎鏃を中心に部分磨製石鏃（類型Ⅶ）が出現する。

(2) 他地域との関係

まず近畿地域との関係について若干触れたい。近畿地域でも石鏃の大型化・多量化が見られ、製作上の特徴としては断面形状「カマボコ形」の石鏃が出現したり、「瘤状残存部」に特徴的な剥片石器製作も行われているようである。しかし近畿全域として見ると有茎鏃の導入についての状況が東海地域とは異なるとされる。近畿で有茎鏃が出土している遺跡は、滋賀県では滋賀里遺跡・小川原遺跡・小楽寺遺跡・金谷遺跡・土田遺跡、奈良県では橿原遺跡・丹治遺跡などがあるが、まとまって出土しているのは滋賀里遺跡と橿原遺跡である。滋賀里遺跡では、有茎鏃（報告ではⅣ類）と大型化の無茎鏃（同Ⅴ類）が最上層の黒色砂混泥土層の上層でしか出土しておらず灰褐色泥土層からの出土していないことから、「滋賀里Ⅲ〜Ⅴの時期に出現したものと考えられる」と報告されている。有茎鏃の占める比率は層中で2.5%程度である（田辺ほか1973）。また橿原遺跡では、620点のうち有茎鏃が55点（8.8%）出土していると報告されてい る（末永1961）。滋賀里遺跡・橿原遺跡では石器群の構造に有茎鏃が一定量組み込まれていたとも想定され、その出現が「点」的である可能性もある。今後、各遺跡での石鏃群全体をより詳細に検討する必要があろう。

中部高地・関東地域についていえば、「飛行機鏃」の展開が注目される。東海地域で発生したとするならば、時期差をそれほど置かずして、これらの地域にも広がっているともいえる。「有茎鏃」と「飛行機鏃」との関係は、文化の伝達は一方向ではなく相方に向かうことを示す事例として提示できよう。

(3) 弥生時代以降の石鏃

東海地域では、弥生時代中期後葉（凹線紋期）まで剥片石器製作が行われている。小型剥片石器でいうならば、縄文時代後晩期のように石鏃・楔形石器が多く見られることから、石鏃製作を中心とした状況が窺える。

形態的特徴では、尾張・三河地域では有茎鏃の割合が増加するようである。弥生前期を中心とする平手町遺跡（西志賀遺跡北東地点）では、無茎鏃7点に対し有茎鏃10点と、有茎鏃が6割弱を占める（永井編2002）。中期中葉貝田町式期を中心とする猫島遺跡では、石鏃250点のうち有茎鏃・柳葉鏃が145点と全体の6割弱を占める（洲嵜編2003）。石鏃の長身化など問題とすべき課題も多いが、石鏃の断面形状を見ると片面側が凸状を呈し、もう片面側が平坦になっているものが多く見られる。また、「瘤状残存部」をもつ石鏃・尖頭器類・石錐が多見される。縄文時代晩期中葉以降の石器製作状況が、弥生時代にも引き続きみられる可能性があり、今後より詳細な検討が必要であろう。伊勢地域では、若干様相が異なるようである。弥生前期の資料としては松ノ木遺跡例などあるが、石鏃資料数が多くない上に、有茎鏃がこれほど高い割合を占めないようである[14]。

(4) 今後の課題など

今回、遺跡ごとの石鏃製作状況の検討は行わなかった。小型剥片石器を製作していたとしても、(1)原石から、(2)粗割り状態の剥片から、(3)素材剥片から、(4)再調整のみ？ では、大きな差がある。これは活動の場としての遺跡の役割が反映されている可能性もある。今後、遺跡ごと、もしくは小地域単位での詳細な検討の積み重ねが必要となる。

また、今回は石鏃のみを取上げて検討した。主要な器種とはいえ小型剥片石器の一器種に過ぎない。楔形石器との関係の検討も十分に行うことができなかった。また、縄文後期以降、やや大型の剥片を利用するスクレイパー類が増加することが知られている。石器石材の使用状況を把握するには、これらとの関係の検討も今後の課題であろう。

使用石材についていえば、下呂石・サヌカイト・溶結凝灰岩・黒曜石の流通の状況をさらに詳細に検討する必

要がある。また、チャートの使用状況についても同様である。

鹿角製「根挟み」に関しても若干述べる。部分磨製石鏃類型Ⅶの出現との有機的関連を想定した（川添2004・2005）。しかし「根挟み」は晩期前葉にはすでに東海地域で使用されていた可能性がある。矢への装着に関して言えば、茎部が存在することからも極めて有茎鏃に近い。しかし、鏃を直接矢へ装着するのではなく、鹿角製の道具を介して装着するところに「根挟み」の存在意味がある。したがって、有茎鏃と無茎鏃に「根挟み」が装着されたものとは全くの同一ではないといえよう。

最後に、「研究会」で久保氏が提言された五角形鏃（無茎鏃）の遺跡間の保有差および時期的な形態の差についての検討を行えなかった。別の機会に改めて行いたい。

この小論を起こすにあたり、以下の方々から多くのご教示を賜った。特に馬場伸一郎氏には、松田順一郎氏の論文について多くのご教示を賜る機会があった。ここに感謝の意を表したい。
石黒立人・鬼頭　剛・佐藤由紀男・馬場伸一郎・堀木真美子・前田清彦・永井宏幸

註
（1）剝片石器類に関して、石鏃・楔形石器などを中心とする剝片石器類を「小型剝片石器」、打製石斧・礫器様石器・粗製剝片石器の類を「中型・大型剝片石器」と二分する。今回、主に分析対象とするのは「小型剝片石器」である。
（2）2004年12月4日（土）・5日（日）に行われた「第6回関西縄文文化研究会」を「研究会」と呼び、この時刊行された資料集『縄文時代の石器Ⅲ―関西の縄文後期・晩期―』を「資料集」と呼ぶ。以下、同じ。
（3）「部分磨製石鏃」に関する研究小史は拙稿（川添2005）を参考にされたい。
（4）遺漏・不適切な引用もあると思うが、ご容赦願いたい。
（5）各遺跡の所在地に関しては、ここ数年行われている「平成の大合併」以前の名称で統一した。
（6）愛知・岐阜・三重の資料に関しては、「資料集」に提示された点数をそのまま提示し、静岡・長野県の分は、川添が点数化した。若干基準に差があることは否めないものの、おおよその傾向を把握するには十分であると考えている。
（7）性質の異なる3グループの石器群の比較のため、数点の差は考慮しないこととする。
（8）東苅安賀道遺跡・住吉遺跡では出土石鏃総数が少ないため、他の事例と比べると比率結果が「安定的」ではないことを断っておく。
（9）「資料集」によれば、晩期後半でも滋賀里Ⅳ式期に属する石器群が含まれている可能性のある資料と考えられる。
（10）この類の「石鏃」については、装着などの関係から用途としての「石鏃」は想定しにくいとの意見もある。これは傾聴すべき指摘ではある。しかし、このようないわば「石鏃形」ともいうべき石器が出現すること自体も、注目すべき事柄として取上げるべきであろう。
（11）拙稿（川添2005）では、群馬県天神原遺跡・愛知県神明遺跡・同神谷沢遺跡・長崎県磨屋町遺跡などが遺漏していた。天神原遺跡では「類型Ⅱ」が、神明遺跡では「類型Ⅶ」が、神谷沢遺跡では「類型Ⅴ」の資料が報告されている。
（12）町田氏も指摘されているように「瘤状残存部」除去技術のそのものの介在については賛否が分かれるようで（町田1986）、明確な判断は難しい。
（13）石材名に関しては、報告されている名称の使用を基本としている。
（14）石黒立人氏のご教示による。

参考文献

石川日出志　1988　「伊勢湾岸地方における縄文時代晩期・弥生時代の石器組成」『〈条痕文系土器〉文化をめぐる諸問題』資料編Ⅱ・研究編。117～124頁。愛知考古学談話会。

石黒立人　1993　「突帯文土器期から条痕文系土器期の石器について」『突帯文土器から条痕文土器へ』72～73頁。第1回　東海考古学フォーラム豊橋大会実行委員会・突帯文土器研究会。

井鍋誉之編　2002　『勝田井の口遺跡』財団法人　静岡県埋蔵文化財調査研究所。

角張淳一　2001　「牛牧遺跡の剝片石器」『牛牧遺跡』138～150頁。愛知県埋蔵文化財センター。

川添和暁　2004　「「道具」からみる縄文晩期の生業―根挟みを中心に―」『研究紀要』5.1～14頁。愛知県埋蔵文化財センター。

川添和暁　2005　「縄文時代後晩期の石鏃について―部分磨製石鏃を中心に―」『研究紀要』6.18～33頁。愛知県埋蔵文化財センター。

久保勝正　2004　「縄文時代後期・晩期の石鏃について」『縄文時代の石器Ⅲ―関西の縄文後期・晩期―』31～40頁。関西縄文文化研究会。

小島　隆　1994　「東三河を中心とした石材素材の分布（1）―遠隔地から搬入された石材―」『三河考古』7.1～19頁。三河考古刊行会。

小島　隆　1995　「東三河を中心とした石材素材の分布（2）―地元で産出する石材―」『三河考古』8.1～12頁。三河考古刊行会。

小島　隆　2001　「石鏃の製作実験とその周囲」『三河考古』14.85～101頁。三河考古刊行会。

小宮山隆　1996　「縄文時代後晩期の石鏃多量化について」『考古学雑渉』82～108頁。西野元先生退官記念論文集。

齊藤基生　1986　「縄文時代晩期の部分磨製石鏃について」『古代文化』38-3.128～137頁。財團法人　古代學協會。

齊藤基生　1993　「下呂石―飛騨・木曽川水系における転石のあり方―」『愛知女子短期大学紀要・人文編』26.139～157頁。愛知女子短期大学。

齊藤基生　1994　「下呂石の移動」『愛知女子短期大学紀要・人文編』27.113～130頁。愛知女子短期大学。

信藤祐仁　1989　「局部磨製石鏃研究の現状と課題」『山梨考古学論集Ⅱ山梨考古学協会10周年記念論文集』67～93頁。山梨県考古学協会。

末永雅雄　1961　『橿原』奈良県教育委員会。

洲嵜和宏編　2003　『猫島遺跡』愛知県埋蔵文化財センター。

鈴木康二　2004　「「楔形石器」雑考」『縄文時代の石器Ⅲ―関

西の縄文後期・晩期―』51〜54頁。関西縄文文化研究会。

鈴木道之助　1974　「縄文時代晩期における石鏃小考―所謂飛行機鏃と晩期石鏃について―」『古代文化』26-7. 12〜32頁。財團法人　古代學協会。

鈴木道之助　1991　『図録　石器入門事典　縄文』東京　柏書房。

大工原豊　1990　「縄文時代後・晩期における局部磨製石鏃の展開と意義―縄文時代における石器研究の一試論―」『青山考古』8. 39〜57頁。青山考古学会。

大工原豊・林克彦　1995　「配石墓と環状集落―群馬県天神原遺跡の事例を中心として―」『信濃』47-4. 32〜54頁。信濃史学会。

田辺昭一ほか　1973　『湖西線関係遺跡調査報告書』湖西線関係遺跡発掘調査団。

田部剛士　2001　「石器石材の変遷と流通―主に愛知県の下呂石を中心に―」『三河考古』14. 1〜31頁。三河考古刊行会。

田部剛士　2004　「縄文時代後期・晩期の石材利用」『縄文時代の石器Ⅲ―関西の縄文後期・晩期―』93〜100頁。関西縄文文化研究会。

町田勝則　1986　「縄文時代晩期有茎鏃に関する一試論―製作技術の解明から―」『土曜考古』11. 89〜106頁。土曜考古学研究会。

永井宏幸編　2002　『平手町遺跡』愛知県埋蔵文化財センター。

松田順一郎　1999　「楔形両極石核の分割に関する実験―縄文時代晩期サヌカイト製打製石鏃製作技術の復元に向けて―」『光陰如矢　荻田昭次先生古稀記念論集』113〜134頁。「光陰如矢」刊行会。

湯浅利彦　1992　「「五角形鏃」少考―西日本における縄文時代晩期を中心とした打製石鏃の素描―」『真朱』創刊号. 39〜50頁。徳島県埋蔵文化財センター。

吉田英敏　2005　「第1部原始古代　第2章　縄文時代」『可児市史　第1巻　通史編　考古・文化財』21〜127頁。可児市。

近畿地方の黒曜石・下呂石

■久保　勝正　　（KUBO, katsumasa）

1. はじめに

近年、近畿・東海地方での石器石材研究が盛んである。縄文時代に関してみると、飴谷一（飴谷 1989）・山本直人（山本 1992）・齊藤基生（齊藤 1993・1994・2005）諸氏が下呂石、小島隆氏（小島 1993）が下呂石・黒曜石・サヌカイト、田部剛士氏（田部 2001〜2004）は主として下呂石・サヌカイト、山内基樹氏（山内 2002）がサヌカイト、神取龍生氏（神取 2004）が鳳来寺山一帯の石材、伊藤正人・水野裕之両氏（伊藤・水野 2002）が石器石材の考古学的な取り扱いの有効性について論じている。

石器石材研究が深化するなかにあって、小稿はそれらに寄与するものではなく、筆者が検索し得た範囲での黒曜石・下呂石出土遺跡の集成結果（表1〜表6）であり、今後これらの石器石材を取り扱うにあたっての筆者なりの検討課題を若干ながら示す程度のものである。したがって、時代・時期毎の石器石材のあり方・変遷を検討するものでもなく、新たな研究指針を提示するものでもない。

小稿で対象とする府県は、三重県・京都府・滋賀県・奈良県・大阪府・和歌山県である。当初は兵庫県も調査対象としていたが、怠慢がたたり検索が遅々として進まず、今回は分布図作成も含めて見送ることにした。また、原則公表済み資料を対象としたため、黒曜石・下呂石の出土が知られている遺跡でも未公表の場合は除外した。

なお、遺跡名の後の括弧内番号は一覧表（表1〜表6）にある各府県の「No.」に対応しており、参考文献もそこに示しているため、本文中では省略した。

2. 黒曜石・下呂石出土遺跡の様相

各府県の様相を概観するが、出土遺跡の多い府県の記述が中心となる。

（A）黒曜石

三重県78遺跡、滋賀県14遺跡、京都府23遺跡、奈良県5遺跡、大阪府6遺跡、和歌山県1遺跡で報告されている。産地の表記にあたっては、報告書等の記載に従った表記を採用しているため、一般的に長野県星ヶ塔は霧ヶ峰原産地群に包括されるが、ここでは「星ヶ塔産」「霧ヶ峰産」を併用することとする。

三重県では北勢地域、櫛田川・宮川流域、志摩半島を中心に報告されている[1]。理化学的分析により堀之内遺跡C地区（33）剥片1点、焼野遺跡（34）剥片1点、蛇亀橋遺跡（35）石鏃1点・剥片12点、天保遺跡（36）剥片1点が長野県霧ヶ峰産、浜井場遺跡（59）石鏃、大西遺跡（86）剥片、長尾遺跡（110）剥片3点が長野県星ヶ塔産、蛇亀橋遺跡（34）剥片1点が長野県和田峠産であることが分かっている。また、その他にも奥義次氏によって東京都神津島産が志摩半島にみられることが指摘されている（田村 1991）。

出土点数をみると発掘調査により長尾遺跡（110）で79点、贄遺跡（91）で20点、蛇亀橋遺跡（35）で13点、表面採集により下久具万野遺跡（88）で58点、御輿野遺跡（10）で30点以上といくつかの遺跡では2桁に上るが、多くの遺跡は数点にとどまっている。器種では大多数が小さな剥片・砕片の類であり、定型的な石器に限定すると、その多くは石鏃で、他に尖頭器・石匙・スクレイパー・楔形石器が僅かにみられるのみである。また、宮ノ前遺跡（29）・天白遺跡（40）・射原垣内遺跡（42）・下久具万野遺跡（88）・次郎六郎遺跡群（92）・登茂山西岸A遺跡（94）・御座白浜遺跡（108）では石核素材あるいは石核が出土しているが小型である。今のところ、一連の石器製作工程を示す十分な資料はなく、裏を返せば石器製作工程が限定される利用形態が一般的であったと予想される[2]。

時期的には現時点において確実に旧石器時代に認定できるものはない。明星牛場C遺跡（57）の尖頭器・尖頭状石器が旧石器時代に遡り得る可能性が指摘されているが（森田 2003）、縄文時代を含めて詳細な変遷をたどるには資料不足の感を否めない。

滋賀県では理化学的分析により弁天島遺跡（1）剥片？2点、磯山城遺跡（7）剥片6点、松原内湖遺跡（21）が島根県隠岐産、筑摩佃遺跡（8）7点、上出A遺跡（15）剥片1点が霧ヶ峰産、筑摩佃遺跡（8）1点が神津島産であることが知られる。隠岐産の東限が磯山城遺

跡（7）で、神津島産の西限が筑摩佃遺跡（8）ということになる。出土点数は弁天島遺跡（1）の13点を最多に、筑摩佃遺跡（8）が8点、磯山城遺跡（7）が6点、その他は数点にとどまる。器種では剥片・砕片と石鏃が中心となる。今のところ石核・石核素材が出土したという報告はないが、磯山城遺跡（7）や筑摩佃遺跡（8）のように剥片類で構成される点は、搬入のあり方を考えるうえで注目される。

京都府では理化学的分析により平遺跡（15）の資料が隠岐産であることが分かっている。肉眼観察によれば嗎岡遺跡（5）剥片1点・鹿谷遺跡（20）尖頭器1点が隠岐産、二子塚古墳（23）ナイフ形石器1点が信州産とされている。また、経塚古墳（13）台形石器？1点も色調の特徴として「漆黒」との形容がある。出土遺跡の多くが北半に位置していることからも、隠岐産黒曜石の広がりが想定されよう。器種では剥片・石鏃が中心で石核・石核素材は鶏冠井遺跡（25）・石田遺跡（26）で各1点が報告されている。

奈良県では理化学的分析により西坊城遺跡（2）石鏃1点が星ヶ塔産、桜ヶ丘第1地点遺跡（3）削器1点・RF2点が霧ヶ峰産であることが分かっている。肉眼観察においては、西坊城遺跡（2）の剥片1点が大分県姫島産、庵治遺跡（6）のスクレイパー1点が和田峠産と推察されている。現在のところ、西坊城遺跡（2）が姫島産黒曜石の東限となる。また、桐山和田遺跡（1）・宮の平遺跡（4）でも「黒曜石」と同定された多くの石器があるが、考古学的な取り扱いについては重大な問題をはらんでおり、これについては後述することにする。

大阪府では粟生間谷遺跡（2）剥片1点が理化学的分析で隠岐産と同定されている。肉眼観察では山之内遺跡（3）の旧石器時代に属する剥片1点が和田峠産、船橋遺跡（7）の「やや白っぽく不透明な」RF1点と「黒い透明質の」RF1点・剥片2点のうち後者が「長野県の黒曜石に近い印象を受ける」とされる。山ノ内遺跡B地区（4）では「灰黒色透明」の石鏃2点の他、12点の剥片・砕片が出土しているという。船橋遺跡（7）の「やや白っぽく不透明な」黒曜石の産地が気になるところである。

和歌山県では徳蔵地区遺跡（2）剥片1点が理化学的分析か肉眼観察か分からないが和田峠産であるとされる。

（B）　下呂石

三重県74遺跡、滋賀県13遺跡、奈良県1遺跡、大阪府2遺跡、和歌山県1遺跡で報告されている。

三重県では黒曜石同様に北勢地域から櫛田川・宮川流域、志摩半島に至る範囲を中心に出土している。ただし、黒曜石と違って「慣れ」がなければサヌカイトとの識別が困難で、十分な注意が払われていなければ結果としてサヌカイトに含まれてしまう。したがって、下呂石の出土遺跡数はさらに増えるものと考えられる。

時期的には旧石器時代に始まり、縄文時代草創期以降も連綿と続くが、ピークは後期後半以降と考えられる。出土点数をみると、天白遺跡（40）で253点、大原堀遺跡（44）で78点、西江野A遺跡（18）で石鏃43点以上、四ツ野B遺跡（30）で数十点、長尾遺跡（110）で14点と2桁以上の出土遺跡がいくらかあるものの、報告された遺跡の状況は不詳もしくは数点にとどまるものである。

器種のあり方をまず発掘調査による天白遺跡（40）と大原堀遺跡（44）でみてみよう。天白遺跡（40）は縄文時代後期後半の遺跡であるが、253点の内訳は石鏃20点、石錐4点、削器5点、楔形石器59点、RF13点、UF55点、剥片・砕片91点、石核6点となる。礫表の特徴から転石を利用していることは分かるが、どのような形で持ち込まれているのかは接合資料もなくはっきりしない。石核や楔形石器、削器をみる限りにおいて、少なくとも円礫もしくは分割礫を利用して剥片剥離作業を行っていたこと、6cm以上の剥片が生産もしくは搬入されたことは間違いない。大原堀遺跡（44）は縄文時代晩期後半中心の遺跡で、整理途中ではあるが下呂石78点の内訳は石鏃13点、石錐1点、楔形石器13点、UF7点、剥片44点である。注目すべきは石鏃13点中、有茎・無茎が欠損により不明な5点を除く8点のうち、7点が五角形鏃（有茎・無茎）であることで、五角形鏃と下呂石の親近性がうかがわれる。また、楔形石器では下呂石が38.2％を占め、サヌカイトの26.5％を超えている。縄文時代草創期爪形文期の西江野A遺跡（18）は表面採集資料であるため本来の石器組成は分からないが、石鏃89点の内訳は下呂石43点、チャート33点、サヌカイト11点、その他2点となり、下呂石が半数近くを占める。四ツ野B遺跡（30）ではナイフ形石器1点、石鏃8点、楔形石器4点などの製品や多くの剥片・砕片が採集されている。その他、個別に遺跡をみると西ノ岡A遺跡（17）・北野遺跡（49）・カリコ遺跡（81）・鞍ヶ迫間地遺跡（50）・出張遺跡（58）でナイフ形石器が、御池古墳群1号墳（12）・高原遺跡（鶴岡・雁沢周辺19）・名越遺跡（26）では有茎尖頭器が出土している。

滋賀県では琵琶湖東部が下呂石の分布域である。時期的には旧石器時代の石器は確認されておらず、現時点においては磯山城遺跡（7）の石鏃4点が縄文時代早期にさかのぼる可能性をもつ。器種は金屋遺跡（11）で縄文時代晩期の有茎鏃1点が、弥生時代中心の立花遺跡（9）で石鏃3点（うち1点が有茎鏃）がみられるが、他の遺跡では剥片・砕片が中心である。ただし、三重県同様に下呂石として抽出されずサヌカイトに含まれてしまっている資料も存在すると考えられ、「埋もれた下呂石」の洗い出しとともに、実態把握が今後の課題であろう。

京都府では唯一、縄文時代前期の例幣遺跡（1）で石鏃1点が出土しているのみである。遺跡は京都府南部、木津川右岸の恭仁京内に位置しており、三重県・奈良県

の木津川支流域に下呂石製の石器が出土した縄文時代草創期・早期の3遺跡が存在することから、伊賀盆地あるいは大和高原を経てもたらされたと考えられよう。

奈良県では大和高原の桐山和田遺跡（1）で石鏃2点が出土している。同じ大和高原に位置する縄文時代草創期～早期の上津大片刈遺跡（米川2003）で、報告書においてパリノ・サーヴェイ（株）（以下、パリノと略す）の肉眼観察によりホルンフェルスと同定された尖頭器の石材は、筆者は実見した限りにおいて下呂石と類似する質感をもった石材と認識している。

大阪府では縄文時代後期後半の向出遺跡（6）剥片1点と郡戸遺跡（8）石鏃1点が理化学的分析により下呂石と同定された。

和歌山県でも弥生時代の荒田遺跡（1）で石鏃1点が下呂石とされる。

3. 黒曜石認定の混乱

ここでは具体的な遺跡を取り上げて黒曜石認定の混乱について述べておきたい。まず、三重県志摩市の長尾遺跡（110）である。縄文時代前期主体の遺跡で8166点の石器が出土している。しかも、排土はすべて篩い掛けされており、本来遺跡に残された石器はほぼすべて回収されたといえる。重複するが、筆者が報文で記した内容を若干の補足を加えて示しておく。石器の石材分析は、パリノが典型的な黒曜石の剥片・砕片3点を蛍光X線で、大部分を肉眼観察で行っている。その結果、蛍光X線分析で長野県星ヶ塔産と同定された3点を含む382点が黒曜石と認定された。筆者は長尾遺跡（110）の石器整理に関わる機会を得、器種分類を行うなかで、黒曜石とされた石器に注視し、最終的にはパリノが黒曜石とした382点の大部分がチャートであり、黒曜石は79点にとどまると判断した。

パリノが黒曜石に分類した剥片・砕片のほとんどは、白色、灰色、半透明の地に黒色が筋状に混じるような、表面の質感もチャートと似たもので、筆者自身がこれまでためらうことなくチャートと判別してきた石材である。三重県において確認された黒曜石といえば、筆者の知る限り黒色・透明を呈する典型的なもので、「チャートと混同するような黒曜石が存在する」といった認識を筆者はもっていない。それは、チャートと黒曜石のリングやフィッシャーの肉眼比較においてその違いが明瞭であり、加えて乳灰色・灰白色を呈する大分県姫島産黒曜石とも質感が異なっているからである。パリノ分析には「火打石は白黒チャートの岩塊で、半透明の地に黒色の筋模様を有し貝殻状断口を示す特徴がある。石器として出土するチャートもこの特徴を有するものが多く見られ、一部は黒曜石と紛らわしい外観を呈している。」と黒曜石似のチャートについての記述があるが、チャート似の黒曜石に関しては一切触れられておらず、「当地方には黒曜石の産地が知られていないため異地性岩石と判断される」とあるのみである。既に周知の産地に同定できるものなのか、未知の産地が存在する可能性が高いのか、そこでは明らかにされていない。少なくとも、これまでに周知されていない特徴をもつ資料である以上、何らかの説明があって然るべきであると考える。

なお、パリノが黒曜石と分類したうちの約80点を別の岩石専門家に肉眼鑑定をお願いしたところ、筆者がチャートと考えるものは「九分九厘チャートであろう」とのことであった。ただし、その妥当性については今後の同定に同様の混乱を来さないようにすることも含めて、理化学的な分析を行うことが望ましいとの指摘があった。

次に奈良県の桐山和田遺跡（1）と宮の平遺跡（4）を取り上げる。両遺跡とも奥田尚氏が肉眼観察を行い、前者では有茎尖頭器4点・石鏃12点・掻器（楔形石器？）2点が「黒曜石」「黒曜石？」、後者では早期に属する石鏃2点・RF1点・UF3点・剥片6点が「黒曜石　宝来寺山？」「黒曜石」と同定されている。筆者はかつて桐山和田遺跡（1）の石鏃を中心に実見したことがあるが、自身のノートには「黒曜石」というメモはなく、黒曜石とされた石鏃のいくらかは「チャート」とメモしている。同様に、有茎尖頭器についてもチャートとの認識しかもち得ていなかった。

ところで、2001年に奈良県立橿原考古学研究所附属博物館で開催された特別展の図録『縄文文化の起源を探る―はじめて土器を手にしたひとびと―』に石材に関する興味深い記述がある。それは、奥田氏が県内有茎尖頭器の肉眼観察を行った結果、従来チャートとされた9点の石材のうち8点が流紋岩に、1点が酸性凝灰岩に同定されたことである。しかし、2002年に刊行された『桐山和田遺跡』（松田ほか2002）では、先の文献で「流紋岩」とされた有茎尖頭器の基部片1点が「黒曜石」に同定されている。奥田氏は報文で「黒曜石：色は灰色・暗灰色である。（略）灰色を示すものは姫島や愛知県の蓬莱寺山にみられる。」と述べる。

宮の平遺跡（4）で「黒曜石　宝来寺山？」とされた石器についても、『宮の平遺跡Ⅱ』（橋本2003）にはそれがどのような石材を指すものなのか触れられてはいないが、写真図版をみる限りにおいては典型的な黒曜石ではなく、これまでチャートとされていた石材に近いものと思われる。ただし、『宮の平遺跡Ⅲ』（橋本・南部2004）のなかで奥田氏は「流紋岩：（略）色は灰白色で、透明である。（略）三河の鳳来寺山に分布する流紋岩や流紋岩質溶結凝灰岩の岩相の一部に似ている。この石はチャートや灰色の黒曜石とされていることが多い。」と述べていることから、「チャート≒流紋岩≒流紋岩質溶結凝灰岩≒黒曜石」という公式が成立し、筆者のような岩石素人の頭の中ではたちまち理解不能となってしまう(3)。

さて、奥田氏の一連の記述から「黒曜石」とされた石材の行き着く先は、「天狗棚黒曜石」ではなく、鳳来寺

山一帯の松脂岩（溶結凝灰岩）であろうか。松脂岩の色は、黒色・灰色・緑色・オリーブ色・赤褐色など多様な質感をもっている。典型的な黒曜石と色合いの似た松脂岩は石器には適さないもので、新鮮な割れ面がチャートと紛らわしい質感をもつ松脂岩も、大部分が白く風化するため考古遺物であるならばチャートとの区別は可能であるという。また、神取龍生氏は鳳来寺山一帯を踏査し、石器石材に適した溶結凝灰岩・頁岩・流紋岩の存在を明らかにするとともに、風化による白色化によって剝片石器の石材同定・産地同定が非常に困難であることも述べている（神取2004）。したがって、愛知県東部（三河）に限っていえば「チャート≒流紋岩≒流紋岩質溶結凝灰岩≒黒曜石」という公式は考古遺物を肉眼観察するうえでは成立し難いといえよう。ちなみに、長尾遺跡（110）でパリノが流紋岩・デイサイトと同定した石器は白色緻密質・灰白色緻密質の岩質を有し、風化が顕著であり、奈良県の有茎尖頭器で流紋岩とされたチャート似のものとは質感が全く異なる。

このように、岩石専門家による石材鑑定・分析結果が、必ずしも考古学的な石器石材理解において十分に有効性をもち、活用されているとはいえない状況にある。そうであるならば、考古学側が「石材の共通認識を形成」し、「考古学的に有効な認識・分類」（伊藤・水野2002）をもち得るためにも、考古学側の石材鑑定・分析の意図を岩石専門家に明確に示すことが必要であろう[4]。

4. 下呂石の搬入ルート

下呂石の三重県・滋賀県への搬入を、木曽川流域の転石のあり方から論じたのは齊藤基生氏である（齊藤1994）。取り上げられた遺跡は三重県鈴鹿市の上箕田遺跡（22）と滋賀県米原市筑摩佃遺跡（8）と立花遺跡（9）の3遺跡であるが、円礫面の特徴から、愛知県木曽川町付近の転石が利用されたであろうことを指摘している。

筆者はかつて、三重県における縄文時代晩期後半の有茎五角形鏃が南勢地域、志摩半島を中心に分布し、天保遺跡（36）・大原堀遺跡（44）・長尾遺跡（110）では下呂石製が存在していることから、有茎五角形鏃が「渥美半島付近→櫛田川・宮川流域およびその周辺、志摩半島」というルートでもたらされた可能性が強いこと、そしてまずは下呂石製の完成品がもたらされ、それをサヌカイトで模倣したとも考えられることを述べた（久保2004）。

他方、滋賀県琵琶湖東部への搬入は、出土遺跡分布のあり方から、齊藤氏が指摘するように（齊藤1994）、岐阜県不破郡関ヶ原町から米原市に抜けるルートが中心であろう[5]。金屋遺跡（11）の有茎五角形鏃が下呂石製である点は、同形態の東から西への波及を考えるうえで興味深い。

今回の集成で明らかなように、三重県の下呂石出土遺跡の分布は北勢地域から南勢地域、志摩半島に至る伊勢湾西岸、伊賀地域と広範囲である。そのあり方からは、下呂石が北勢地域→中勢地域→南勢地域・志摩半島、北勢地域→中勢地域→伊賀地域という北から南進するルートのみでもたらされたとは考えにくい。縄文時代後期から晩期にかけて、三河で下呂石に対する依存度が高くなり、サヌカイトが伊勢湾を介して渥美半島に多くもたらされている状況（小島1993）をも鑑みるならば、伊勢湾を介した三重県への搬入ルートを伊勢湾東岸の状況を踏まえて検討しなければならない[6]。さらに、供給源についても、木曽川町付近の転石のみではなく、湯ヶ峰により近いところから大きめの石材が分割されるなりして搬入された可能性も十分考慮する必要があろう。

三重県・滋賀県以西では大多数の遺跡で一連の石器製作工程を示す資料がなく、石鏃などの完成品と剝片・砕片が中心であることから、多くの遺跡では完成品のみの搬入、完成品と小型剝片石器製作可能な剝片の搬入が一般的であったと考えるが、天白遺跡や森添遺跡のような大規模遺跡を介した形での流通なのか、時期的なあり方も含めてデータ蓄積と検討が必要である。

5. おわりに

今回は、遺漏を承知のうえで近畿地方では稀少な存在である黒曜石・下呂石を中途半端に取り扱ったが、本来近畿地方ではチャート、金山産サヌカイト・二上山産サヌカイトなどが剝片石器における主たる重要な石器石材であり、これらのあり方を無視して黒曜石・下呂石のみを追求しても、当時の物流のある一断片をみているに過ぎない。今後、自身の石器認識を深めるためにも素人なりに石器石材に注視していきたい。

小稿を記すにあたり、東三河の石材については鳳来寺山自然科学博物館長の横山良哲氏、同学芸員の加藤貞亨氏に石材を目の前にしての懇切丁寧なご指導を頂いた。また、神取龍生氏には私信において数々ご教示頂き、齊藤基生氏、川合剛氏、伊藤正人氏にはご教示を頂いたばかりか、種々便宜を計っていただいた。田村陽一氏には佐々木武門氏所蔵資料の整理に係る石器台帳を拝見させて頂くことにより、図録にある石器石材の照合を行うことができた。また、以下の方々からも石器石材確認・情報や文献入手などについてご高配を賜った。記して深謝いたします。

大下明・田部剛士・岡田憲一・中村健二・瀬口眞司・鈴木康二・橋本清一（順不同・敬称略）

註
(1) 田村陽一『佐々木武門 考古資料図録』に収録された遺跡からは、写真掲載されたもの以外にも多くの黒曜石・下呂石が出土しているが未発表であり、現時点での分布・出土状況の理解を大きく変えるものではないとの判断から小稿では触れていない。

(2) 森田幸伸氏は明星牛場C遺跡出土の礫面残存剝片の存在から、「木葉形尖頭器が製品単独で搬入されたものではなく、黒曜石円礫の状態で当地へ持ち込まれ、円礫から石器を作り出した製作工程を示すものと考えられる。」とするが（森田2004）、筆者は旧稿（久保2003）で述べた観点から、円礫を搬入しての尖頭器製作工程の存在を認めることには消極的である。
(3) 『宮の平遺跡Ⅲ』では、奥田尚氏により切目石錘の採石推定地も示されている。そこでは461点中、紀ノ川（吉野川）上流が98点、中流が9点、下流が143点、河口が122点、不明等89点と、より遠方の石材が多く利用されているという、考古学側にとって看過できない結果であり、今後この結果をどのように理解・検討するのかは課題である。
(4) 岡田憲一氏は「自然科学分析報告に対する評価と総合的考察」『西坊城遺跡Ⅱ』の中で、理化学的分析による黒曜石の原産地推定のための対比資料の不備を指摘している。こうした一節が設けられること自体きわめて重要である。
(5) 植田文雄氏が述べる（植田2003）ような「川筋」を無視するものではない。今後の資料蓄積が望まれる。
(6) 南勢地域・志摩半島では黒曜石・下呂石以外に東三河産出地の石器石材の搬入の可能性をも視野に入れなければならないであろう。また、滋賀県に搬入の顕著な金山産サヌカイトは三重県ではどうなのか、報告済石器も含め、その洗い出しが必要である。

参考文献

飴谷　一　1989　「五条川流域における「下呂石」の分布について」『年報　昭和63年度』（財）愛知県埋蔵文化財センター

伊藤正人・水野裕之　2002　「東海地方の石器石材について―名古屋からの視点―」『三河考古』第15号　三河考古学談話会

植田文雄　2003　「山・川・湖、縄文時代の道を考える―琵琶湖地方の遺跡と運搬具・はきものの検討から―」『関西縄文時代の集落・墓地と生業』関西縄文論集1　六一書房

神取龍生　2004　「鳳来寺山一帯における石材踏査報告―踏査結果からみえてくること―」『東海石器研究』第2号　東海石器研究会

久保勝正　2003　「紀伊半島東部における石器石材利用のあり方（予察）その1―三重県の縄文時代草創期・早期のサヌカイトを中心に―」『関西縄文時代の集落・墓地と生業』関西縄文論集1　六一書房

久保勝正　2004　「縄文時代後期・晩期の石鏃について」『縄文時代の石器Ⅲ―関西の縄文後期・晩期』関西縄文文化研究会

小島　隆　1993　「第Ⅴ章　第Ⅲ節　東三河地方を中心とした石鏃素材の分布と流れ」『麻生田大橋遺跡発掘調査報告書』豊川市教育委員会

小島　隆　1995　「東三河を中心とした石鏃素材の分布（2）―地元で産出する石材」『三河考古』第8号　三河考古学談話会

齊藤基生　1993　「下呂石―飛騨・木曽川水系における転石のあり方―」『愛知女子短期大学研究紀要　第26号　人文編』愛知女子短期大学

齊藤基生　1994　「下呂石の移動」『愛知女子短期大学研究紀要　第27号　人文編』愛知女子短期大学

齊藤基生　2002　「第4章　特論　第2節　石器の石材」『愛知県史　資料編1　旧石器・縄文　考古Ⅰ』愛知県

齊藤基生　2005　「下呂石の動き」『地域と文化の考古学Ⅰ』六一書房

田部剛士　2001　「石器石材の変遷と流通―主に愛知県の下呂石を中心に―」『三河考古』第14号　三河考古学談話会

田部剛士　2002　「縄文時代草創期・早期の石材利用」『縄文時代の石器―関西の縄文草創期・早期―』関西縄文文化研究会

田部剛士　2002　「近畿地方における金山産サヌカイトの利用について」『粟生間谷遺跡　旧石器・縄紋時代編』（財）大阪府文化財センター

田部剛士　2003　「縄文時代前期・中期の石材利用」『縄文時代の石器Ⅱ―関西の縄文前期・中期―』関西縄文文化研究会

田部剛士　2004　「縄文時代後期・晩期の石材利用」『縄文時代の石器Ⅲ―関西の縄文後期・晩期―』関西縄文文化研究会

光石鳴巳　2001　『縄文文化の起源を探る―はじめて土器を手にしたひとびと―』奈良県立橿原考古学研究所附属博物館

山内基樹　2002　「滋賀県における剝片石器石材」『往還する考古学』近江貝塚研究会

山本直人　1992　「縄文時代の下呂石の交易」『名古屋大学文学部研究論集　史学　38』名古屋大学文学部

表1 黒曜石・下呂石出土遺跡一覧表（1）

三重県

No.	遺跡名	所在地	時期	黒曜石	下呂石	石器の器種・数量・石材産地等	文献
1	寺山遺跡	桑名市多度町北猪飼字寺山	旧石器時代・縄文時代	○	○	黒曜石：剥片・砕片、尖頭器（和田峠産？）、下呂石：尖頭器1、掻器1、剥片・砕片	岡田登編『多度町史 資料編』多度町 2002
2	宮ヶ平A遺跡	桑名市多度町古野字宮ヶ平	縄文時代		○	石鏃1	同上
3	多度B遺跡	桑名市多度町多度字西城ほか	縄文時代後期・晩期		○	石鏃1	同上
4	権現坂遺跡	いなべ市北勢町東村字田外面	縄文時代後期・晩期		○	UF1	清水正明・森川幸雄・角正芳治『権現坂遺跡』三重県埋蔵文化センター 2002
5	冠江町内遺跡	いなべ市北勢町阿下喜字寛正寺以内	縄文時代後期初頭中心		○	UF1	角正芳治・穂積裕昌ほか『寛正寺以内遺跡発掘調査報告書』三重県埋蔵文化財センター 2003
6	中山遺跡	いなべ市員弁町中山字宮之西		○		石鏃、剥片・砕片数点	並河豊『続 員弁郡治田村字中山遺跡』第3号 三重県員弁高等学校郷土研究部 1950
7	北野遺跡	いなべ市員弁町上笠田	縄文時代前期後半中心、後期・晩期僅少	○	○		鷲野愛敬『北野遺跡発掘調査報告書』員弁町教育委員会 1981
8	頃末遺跡	いなべ市藤原町山口	縄文時代前期～		○	剥片2	小栗鑑浩「第3章 藤原町の生いたち（先史時代）」『藤原町史』藤原町 1992
9	上中山遺跡	いなべ市藤原町坂本	縄文時代中期		○	剥片3	同上
10	御瀬興野遺跡	いなべ市藤原町長尾	縄文時代草創期～中期		○	石鏃2、剥片30以上	同上
11	山中遺跡	いなべ市藤原町東禅寺	縄文時代		○	剥片3	同上
12	御池古墳群1号墳墳丘下	四日市内坂部田	縄文時代		○	有茎尖頭器1	春山井恒・新田剛『御池古墳』四日市市遺跡調査会 1993
13	野石田遺跡	四日市市北勢町字野石田・字大塚敷	縄文時代		○	石鏃、剥片・砕片	岡田登『四日市市史 第2巻 史料編 考古1』四日市市 1988
14	一ノ高丘遺跡	四日市市桜町字一ノ高丘	縄文時代・弥生時代		○	石鏃、剥片・砕片	同上
15	西沖遺跡	四日市市水沢町字北起・字海沖	縄文時代？		○	楔形石器	同上
16	笹原遺跡	四日市市山田町字笹原	旧石器時代		○	石鏃	岡田登「北勢地方の旧石器時代遺跡─四日市市内の遺跡─に関連して」『四日市市史研究』日市市 1990
17	西ノ岡A遺跡	四日市市高岡町西ノ岡	旧石器時代		○	ナイフ形石器2	岡田登「北勢地方の旧石器時代遺跡─四日市市内の遺跡─に関連して」『四日市市史研究』第3号 四日市市 1990、岡田登「津市高茶屋四ツ野B遺跡採集の旧石器・縄文時代遺物について」『皇學館大学文学部紀要』第41輯 皇學館大学 2002
18	西江野A遺跡	三重郡菰野町千草字西江野	旧石器時代草創期		○	石鏃43以上	久保勝正「石鏃形態とその変遷─サヌカイト分布偏りからみた様相」『関西縄文時代の草創期・早期』関西縄文研究会 2002
19	高原遺跡（鴨岡・雁沢周辺）	三重郡菰野町鶴岡・雁沢	縄文時代草創期		○	有茎尖頭器1	久保勝正「三重郡菰野町鶴岡・雁沢周辺出土の有茎尖頭器記」『矢根石記』第13号 三重 1997
20	椿一谷遺跡	鈴鹿市椿・宮司主ヶ野	縄文時代？		○	石鏃	井上元夫 5. 椿・宮谷遺跡「IV 東名阪道路整備関係文化財発掘調査報告1」三重県教育委員会ほか 1970
21	西山遺跡	鈴鹿市岡山町西川	縄文時代中期末～晩期	○	○	「剥片が多数出土」の記載あり	中森成行「IV 西川遺跡の調査」『郡山遺跡群発掘調査報告1』鈴鹿市教育委員会 1983
22	上箕田遺跡	鈴鹿市中箕田字上月	縄文時代晩期		○	剥片1	新田剛『上箕田遺跡』鈴鹿市教育委員会 1993
23	大新田遺跡	鈴鹿市稲田町大新田	縄文時代	○		黒曜石：石鏃1、下呂石：尖頭器（有茎尖頭器？）1	新田剛「中ノ川周辺採集の石器」『第3回鈴鹿市埋蔵文化財展 中ノ川流域の考古学』鈴鹿市教育委員会 1993
24	乙部遺跡	鈴鹿市御園町乙部	旧石器時代？		○	剥片	同上
25	今村A遺跡	鈴鹿市稲生町今村	縄文時代		○	石鏃1	同上
26	名越遺跡	亀山市田村町名越	縄文時代草創期		○	有茎尖頭器1	大場磐久『三重県出土の有茎尖頭器』『古代文化』第20巻第8・9号 古代學協会 1968
27	大石遺跡	安芸郡芸濃町椋本	縄文時代中期		○	楔形石器1	森川幸雄『大石遺跡』平成3年度養備地域文化財発掘調査報告 第1分冊『三重県埋蔵文化センター』1992
28	西出遺跡	安芸郡美里村三郷字西出	縄文時代早期前半		○	石鏃1	久保勝正「西出遺跡出土の縄文時代早期～晩期の石器群について」『研究紀要』第11号 三重県埋蔵文化財センター 2002
29	宮ノ前遺跡	津市長岡町宮ノ前	縄文時代	○		RF1、石枝1	本堂弘之・穂積裕昌ほか『宮ノ前遺跡IV.大古曽遺跡・山篭遺跡・宮ノ前遺跡発掘調査報告』三重県埋蔵文化センター 1995
30	四ツ野B遺跡	津市高茶屋小森町四ツ野	旧石器時代・縄文時代		○	ナイフ形石器1、石鏃7、石鏃未製品1、剥片・砕片18%（約300点中）、楔形石器4	岡田登「津市高茶屋四ツ野B遺跡採集の旧石器・縄文時代遺物について」『皇學館大学文学部紀要』第41輯 皇學館大学 2002
31	八幡遺跡	一志郡白山町北家城字八幡	旧石器時代草創期～		○	剥片2	森川幸雄『三重県下種文時代初頭石器群の一様相─志郡白山町八幡遺跡の石器群─』『皇學館研究紀要』斎宮歴史博物館 1992
32	釜生田遺跡	松阪市嬉野釜生田町	縄文時代早期～晩期		○	石鏃1	三重県教育委員会『釜生田遺跡 現地説明会資料』1988
33	堀之内遺跡C地区	松阪市嬉野堀之内町	縄文時代中期末～晩期	○		剥片1（霧ヶ峰産）	田村陽一『堀之内遺跡 C地区』三重県埋蔵文化財センター 1991
34	焼野遺跡	松阪市嬉野鳥田町	縄文時代晩期初頭		○	剥片1（霧ヶ峰産）	同上
35	蛇亀楢遺跡	松阪市嬉野鳥田町	縄文時代中期末、晩期末	○	○	黒曜石：石鏃1（霧ヶ峰産）・剥片12（霧ヶ峰産）・砕片1、下呂石：石鏃2	同上

近畿地方の黒曜石・下呂石（久保）

表2 黒曜石・下呂石出土遺跡一覧表（2）

No.	遺跡名	所在地	時期	黒曜石	下呂石	石器の器種・数量・石材産地等	文献
36	天保遺跡	松阪市嬉野鳥田町	縄文時代晩期末	○		黒曜石：剥片1（隠ヶ峰産）、下呂石：石鏃（有茎鏃）1	田村陽一『天保遺跡 E地区』三重県埋蔵文化センター 1991、田村陽一『堀之内遺跡 C地区』三重県埋蔵文化財センター 1991
37	中尾垣内遺跡	松阪市嬉野下之荘町中尾垣内	縄文時代		○	石鏃1	皇學館大学考古学研究会『嬉野町の遺跡』1989
38	馬ノ瀬遺跡	松阪市嬉野天花寺町須ノ坂	縄文時代？		○	石鏃1	伊勢野久好ほか『天花寺山ー志里ー嬉寺町』嬉野町遺跡調査会 1991
39	下沖遺跡	松阪市嬉野宮野町下沖	縄文時代後期後半		○	石鏃	和氣清章『下沖遺跡発掘調査報告』嬉野町教育委員会 2000
40	天白遺跡	松阪市嬉野釜生田町天白	縄文時代後期後半	○	○	黒曜石：石核素材1、下呂石：石鏃20、石錐4、削器5、楔形石器59、RF13、UF55、剥片、砕片91、石核6	森山高雄・大下明・久保勝也『天白遺跡』三重県埋蔵文化センター 1995
41	筋違遺跡	松阪市嬉野新屋庄字筋違	弥生時代前期		○	石核2	川崎志乃ほか『防潟遺跡発掘調査報告』三重県埋蔵文化センター 2004
42	射原垣内遺跡	松阪市中万町字射原垣内	縄文時代早期・後期		○	石鏃1	松阪市教育委員会『射原垣内遺跡発掘調査報告』松阪市埋蔵文化財センター 1980
43	上ノ広遺跡	松阪市広瀬町字上ノ広	縄文時代		○	剥片1	田村陽一『堀之内遺跡 C地区』三重県埋蔵文化センター 1991
44	大原堀遺跡	松阪市安瀬町大原堀・森下	縄文時代後期・晩期		○	石鏃13、石錐1、楔形石器13、UF7、剥片44	小須賀憲一『大原堀遺跡の出土石器『縄文時代の石器III―関西の縄文時代後期』関西縄文前期・中期―』関西縄文文化研究会 2004
45	山添遺跡	松阪市安瀬町字南出	縄文時代前期	○			小須賀憲一『山添遺跡の石器―出土石器中の傾向と使用石材』『縄文時代の石器II―関西の縄文前期・中期―』関西縄文文化研究会 2003
46	チカネ場西遺跡	松阪市飯南町横野字チカネ場	縄文時代		○	石鏃片	奥義次『第1章 原始』『飯南町史』飯南町役場 1984
47	宮ノ東遺跡	松阪市飯高町赤稲字宮ノ東	縄文時代後期		○	石鏃	奥義次『第1章 原始』『飯高町郷土誌』飯高町 1986
48	高皿遺跡	多気郡多気町四正田字高皿・池の下	縄文時代草創期・早期	○			松葉和也・山田猛『高皿遺跡発掘調査概報』三重県埋蔵文化センター 1996
49	北野遺跡へへら地区	多気郡明和町斎村	旧石器時代		○	ナイフ形石器1	森山幸伸『大仏山丘陵とその周辺のナイフ形石器について』『研究紀要』第1号 三重県埋蔵文化財センター 1992
50	鞍ヶ迫明地遺跡	多気郡明和町斎村字中田	旧石器時代		○	ナイフ形石器1	同上
51	シンケ池遺跡	多気郡明和町斎村字打越	縄文時代		○	石鏃	皇學館大学考古学研究会『明和町の遺跡と遺物』1987
52	上村遺跡	多気郡明和町上村字漬越ほか	縄文時代・縄文時代		○	剥片	同上
53	コドノ入遺跡	多気郡明和町馬之上字須賀コドノ	縄文時代晩期		○	黒曜石：石鏃？1、下呂石：石鏃（有茎鏃）1	同上
54	栗垣内遺跡	多気郡明和町明星字栗垣内	縄文時代		○	「下呂石は有茎石鏃の大半に使用」との記述あり。	同上
55	須賀ヶ広遺跡	多気郡明和町明星字須賀ヶ広	縄文時代		○	剥片	同上
56	明星牛場A遺跡	多気郡明和町明星字牛場	旧石器時代・縄文時代		○	石鏃	同上
57	明星牛場C遺跡	多気郡明和町明星字牛場	旧石器時代・縄文時代	○	○	尖頭器2、石鏃1、剥片4	森山幸伸『三重県明和町牛場A遺跡採集の旧石器』『旧石器考古学』38 旧石器文化談話会 1989
58	出鼻遺跡	多気郡明和町大台町坊家字出鼻	旧石器時代		○	ナイフ形石器2	奥義次ほか『上出山遺跡発掘調査報告 王城町』1985、岡田登『津市高茶屋四ツ野B遺跡採集の旧石器・縄文遺物について』『皇學館大学文学部紀要』第41輯 2002
59	浜井場遺跡	多気郡勢和村波多瀬	縄文時代中期前半	○	○	黒曜石：石鏃（星ヶ塔産）、下呂石：石鏃、丸い転石を打ち割った母岩	奥義次『第2編 勢和村の考古遺跡』『勢和村史 資料編2』勢和村 2001 皇學館大学史学部紀要 2004
60	立岡遺跡	多気郡勢和村片野	縄文時代早期～中期・晩期		○	石鏃	同上
61	山ノ垣内遺跡	多気郡勢和村片野	縄文時代早期～晩期		○	石鏃	同上
62	小久A遺跡	多気郡勢和村片野	縄文時代前期～晩期		○	剥片	同上
63	井戸A遺跡	多気郡勢和村波多瀬	縄文時代後期		○	剥片	奥義次『第2編 勢和村の考古遺跡』『勢和村史 資料編2』勢和村 2001、西村和也『井尻遺跡の発掘調査報告』『勢和村史 資料編2』勢和村 1996
64	稼通電遺跡	多気郡勢和村片野	縄文時代前期後半		○	黒曜石：石匙1、下呂石：少し	奥義次『第2編 勢和村の考古遺跡』三重県埋蔵文化センター 1999
65	アカリ遺跡	多気郡勢和村片野	縄文時代前期後半～中・後期、晩期／弥生、弥生時代		○		カリ遺跡発掘調査報告』三重県埋蔵文化センター
66	ホシダ遺跡	多気郡勢和村片野	縄文時代晩期		○	黒曜石：石鏃（有茎鏃）	田村陽一大下明『片野殿垣内遺跡発掘調査報告』勢和村教育委員会 2001、大下明『関西における縄文時代後期・晩期石器群の概要について』『縄文時代の石器III―関西の縄文晩期―』関西縄文文化研究会 2004
67	下モ切遺跡	多気郡宮川村大井字下モ切	縄文時代後期		○	剥片	奥義次『第2編 通史 第1章 原始』『宮川村史』宮川村 1994
68	湯倉遺跡	多気郡宮川村小滝字湯倉	縄文時代？		○	石鏃	同上
69	不動前遺跡	多気郡宮川村天ヶ瀬字不動前	縄文時代？		○	剥片	同上
70	隠岡遺跡	伊勢市楠部町字隠岡	縄文時代		○	剥片（約4cm四方の大きさ）	岩内明子編『伊勢を掘る―近年の発掘の遺跡と遺物―』伊勢市立郷土資料館 1992
71	大床C遺跡	伊勢市宇治今在家町高麗広字大床谷	旧石器時代・縄文時代	○	○	石鏃、剥片・砕片	岡田登『五ヶ鈴山上流域の遺跡と遺物』『皇學館大学史学』第25輯 1987
72	大床D遺跡	伊勢市宇治今在家町高麗広字大床谷	縄文時代早期・後期・晩期		○	剥片（発掘調査資料）	岩内淳之編『伊勢を掘る―近年の発掘成果展―』皇學館大学 1992

表3 黒曜石・下呂石出土遺跡一覧表（3）

No.	遺跡名	所在地	時期	黒曜石	下呂石	石器の器種・数量・石材産地等	文献
73	深土B遺跡	伊勢市宇治今在家町高麗広字柴土	縄文時代		○	剥片・砕片	岡田登「五十鈴川上流域の遺跡と遺物」『皇学館大学紀要』第25輯 1987
74	田代口遺跡	伊勢市宇治今在家町高麗広字田代口	縄文時代		○		同上
75	仙人谷D遺跡	伊勢市宇治今在家町高麗広字仙人谷			○	石鏃	同上
76	宮後遺跡	伊勢市中村町		○			同上
77	佐八藤波遺跡	伊勢市佐八町字藤波	縄文時代後期・晩期		○	石鏃、剥片	岩崎享之ほか『佐八藤波遺跡発掘調査報告書』伊勢市教育委員会 1990
78	上地山遺跡	度会郡玉城町宮古字上地山	旧石器時代	○		楔形石器1	奥義次ほか『上地山遺跡発掘調査報告書』玉城町教育委員会 1985
79	辻ノ長遺跡	度会郡玉城町上田部字辻ノ長	縄文時代・弥生時代	○		石鏃3	奥義次「第1章 考古 第1節 旧石器」『玉城町史』上巻 玉城町 1995
80	明豆遺跡	度会郡玉城町宮古字明豆	縄文時代中期・後期		○	剥片	同上
81	カリコ遺跡	度会郡南伊勢町世古字カリコ	旧石器時代		○	ナイフ形石器3	岡田登「津早高茶屋四ツ野B遺跡採集の旧石器・縄文時代遺物について」『皇學館大学部紀要』第41輯 皇學館大学 2002
82	東山前遺跡	度会郡二見町三津平東山前			○		皇學館大学考古学研究会『三重県度会郡二見町の遺跡と遺物』1986
83	ヒロサキ遺跡	度会郡南伊勢町船越	縄文時代草創期		○	石鏃	山沢義雄「ナゴヤ遺跡発掘調査報告」『紀伊半島の文化史的研究 考古学編』関西大学考古学研究室 1976
84	ヒガシノ遺跡	度会郡南伊勢町飯南字ヒガシノ	縄文時代早期・中期・後期		○	有茎尖頭器1	山口市南伸也「五ヶ所湾周辺採集資料の調査」『紀伊半島の文化的研究 考古学編』関西大学文学部考古学研究室 1992
85	野手遺跡	度会郡大紀町野添字野手	縄文時代前期中心、早期・後期		○	石鏃	奥義次「第1編 原始社会」『大宮町史』大宮町 1987
86	大西遺跡	度会郡大紀町野原字大西	縄文時代後期中心、早期・中期後葉量		○	剥片（星ヶ塔産）	同上
87	西沖遺跡	度会郡大紀町野原字西沖			○	石鏃	同上
88	下久具万野遺跡	度会郡大紀町下久具字万野	縄文時代前期中心、早期・晩期初		○	石鏃3、石核1、剥片54	岡田登「下久具万野遺跡とその遺物」『歩跡』第2号 皇學館大学考古学研究会 1987. 奥義次「森添遺跡・御村精古学編」『紀伊半島の文化的研究 考古学編』関西大学考古学研究室
89	森添遺跡	度会郡度会町上久具字森添	縄文時代後期・晩期		○	石鏃（写真図版から判断）。下呂石は比較的多く出土している。	田村陽一「森添遺跡発掘調査概要Ⅰ」度会町教育委員会 1988
90	上ノ垣外遺跡	度会郡度会町葛原字上ノ垣外	縄文時代早期後半中心、後期		○	黒曜石、下呂石：1（石鏃のみ実見、他器種は未実見）	御村精古「上ノ垣外遺跡発掘調査概要」度会町教育委員会 1991
91	敷遺跡	鳥羽市安楽島町字二エ	縄文時代中期～晩期		○	石鏃10、スクレイパー2、尖頭器2、3、剥片5	松家衣一「敷遺跡」鳥羽市教育委員会 1975
92	次郎六郎遺跡群	志摩市大王町船越字次郎六郎	縄文時代草創期・後期	○		黒曜石：剥片、下呂石：石鏃、楔形石器、UF	大下明「第Ⅳ章11 佐々木武門氏収集資料の調査」『紀伊半島の文化的研究 考古学編』関西大学文学部考古学研究室 1992．田村陽一「佐々木武門 考古資料図録」大王町教育委員会 1994
93	当茂地ツバキ谷岡遺跡群	志摩市大王町波切当茂地	縄文時代		○	楔形石器片	同上
94	波茂山西岸A遺跡	志摩市大王町船越登茂山	縄文時代	○		黒曜石：剥片、下呂石：石匙	同上
95	登茂山西岸B遺跡	志摩市大王町船越字登茂山	縄文時代		○	削器、剥片	同上
96	登茂山西岸C遺跡	志摩市大王町船越字登茂山	縄文時代		○	石鏃	同上
97	波切山中ヶノ茶遺跡	志摩市大王町	縄文時代		○	石鏃（有茎鏃）	同上
98	立神ヒノ茶遺跡	志摩市大王町	縄文時代		○	剥片	同上
99	柳谷遺跡	志摩市大王町船越地山柳谷	縄文時代前期中心		○	剥片	同上
100	問崎島東部	志摩市志摩町越賀	縄文時代		○		同上
101	五人畑遺跡	志摩市志摩町越賀五人畑	縄文時代	○		黒曜石：剥片、石核	同上
102	丸田遺跡群	志摩市志摩町越賀野田	縄文時代		○	剥片、石核	同上
103	風ヶ崎遺跡群	志摩市志摩町越賀風ヶ崎	縄文時代	○		黒曜石：剥片、下呂石：模形石器	同上
104	西山牛島遺跡	志摩市志摩町越賀白浜	縄文時代		○	石鏃	同上
105	馬背遺跡	志摩市志摩町御座字馬背	縄文時代中期		○	石鏃	同上
110	長尾遺跡	志摩市阿児町鵜方字葛川	縄文時代前期中心、中期	○	○	黒曜石：石鏃4、擾器1、RF1、UF4、剥片、砕片69、下呂石：石鏃3、剥片、砕片11（森添幸伸氏採集資料）石器5（無茎鏃3、有茎鏃2）（森添幸伸氏採集資料）黒曜石：石鏃、下呂石：石鏃（西尾俊朗氏採集資料）	前田幸輝・竹田憲治・久保勝正『長尾遺跡発掘調査報告書』阿児町教育委員会 2003
111	阿児町内	志摩市阿児町	縄文時代前期中心か		○	石鏃	椎本亀次郎「三重県考古図録」三重県教育委員会 1954
112	木津遺跡	志摩市磯部町追加字大津		○		ナイフ様石器	田村陽一「佐々木武門 考古資料図録」大王町教育委員会 1994
113	殿岡遺跡	志摩市磯部町穿掛字殿岡	旧石器時代・縄文時代		○		岡田登『磯部町史』上巻 磯部町 1997 同上

近畿地方の黒曜石・下呂石（久保）

表4 黒曜石・下呂石出土遺跡一覧表（4）

No.	遺跡名	所在地	時期	黒曜石	下呂石	石器の器種・数量・石材産地等	文献
114	上方遺跡	志摩市磯部町五知字上方	縄文時代後期～晩期	○			同上
115	西árr A 遺跡	志摩市磯部町山田字西所	縄文時代	○			同上
116	松ノ木垣外遺跡	志摩市磯部町恵利原字松ノ木垣外	縄文時代		○		同上
117	長峯遺跡	志摩市磯部町下之郷字長峯	縄文時代	○			同上
118	猿岡遺跡	志摩市磯部町下之郷字猿岡	縄文時代	○			同上
119	大崎遺跡	志摩市磯部町下之郷字大崎	縄文時代	○			同上
120	大矢遺跡	志摩市磯部町下之郷字大矢	縄文時代	○			同上
121	西垣外遺跡	志摩市磯部町恵利原字西垣外	縄文時代	○			同上
122	井之広遺跡	志摩市磯部町山原字井之広	縄文時代前期	○			同上
123	田中遺跡	上野市猪田田中字北浦		○			沖島卯之・星野鏡二・宇佐晋二「三重県上野市田中遺跡の縄文土器」『古代学研究』18 古代学研究会 1958 吉澤具「勝地大坪遺跡・勝地古墳群」『平成3年度農業基盤整備事業地域埋蔵文化財発掘調査報告―第1分冊―』三重県埋蔵文化財センター 1992
124	勝地大坪遺跡	伊賀市勝地	縄文時代早期後半			石鏃1	
125	花代遺跡（A地区）	伊賀市青山羽根字花代	縄文時代早期前半			石鏃1	新田智子『III 縄文時代 2 石器』『花代遺跡発掘調査報告書（A地区・B地区）』青山町教育委員会 2000
126	曽根町内	尾鷲市曽根町	縄文時代中期～晩期	○		石鏃2	嶋田文夫『奥熊野の縄文式文化』尾鷲市教育文化協会・熊野市教育委員会 1959

滋賀県

No.	遺跡名	所在地	時期	黒曜石	下呂石	石器の器種・数量・石材産地等	文献
1	弁天島遺跡	蒲生郡安土町下豊浦	縄文時代早期～前期	○		石鏃1、尖頭器1	小島孝修『弁天島遺跡』滋賀県教育委員会 2002
2	醍醐遺跡	東浅井郡浅井町醍醐	縄文時代早期～前期	○		剥片1	小島孝修「弁天島遺跡・竜ヶ崎・滋賀県」滋賀県教育委員会 2003
3	井の田遺跡	米原市大清水	縄文時代中期	○		石鏃未製品1	小江慶雄「滋賀県醍醐遺跡発見の石製遺物」『京都学芸大学報』A第3号 京都学芸大学 1953
4	番の面遺跡	米原市梓河内・柏原	縄文時代中期末	○		剥片3	高橋順之『伊吹町内遺跡分布調査報告書』伊吹町教育委員会 1992
5	上平寺南館遺跡	米原市上平寺	縄文時代？	○		剥片1	小江慶雄「滋賀県番の面縄文式古居住跡」『京都学芸大学報』A第9号 京都学芸大学 1956
6	上平寺遺跡	米原市上平寺	縄文時代中期末	○		石鏃1	稲葉穂住『上平寺南館遺跡』滋賀県教育委員会 2000 内田保之『上平寺遺跡・寺林遺跡』滋賀県教育委員会 2003
7	磯山城遺跡	米原市磯地先		○	○	黒曜石：剥片8点中6点が隠岐産（2点はチャートか）、下呂石：石鏃4	中井均・中川和哉『磯山城遺跡 米原市磯山城遺跡』1986
8	筑摩田遺跡	米原市朝妻筑摩地先	縄文時代早期～晩期	○	○	黒曜石：7（霧ヶ峰産）・1（神津島産）、下呂石：剥片	中井均「海を渡った黒曜石」『佐加太』第6号 坂田郡社会教育研究会文化部会 1997、中井均「第2章 原始・古代 第1節 稲作以前の社会」『米原町史 通史編』米原町役場 2002
9	立花遺跡	米原市上多良・中多良	弥生時代前期～中期中心、縄文時代前期～中期	○	○	石鏃3（無茎鏃1・有茎鏃2）・剥片2	中井均・中川和哉『立花遺跡発掘調査報告書』米原町教育委員会 1988
10	入江内湖遺跡	米原市入江	縄文時代晩期	○		石鏃（有茎鏃）1	中井均「第2章 原始・古代 第1節 稲作以前の社会」『米原町史 通史編』米原町役場 2002
11	金屋遺跡	大上郡甲良町金屋地先	縄文時代晩期～晩期	○	○	黒曜石：石鏃1、下呂石：UF1	瀬下眞以ほか『金屋遺跡』滋賀県教育委員会 1994
12	北落遺跡	大上郡甲良町北落	縄文時代後期～晩期	○	○	楔形石器？1	平岩美典ほか『北落古墳群』滋賀県教育委員会 1996
13	太郎坊山山腹	東近江市		?		伝聞	中川和哉ほか『琵琶湖東部縄文時代における石材―磯山遺跡を中心に―』『考古学と地域文化』同志社大学考古学シリーズ刊行会 1987
14	穴太遺跡	大津市穴太町	縄文時代前期	○		剥片1	中村健二・鈴木康二『小川原遺跡』滋賀県教育委員会 1996
15	上出A遺跡（蛇砂川地点）	近江八幡市御内内町ほか	縄文時代前期	○	○	黒曜石：石鏃1、剥片1（霧ヶ峰産）、下呂石：剥片1	鈴木康二『上出A遺跡（蛇砂川地点）』滋賀県教育委員会 1999
16	後川遺跡	近江八幡市永原町	縄文時代後期	○	○	黒曜石：石鏃1、石鏃にも複数あるか	中村健二・鈴木康二『後川遺跡』滋賀県教育委員会 1996
17	大中の湖西遺跡	近江八幡市大中町		?		伝聞	中川和哉『琵琶湖東部の縄文時代における石材―磯山遺跡を中心に―』『考古学と地域文化』同志社大学考古学シリーズ刊行会 1987
18	正楽寺遺跡	神崎郡能登川町正楽寺種	縄文時代後期		○	石鏃1	植田文雄『正楽寺遺跡』能登川町教育委員会 1996
19	弘川B遺跡	高島市今津町弘川	縄文時代	○		砕片	小島孝修「近江における縄文社会の展開過程に関する覚え書き―湖西北部地域―」『紀要』第12号 滋賀県文化財保護協会 1999
20	下万遺跡	高島市新旭町安井川	縄文時代	○		石鏃1	同上

表5 黒曜石・下呂石出土遺跡一覧表（5）

No.	遺跡名	所在地	時期	黒曜石	下呂石	石器の器種・数量・石材産地等	文献
21	松原内湖遺跡	彦根市松原町	縄文時代中期中頃～弥生時代前期	○		黒曜石：隠岐産	鈴木棲二「滋賀県の縄文時代後期・中期の遺跡と石器の概観」『縄文時代の石器Ⅱ—関西の縄文前期・中期—』関西縄文文化研究会 2003
22	福満遺跡	彦根市西今町	縄文時代晩期	○		石鏃1	小島孝修・中村健二「(4) 福満遺跡出土の縄文時代遺物」『彦根市内遺跡・遺物調査報告書』彦根市史考古部会 2004
23	高橋遺跡	長浜市高橋町地先	縄文時代?	○		剥片1	大沼芳幸『高橋遺跡発掘調査報告書』滋賀県教育委員会 1990

京都府

No.	遺跡名	所在地	時期	黒曜石	下呂石	石器の器種・数量・石材産地等	文献
1	例幣遺跡	相楽郡加茂町例幣	縄文時代前期	○		石鏃1	中川和哉ほか「恭仁京跡 平成5年度発掘調査概要」『埋蔵文化財発掘調査概報』京都府教育委員会 1994
2	佐山尼垣外遺跡	久世郡久御山町佐山字尼垣外	縄文時代晩期	○		剥片1	柴暁彦ほか「佐山尼垣外遺跡 京都府遺跡調査報告書第31冊」京都府埋蔵文化財調査研究センター 2001
3	有熊遺跡	与謝郡加悦町加悦奥小字有熊	縄文時代早期・中期	○		石鏃1	長谷川達「有熊遺跡の出土遺物」『京都府埋蔵文化財情報』第2号 京都府埋蔵文化財調査研究センター 1981
4	温江	与謝郡加悦町温江		○		剥片1	長谷川達「京都府北部出土の黒曜石製石器について」『長岡京市文化財論叢』中山修一先生古稀記念事業会 1986
5	鳴岡遺跡	与謝郡加悦町後野	縄文時代早期後半	○		剥片1（隠岐産）	黒坪一樹ほか「国道176号関係遺跡発掘調査概要」『京都府遺跡調査概報』第57冊 京都府埋蔵文化財調査研究センター 1994
6	三河内の下遺跡	加佐郡大江町三河	縄文時代前期～晩期	○		石鏃1	竹原一彦「三河内の下遺跡」『京都府遺跡発掘調査概報』第2冊 京都府教育委員会 1982
7	途中ヶ丘遺跡	京丹後市弥栄町	弥生時代中期	○		石鏃2	釋曦雄ほか「途中ヶ丘遺跡発掘調査報告書」峰山町教育委員会 1977
8	奈具遺跡	京丹後市弥栄町	弥生時代中期	○		剥片1	同上
9	裏陰遺跡	京丹後市大宮町奥大野字裏陰	縄文時代早期・中期	○		石鏃2	杉原和雄ほか『裏陰遺跡発掘調査概報』大宮町教育委員会 1979
10	浜詰遺跡	京丹後市網野町浜詰小字栗山	縄文時代中期・後期	○		石鏃1	岡田茂弘・林和廣「浜詰遺跡について」『同志社大学考古学研究会』1958
11	松ヶ崎遺跡	京丹後市網野町	縄文時代早期後半	○		石鏃1	三浦到・林和廣「網野町の遺跡」網野町教育委員会 1986
12	松ヶ崎遺跡	京丹後市網野町	弥生時代前期	○		剥片1	樟龍雄ほか「途中ヶ丘遺跡発掘調査報告書」峰山町教育委員会 1977
13	経古塚古墳（表土直下）	京丹後市丹後町布袋野経塚	旧石器時代?	○		台形石器?	久美浜町史編纂委員会『久美浜町史 資料編』2004
14	竹野遺跡	京丹後市丹後町竹野小字古墳々	弥生時代前期	○		剥片5	吉田誠「竹野遺跡」『京都府遺跡調査概要』久美浜町 1996
15	平遺跡	京丹後市丹後町平小字浦子	縄文時代中期～後期	○		隠岐産	堅田直「京都府丹後町平遺跡調査概報」帝塚山大学考古学研究室 1966
16	志高遺跡	舞鶴市志高	縄文時代早期～中期・晩期	○		石鏃3、石匙1	長谷川達ほか「志高遺跡丹後町平遺跡出土の黒曜石製石器について」『長岡京市文化財論叢』中山修一先生古稀記念事業会 1986
17	大油子遺跡	天田郡夜久野町石原	縄文時代早期～中期・晩期	○		石鏃1	金坪毛人ほか『上野平遺跡発掘調査報告書』大宮町教育委員会 1989
18	上野平遺跡	福知山市石原	弥生時代後期	○		剥片1	黒岩一樹ほか「(3) ケシケ谷遺跡群『京都府遺跡調査報告』第10冊 京都府教育委員会 1973
19	ケシケ谷遺跡	福知山市宮小字ケシケ谷	旧石器時代～縄文時代草創期	○		尖頭器1（隠岐産）	1988
20	鹿谷遺跡	亀岡市薭田野町鹿谷	縄文時代?	○		石斧1	野尻水・河野一隆「5. 鹿谷遺跡」『京都府遺跡調査報告書』第32冊（財）京都府埋蔵文化財調査研究センター 1993
21	鷲峯山山頂付近	綴喜郡宇治田原町	旧石器時代?	○		石鏃	宇治田原町史編纂委員会『宇治田原町史 上巻』1980
22	篠遺跡	綾部市篠	縄文時代晩期	○		ナイフ形石器1（信州系?）	中村孝行『原始古代編 第1章 縄文・弥生時代』『綾部市史』綾部市役所 1976
23	三子塚古墳丘盛土中	宇治市五ヶ庄大林	旧石器時代?	○		石鏃1	荒川史「五ヶ庄三子塚古墳発掘調査報告」宇治市教育委員会 1992
24	浦入遺跡	舞鶴市字小嶋ほか	縄文時代早期・中期	○		剥片1	吉岡博之・松本達也ほか『浦入遺跡群発掘調査報告書』遺物図版編『舞鶴市文化財調査報告』第37集（財）舞鶴市文化財調査研究センター 2002
25	鶏冠井遺跡	向日市鶏冠井町石橋	縄文時代晩期	○		石核1	松崎俊郎編『向日市埋蔵文化財調査報告書』第47集（財）向日市埋蔵文化財センター 1998
26	石田遺跡	向日市森本町石田	縄文時代後期・晩期	○		石核1	中塚良編『長岡京跡左京二条第大路・東二坊大路』（財）向日市埋蔵文化財センター 2005

奈良県

No.	遺跡名	所在地	時期	黒曜石	下呂石	石器の器種・数量・石材産地等	文献
1	桐山和田遺跡	山辺郡山添村桐山	縄文時代草創期・早期	?	○	下呂石：石鏃2	松田真一ほか『桐山和田遺跡』奈良県立橿原考古学研究所 2002
2	西吻坊城遺跡	大和高田市吻坊城	縄文時代晩期	○		石鏃1（年ヶ塔産、剥り峰産）	岡田憲一ほか『西吻坊城遺跡Ⅱ』奈良県立橿原考古学研究所 2003
3	桜ヶ丘第1地点遺跡	葛城市六地字茅土平	旧石器時代	○		剥器1、RF2（姥ヶ峰産）	松原和人・佐藤良二『桜ヶ丘第1次発掘調査概要』奈良県立橿原考古学研究所 1984

近畿地方の黒曜石・下呂石（久保）

表6 黒曜石・下呂石出土遺跡一覧表（6）

No.	遺跡名	所在地	時期	黒曜石	下呂石	石器の器種・数量・石材産地等	文献
4	宮の平遺跡	吉野郡川上村迫小字宮の平	縄文時代早期	?			橋本裕行『宮の平遺跡II』奈良県立橿原考古学研究所 2003
			縄文時代早期（検出面）	?			橋本裕行・南部裕樹『宮の平遺跡III』奈良県立橿原考古学研究所 2005
5	箸中遺跡	桜井市箸中	縄文時代前期	○		石鏃、剥片、砕片	川村正一「箸中遺跡出土の縄文資料について」『大和の縄文時代―奈良盆地の狩人たちの足跡―』井市立埋蔵文化財センター 2000
6	庵治遺跡	天理市庵治町	縄文時代前期～晩期（晩期中心）	○		スクレイパー1	米川裕治『庵治遺跡』奈良県立橿原考古学研究所 2005
7	竹内遺跡	北葛城郡當麻町竹内	縄文時代・弥生時代	○			樋口清之『大和竹内石器時代遺蹟』大和国史会 1936

大阪府

No.	遺跡名	所在地	時期	黒曜石	下呂石	石器の器種・数量・石材産地等	文献
1	中筋遺跡	豊能郡能勢町山辺	縄文時代前期	○		石鏃3	広瀬和雄「考古資料」『能勢町史』第4巻 能勢町 1981
2	栗生間谷遺跡	箕面市栗生間谷東	旧石器時代	○		剥片1（隠岐産）	新海正博編『栗生間谷遺跡 旧石器・縄紋時代編』大阪府文化財センター 2003
3	山之内遺跡（91-12次）	大阪市住吉区浅香	縄文時代	○		剥片1	清水和明ほか『山之内遺跡発掘調査報告』大阪市文化財協会 1998
4	山ノ内遺跡B地区	岸和田市池米町	縄文時代後期・晩期	○		石鏃2、剥片12	豊岡卓之『山ノ内遺跡B地区・山直北遺跡』大阪府埋蔵文化財協会 1988
5	孤塚遺跡	岸和田市下松町孤塚	縄文時代	○		石鏃1	玉谷哲『市内出土遺物図録』岸和田市史紀要第2号』岸和田市 1976
6	向出遺跡	阪南市自然田	縄文時代後期後半			剥片1	小林義孝・山元建・岡田憲一ほか『向出遺跡』大阪府文化財調査研究センター 2000
7	船橋遺跡	柏原市船橋	旧石器時代～弥生時代	○		RF2、剥片2	塩見勇・福岡澄男「柏原市船橋遺跡採集の石器」『大阪文化誌』第10号 大阪府文化財センター 1977
8	郡戸遺跡	洞曳野市郡戸	縄文時代	○		石鏃1	後藤信義・大庭みゆき『郡戸遺跡』大阪府文化財センター 2003

和歌山県

No.	遺跡名	所在地	時期	黒曜石	下呂石	石器の器種・数量・石材産地等	文献
1	荒田遺跡	那賀郡岩出町	弥生時代	○		石鏃1	井ля好裕・角張淳一『尼ヶ辻遺跡・荒田遺跡発掘調査報告書』和歌山県文化財センター 2001
2	徳蔵地区遺跡	日高郡南部町気佐藤～南部川村徳蔵	縄文時代中期・後期		○	剥片	渋谷高秀「和歌山県南部町徳蔵地区の縄文時代中期・後期の集落」『考古学ジャーナル』No.485 ニュー・サイエンス社 2002

大規模葬祭空間の形成
―近畿地方における縄文時代後晩期集落のあり方―

■岡田　憲一　(OKADA, Ken-ichi)

はじめに

　近畿地方における縄文時代集落研究の視点は、北白川扇状地というフィールドを題材に、生態学的分析を大いに活用した、泉拓良の先史学的研究に網羅されている（泉 1985a）。すなわち、考古学的検討のみならず、地理学的、生態学的な条件から判断すると、日常的な採集活動に基づく小規模集団が、多様な生態系を柔軟に利用する姿が想定され、一所に大遺跡を残さない点に特質があり、東日本一般の集落像と相対化されるべき点を指摘している。この点が、正当に評価されることは少ないように思われるが、考古学的情報の限られた中で、従来の方法と、生態学的仮説とをあわせ分析し、西日本独自の縄文社会像を提示した功績は大きい。そして、このような視点こそ、縄文時代遺跡数も多く、大規模な集落が全面発掘される機会にも恵まれた東日本とは異なる、西日本ならではのものと評価することができるであろう。

　生態学的な視点については、動植物遺存体等の試料から、環境復元などがなされる機会こそ多くなり、注意されるようにはなったものの、調査計画時から積極的に組み込まれることは少なく、やはり補完的な位置づけを超克することができずにいる。そしてまた、その観点を多く採り入れて議論を展開したものにしても、逆に、考古学的情報の検討が不十分で、論理の飛躍の目につく場合が少なくない。

　一方、考古学的方法を駆使した集落論は、近年の発掘調査事例の増加、そして関西縄文文化研究会による一連の集成作業を経て、その活性化に目覚ましいものがある（瀬口 2001、矢野 2001 等）。そして、縄文時代文化研究会の第 1 回研究集会「縄文時代集落研究の現段階」において、列島内における相対的位置づけも具体的になってきた。その中で近畿・中国・四国地方の縄文時代集落の様相をまとめた大野薫は、3 つの特質を掲げている。第一は集落の稀少性と小規模な点、第二は時期ごとの集落立地の変化、第三は環状集落の不在である（大野 2001）。こうしてあらためて、近年の状況を列記した場合、先に

掲げた泉の論考が、いかに先見性に富むものであったかが一層明瞭となろう。

　筆者は、こうした先学の業績に学びつつ、近畿地方のいくつかの縄文時代遺跡の調査、整理に携ってきたが、奈良県橿原遺跡や大阪府向出遺跡といった、縄文時代後晩期の「大規模」遺跡を通してみた場合、以上のような観点だけでは理解できない部分があることを意識せざるを得なくなった。すなわち、そうした集落遺跡を遺したところの社会組織論の必要性である。

　本稿は、泉によって明かにされた、近畿地方の縄文時代における小集団のあり方を基礎としつつも、考古学的情報を整理した上で、後期後半から晩期にかけて注意される、これら「大規模」遺跡生成の時期と背景を社会組織論的に検討する。

1. 時間軸の整理

　本稿で対象とする時間帯は、縄文時代後期後半から晩期までとする。その指標とすべき土器型式をもって示すならば、一乗寺 K 式から滋賀里式 1 期を後期後半、滋賀里式 2 期以降を晩期として扱い、滋賀里式 3 期までを晩期前葉、篠原式を晩期中葉、鬼塚、口酒井、船橋式、長原式といった型式で代表される凸帯文期を晩期後葉と表記することとする。

　当該期の編年の仔細および広域対比については、晩期前葉までは、これまで筆者が整理してきたものを適用し（岡田・深井 1998、岡田 2000c・2003b）、晩期中葉については家根祥多による篠原式編年（家根 1994）、同後葉については、泉拓良による凸帯文期広域編年（泉 1990）および、それを宮地聡一郎が整理したもの（宮地 2004）を充てる。

2. 奈良盆地の後晩期遺跡

　生駒・金剛山地東麓には奈良盆地が広がる。周辺を山地に囲まれた盆地特有の地形を呈し、四方に広がる水系より盆地中央部に河川が集まり、大和川として西麓の平

野へと抜ける。この奈良県下の当該期遺跡については、松田真一の労作によって丁寧に集成がなされており（松田1997）、その後の調査例を加えるのみで概観が可能となっている。

2.1. 橿原遺跡

　奈良盆地において傑出した遺物量を誇るのが橿原市所在の橿原遺跡である。末永雅雄による大部の報告書が刊行されており（末永1961）、その内容の濃さにただ脱帽するばかりである。ただし、遺物が豊富なのに対し、遺構の認識に困難を極める点は、時代の制約という問題もあって、残念でならない。記載の内容をひろうと、石囲炉の存在が知られること、さらに竪穴住居跡の可能性ある方形土坑の存在することから、居住域としての利用のあったことが推定される。土器型式からうかがわれる橿原遺跡の継続年代は長く、どの時点の遺構であるか判然としないものの、三重県森添遺跡（奥・御村1988）や大阪府日下遺跡（吉村1986）、徳島県庄遺跡（岡山1999）等において、後期後葉の石囲炉を有する竪穴住居跡が特徴的に検出されているのに対し[1]、晩期のそれはほとんど知られていないことから、橿原遺跡開始期にあたる後期末には、少なくとも居住域として機能していた可能性が推察される。また、構造物に伴ったと推定される杭群も検出されており、平地式住居跡のようなものの存在したことも考えられる。

　これとは別に、墓の存在を示唆する人骨が5体以上あったと報告されている。うち1体は屈葬の状態を保っているものの、明瞭な掘り込み等は確認されておらず、その他の廃棄物と一緒に検出されている。また、被熱痕跡のある人骨も存在し、再葬の一形態としての火葬も想定されることから（石川1988）、葬送過程における最終埋葬前の状態が検出されている可能性もある。すなわち、「人骨出土」即「墓」という解釈は成り立たない。橿原遺跡は近畿地方全般に埋設土器の盛興する晩期中葉に最盛期を迎えながらも、それの検出されていないことは、最終埋葬地としての「墓」を有していなかった可能性すら考えられよう。

　出土遺物には多量の土器、石器に加え、西日本有数の保有量を誇る土偶、多種多様な土製品、石製品があるほか、大量の動物遺存体中には海産哺乳類や魚類と同定されるものがあり、広範な物資の集中する様子が看取される。そのことからは、この地を単純な生活居住空間とみなすことにも否定的にならざるを得ないであろうから、やはり物品集積機能を有する「市場」のようなもの、あるいは、それらの大量消費が想定される「集合祭場」のようなものを仮定するべきであろう。異系統土器および土製品の年代観からすると、東北地方の瘤付土器等、後期末に遡るものは稀少であり、晩期初頭の大洞B1式から大洞C1式までの土器型式が連綿と認められ、土偶も同様の年代幅を有すると思われるので、後期末の居住空間から、晩期へとその機能を移行ないし多様化させたものとの推測が成り立つ。

2.2. 橿原周辺の遺跡（第1図）

　橿原遺跡とともに古くより著名な遺跡に、葛城市所在の竹内遺跡がある（樋口1936）。橿原遺跡から直線距離

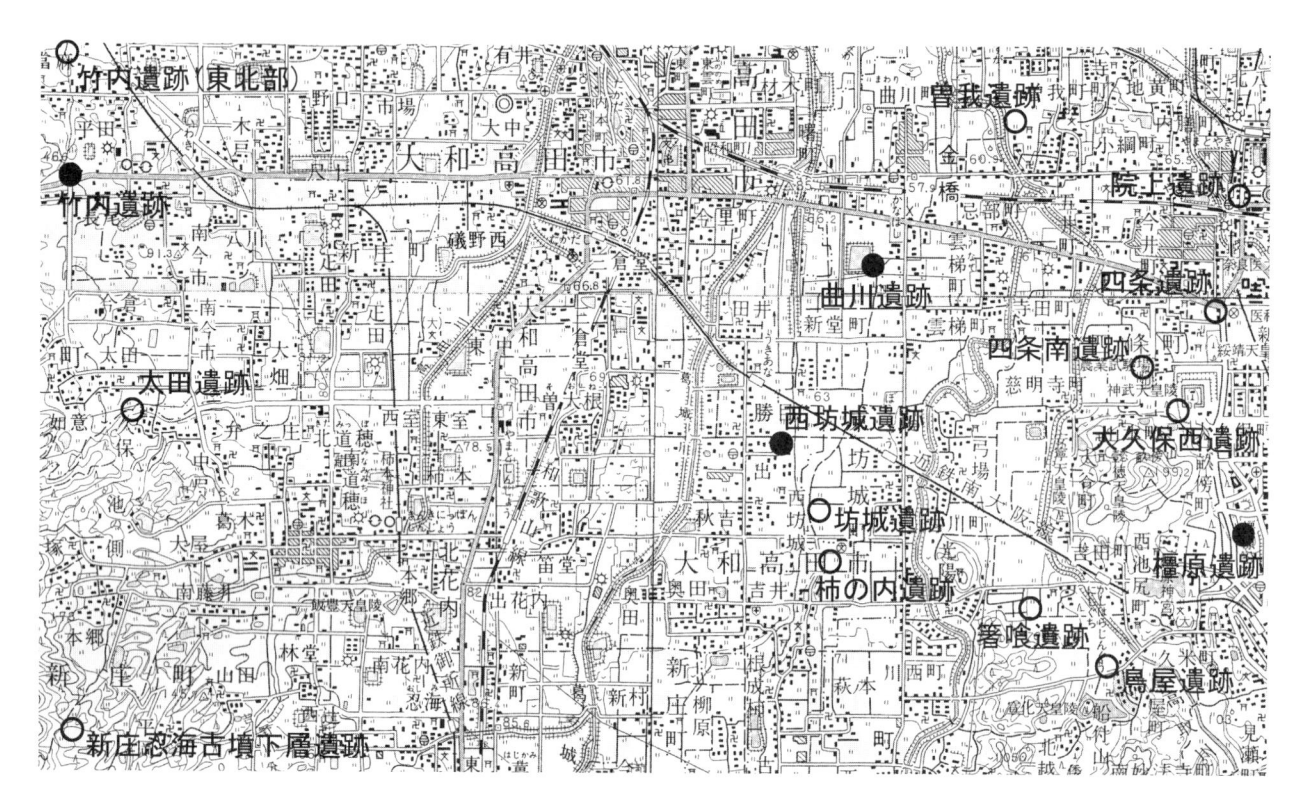

第1図　橿原遺跡周辺の縄文時代後晩期遺跡

にして8.6km西北西にあたり、竹内峠を背後に控えて盆地を東に望む扇状地上に立地する。竹内遺跡として調査、認識されている範囲は広く、それをひとまとめにして、その他の遺跡と等価に扱うことはできない。ここでは二上山西南裾に位置するキトラ山の東南部、および東北部の2ヶ所に分離して把握する。

熊谷川の形成した扇状地上にのる東南部調査地点は、樋口清之による第1次調査地を含むところになるが、道路を挟んで隣接する第2次および第15次調査地点では、顕著な遺構が確認されている（久野・寺沢1977、橋本・佐々木1998）。その内容は、晩期前葉から中葉におよぶもので、配石遺構10基、埋設土器5基、墓と考えられる長形土坑20基以上が確認されており、第15次調査を担当した橋本裕行は、配石遺構が直径50mの環状に巡る可能性を指摘している。これだけを列記した場合、埋葬および祭祀に特化した空間と理解されようが、これらに重畳されるようにして、竪穴住居跡の可能性ある遺構が2基検出されていることから、橿原遺跡同様に、居住空間から祭祀、埋葬空間へ移行したものと理解できるかもしれない。

一方の東北部調査地点においては、自然流路以外の顕著な遺構は把握されていない（松田1986、佐々木1990）。遺物の出土は比較的多く、摩滅も少ないため、近隣に何らかの遺構があったであろうと想定されるものの、土地利用の形態は不明である。土器型式からすると、東南部調査地点と年代的に重複しており、その関係の究明が待たれる。

近年の大規模調査で話題となった遺跡に、橿原市曲川遺跡がある（平岩2004）。橿原遺跡からは直線距離にして3.2km北西になり、竹内遺跡とのちょうど3分の1程度の位置になる。資料は2005年現在も整理中であり、詳細は不明なものの、自然堤防上に埋設土器81基、土坑墓10基、竪穴住居跡1基、谷部に貯蔵穴10基が検出され、晩期全般にわたる遺物が出土しているという。

埋設された土器の時期は、晩期中葉から後葉にかけてが主体であるので、埋葬空間としての盛興はそのころになるのであろう。すべてがほぼ同時併存するのであれば、良好な集落モデルを提供する事例となろうが、流路中の出土土器には晩期前葉の遺物も多く見受けられるようなので、貯蔵穴、竪穴住居跡等、その他の遺構も埋設土器と同時に存在したとは即断できない。

曲川遺跡から南西に1.3kmの距離を置いて位置する大和高田市西坊城遺跡は、比較的限られた年代幅に営まれた遺跡である（伊藤・岡田2003）。集中廃棄場が晩期初頭から晩期中葉にかけて継続的に形成されているものの、晩期後葉にはいたらず、埋設土器も晩期前葉のものが主体をなす。土坑には正形、長形ともにあり、長形土坑である土坑5には、滋賀里式3期の深鉢が横倒しに設置されており、それについて一次埋葬施設に対する同地点二次埋葬形態との解釈が許されるならば、集中廃棄場

を伴う埋葬空間と認識することが可能である。なお、土坑6に直立正位埋設された土器は、黒色磨研系浅鉢を逆位に被せて蓋としているもので、滋賀県滋賀里遺跡例とともに、「九州型埋甕」とされるものに類似する（坂本1994）。土器型式は滋賀里式3期に比定されるもので、近畿地方における埋設土器盛興開始期にあたる。これを積極的に評価し、なおかつ、墓制を集団固有のものと仮定するならば、その開始にあたって、九州方面からの移住者が関与していた可能性は十分指摘できよう。

2.3. 墓のある遺跡

橿原遺跡周辺においては、晩期の墓域と見なされる遺構が多く検出されているが、その他、奈良県内で、墓と考えられる遺構の検出例を管見してみたい。

奈良盆地北端に位置する奈良市秋篠・山陵遺跡では、小面積の調査ながら、集中廃棄場とそれに隣接する埋設土器とが検出されている（岡田1998）。そのあり方は西坊城遺跡と同様であるが、出土土器型式は滋賀里式3期に限られるものであり、極めて短期的に形成された後、放棄された遺跡と推察される。なお、西坊城遺跡においては、廃棄場が長期継続するのに対し、晩期中葉の明確な埋設土器は稀少である点、これと相対化される。

晩期中葉の限定された年代に営まれた埋葬空間として、大淀町越部ハサマ遺跡がある（近江1995）。出土土器は限られているものの、篠原式に比定されるもので、その組成は深鉢が大半を占める。立地する丘陵先端部には、

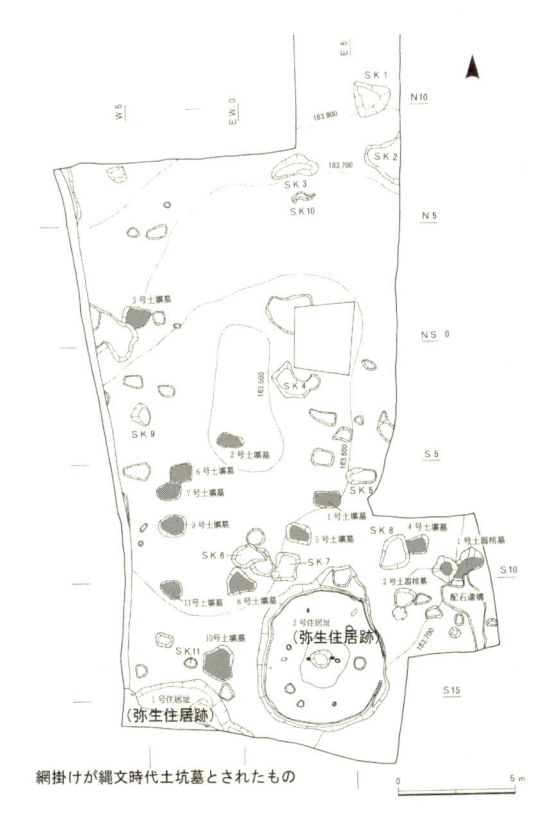

第2図　越部ハサマ遺跡平面図
（近江1995に追記）

長軸方向を東西に据えた長形土坑が11基のほか、埋設土器が2基、配石遺構とされるもの1基が検出されており、その他に機能を推定し得る遺構の存在しないことから、単純に埋葬空間と限定して考えられよう（第2図）。報告者は、中央に10m程の空閑地を有する環状構成となる可能性を指摘している。

奈良市でも東側山間部に位置する大柳生ツクダ遺跡も埋葬空間と考えられている（水野・石井・湯本1999）。遺構、遺物ともに整理途上で、全体像が不明なものの、出土土器型式は後期中葉から晩期末にまでおよび、弥生時代前期の土器を若干認めることができる。土坑出土の土器はまとまりをみせないため、年代把握が困難なものの、後期後葉が多いように見受けられ、埋設土器は晩期前葉から中葉のものに限られるので、埋葬空間の形成はその間と考えてよい。その他、遺構の中には竪穴住居跡の可能性あるものや、平地式住居跡を構成する可能性あるピット群が重複して認められ、生活居住空間として機能した時点のあったことも否定できない。仮にその可能性をも考慮するならば、当遺跡においても、橿原遺跡や竹内遺跡同様、居住空間から埋葬空間へ移行したとの推測も成り立とう。

12基の埋設土器が検出された桜井市大福遺跡は、後期末から晩期末までの土器が検出されており、やはり長期にわたって継続利用された遺跡と考えられる（亀田1978）。ただし、埋設された土器は、滋賀里式3期から弥生時代前期に及ぶもので、そのすべてにわたって墓域として機能していたものかは不明である。

以上は、晩期の事例がほとんどを占めたが、埋設土器の盛興する晩期前葉以前の墓の可能性あるものに、五條市中遺跡がある（前坂2004）。同時に晩期中葉の埋設土器等が検出されているものの、宮滝1式に比定される土器が数個体分、分割埋置されたような状態で検出されている土坑が1基あり、大阪府向出遺跡で葬送関連遺構としたものに類似する（岡田2000a）。そしてまた、上記した大柳生ツクダ遺跡の後期後葉の可能性ある大型正方形土坑も、類例に列せられようか。当該期、埋設土器盛興以前の墓が、このような形態をとる可能性については、立岡和人が和歌山県溝ノ口遺跡の事例を用いて指摘しているところでもある（立岡2000）。

2.4. 貯蔵穴のある遺跡

葬送関連を想定した大型正方形土坑は、形態上、貯蔵穴との区別が難しく、その再利用の可能性さえ疑ってかかる必要がある。したがって、次に貯蔵穴の検出された遺跡を一瞥する。

曲川遺跡においては、墓域と隣接して検出されているものの、同時存在とは即断できない旨前記した。以下に掲げる3遺跡については、貯蔵穴が複数検出されている事例であるが、いずれも貯蔵穴以外の機能を推定し得る遺構の検出はなく、比較的単純な構成を有する。また、

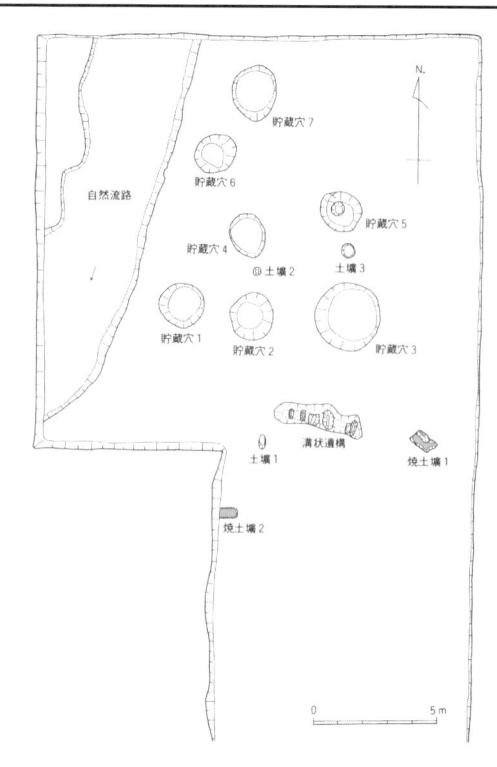

第3図　布留遺跡三島地区平面図
（太田1989）

当該期においては、明確に乾式貯蔵穴と認定できる例はなく、すべて湿式貯蔵穴である。

大宇陀町所在の本郷大田下遺跡では、貯蔵穴が42基、緩やかな谷に沿って群在している（岡林2000）。状態が非常に良好で、貯蔵穴下半には堅果類が取り残されたように集積した状態で遺存し、その上には蓋状に被覆する木材が検出されている。出土遺物は全体に少ないものの、貯蔵穴の数基からは、土器が個体や破片の状態で出土しており、その年代幅を後期中葉から晩期中葉までに求めることができる。しかし、土器型式としては、北白川上層式3期、宮滝式、篠原式の3つに限られ、その他のものは皆無であることから、長期的に利用されたとはいえ、きわめて断続的かつ限定的な利用であった可能性が示唆される。

天理市布留遺跡三島地区においては、自然流路に沿って貯蔵穴7基と焼土坑2基が検出されている（太田1989）。出土土器は晩期前葉に限られたもので、近接する焼土坑も同時存在と見なしてよかろう。その場合、堅果類処理も同地でおこなわれていた可能性が示唆され、煮沸具としての深鉢が主体的に出土していることも首肯される（第3図）。

広陵町箸尾遺跡は継続的に広い範囲の調査がおこなわれ、縄文時代の遺物が所々確認されていたものの、第28次調査区において10基の貯蔵穴が密集して検出されている（光石2001）。出土遺物はやはり少なく、土器型式は後期前葉と晩期中葉のものとがあり、後者が比較的まとまっているので、遺構の年代も晩期中葉と考えてよかろう。この調査区においては、同時期の遺構は検出さ

れていない。

一方、これより約200m南になる第1次調査区では晩期末とされる埋設土器や長形土坑の存在が知られており、第28次調査区とは異なる埋葬空間が形成されていた可能性がある（中井・松田1981）。ただし、年代対比が不十分なため、同時に存在していたものかは判然としない。ただ、遺跡を広くとらえ鳥瞰するならば、貯蔵穴群等の単機能を有する空間についても、それのみではなく、距離を置いて別機能の空間が有機的に配置されていた可能性がここに指摘されよう。

2.5. 小結

以上、奈良県下における縄文時代後期後半から晩期の遺跡を通覧すると、以下の特徴に気づく。すなわち、

①墓群が多いこと。
②貯蔵穴群が比較的単純にまとまってあること。
③居住施設が僅少かつ不明瞭なこと。

この3つの特徴の中で、①、②については、それぞれ独立して存在している場合が多く、遺跡として把握された各空間が単機能的に形成されていることを示唆する。①の埋葬空間の認識においては、複数の機能を推測させる遺構が、同時に検出されている例があるものの、いずれにおいても年代的な利用形態の変化による機能遷移の可能性がうかがえるものであった。それらの空間利用形態を類型化すると、

「橿原型」　　（居住→祭）
「竹内型」　　（居住→祭→墓）
「秋篠型」　　　　　　（墓＋廃棄）
「越部型」　　　　　　　　（墓）

の4つにまとめられ、このほかに大柳生ツクダ遺跡についても、「竹内型」としたもの同様、（居住→墓）といった一類型と把握し得るかもしれない。

②の貯蔵穴群は、その機能が立地を限定することから、比較的小範囲にまとまって検出されている例が多く、布留遺跡三島地区では、堅果類処理まで含めた一連の工程がなされた空間であると推察された。これを「布留型」の空間利用形態と仮称しておこう。よりマクロにとらえれば、箸尾遺跡例のように、ある程度の距離を置いて別機能を有する空間の位置する可能性が考えられる。

最後に問題となる点が、③の居住施設の不明瞭性である。少なくとも奈良県下においては、後期中葉、北白川上層式3期までの竪穴住居跡は知られているものの、後期後半以降晩期までの竪穴住居跡が明らかにされたことはない。上記してきたように、多数群在する墓や貯蔵穴の存在は、被葬者および埋葬者、そして利用者の多さを表そうから、その居住施設が不明瞭な点は矛盾している。近畿地方に視野を広げたところで、後期後半以降、一般に竪穴住居跡の検出例は少ない（関縄研1999）。例え居住期間が短く、顕著な遺構を残さないと仮定しても、季節的移動すら想起される早期でさえ、竪穴住居跡はまと

まって検出されているので、説明としては不十分となろう。やはり、従前、指摘されているように、掘り込みをもたない平地式住居跡が主体となる可能性が高いのかもしれない（中村1996）。また、上記の遺跡類型の中で、「橿原型」や「竹内型」として抽出したように、居住域が別機能の空間に遷移した場合も考えられる。そうした場合、居住施設の認識率は、必然的に低下するであろうから、やはり、これだけの事例をもって、表面的に顕現しているものが、実態であると判断するのは尚早であろう。

3. 近畿地方の集落遺跡

奈良盆地より外に視点を移し、近畿地方全体を対象に、主だった遺跡を、年代ごとに一覧してみよう。先までは、後期後半以降を対象としたが、ここでは後期前半から管見することによって、年代的相違の有無を確認する。

3.1. 後期前半の居住遺構

後期前半としては、北白川上層式期の遺跡の調査例が比較的多い。大阪府仏並遺跡、大阪府縄手遺跡、滋賀県正楽寺遺跡、三重県下川原遺跡を概観する。

大阪府仏並遺跡は、中期末から北白川上層式2期にいたるまでの竪穴住居跡が5基検出されている（岩崎・松尾1986）。住居跡内には所謂「埋甕」があるほか、周辺の長形土坑が墓である可能性が考えられる。後者の年代は不明確なものの、出土遺物からして住居跡と大きく異なることは考えにくいので、ここでは、居住空間と埋葬空間とが明確に分離されるわけではなく、近接して存在していたものと判断されよう。

大阪府縄手遺跡も、北白川上層式1期から2期にかけての竪穴住居跡が11基検出されている（原田ほか1976）。約20mの空閑地を弧状に取り囲むように住居跡が一部重複して散在し、未調査区も含めて環状配置となる可能性も指摘される点、重要である。冒頭にも記したとおり、西日本に典型的な「環状集落」は認め難いとされるが、「広場」ともみなされる不可侵な空閑地を保有し、それを巡って2棟以上の居住施設が営まれていたも

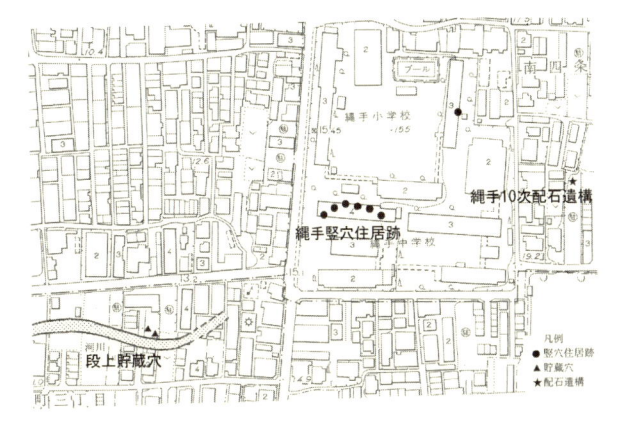

第4図　縄手・段上遺跡平面図（木村2003に追記）

のと想定し得るならば、規模こそ異なるものの、集落形態の一類型として把握することは可能であろう。また、その間に長形土坑が数基認められることから、埋葬空間が併設されていたものと考えてよかろう。この点については、先の仏並遺跡と共通する。しかしながら、東へ約100m離れた第10次調査地では、北白川上層式2期に限定される配石遺構が検出されており、祭祀空間が分離していた可能性はある（芋本1987）。京都府北白川追分町遺跡においても、北白川上層式1期の配石遺構と埋設土器とがまとまって検出される空間があり（中村1977）、同様に空間機能分化のあり方が見て取れる。

　縄手遺跡の南西に隣接した段上遺跡は、別遺跡とされているが、この第13次調査で検出された貯蔵穴は北白川上層式2期のものと考えられ、縄手遺跡と一連と把握してよい（木村2003）。住居跡の検出されている空間から南西に約150mの距離を隔てて西流する流路内に設けられており、あわせて東西約300mの範囲において、居住および埋葬、祭祀、貯蔵という機能の異なる空間が有機的に配置されていることが推察される。したがって、近畿地方における当該期の良好な集落モデルと理解することが可能であろう（第4図）。

　滋賀県正楽寺遺跡では、流路沿いに貯蔵穴群、掘立柱建物跡、環状木柱列が、やや離れて竪穴住居跡5基が検出されている（植田1996）。土坑墓と推定されるものは確認されていないものの、流路内に土器溜まりのほか、人骨が検出されており、儀礼的な廃棄行為とともに最終的な埋葬に至る以前の骨化が執り行われていた可能性はある。出土土器型式は北白川上層式1期から3期にかけてまであり、すべてが同時併存していたとは考え難く、特に貯蔵穴群と環状木柱列は重複関係にある。また、竪穴住居跡は、一ヶ所を除いて約70mの距離を置き散在しており、まとまって検出された部分は、貯蔵穴群との間、約50m離れているものの、ほかは隣接しているような状態にある。縄手遺跡のように明確な空間分化をここに看取することは難しく、まったく異なる集落構成と理解してよかろう。仮に貯蔵穴群を時期の異なるものと理解した場合、環状木柱列を中心に掘立柱建物跡が半環状に巡り、その外縁に竪穴住居跡が位置し、対面する流路に廃棄域を設置していたとする想定も成り立つかもしれない（第5図）。

　三重県下川原遺跡は、敷石をもつ柄鏡形住居跡の存在が著名である。北白川上層式2期の竪穴住居跡6基が検出されており、調査者は直径約30mの広場をはさんだ帯状配置を想定している。竪穴住居跡の間は約35mの距離をもって3ヶ所に分かれており、正楽寺遺跡同様の帯状分布と理解することも可能であろう。柄鏡形住居跡内に所謂「埋甕」が認められるほか、あわせて9基の埋設土器が住居跡に近接して存在している（門田1997）。

　以上、後期前葉の集落遺跡を管見してきたが、ここで明らかなことは、居住空間と祭祀空間、貯蔵空間が比較的明瞭に分離され、若干の距離を置いて近傍に配置される事例のあることである。なおかつ、その数こそ多くないものの、居住施設は広場と目される空閑地を意識するような配置がとられている可能性が指摘され、居住空間には埋葬施設も併設されている点、特記されよう。

3.2. 後期後半以降の居住遺構

　後期前半に対し、後期後半から晩期にかけての近畿地方における集落遺跡とされるものを概観することによって、前記したところの奈良盆地の様相を肉付けしよう。竪穴住居跡等の居住遺構の検出されている遺跡には、貯蔵穴がともに確認されているものと、墓とともに確認されているものとがある。

3.2.1. 居住遺構と貯蔵遺構

　前者の事例としては、兵庫県佃遺跡、滋賀県穴太遺跡等がある。いずれも後期後半の事例である。

　佃遺跡には、遺構面が4面あるが、第3文化層として認識された南区崖下の貯蔵穴群と、丘陵上の北区に復元された平地式住居跡とが後期中葉に相当する（深井編1998）。概ね北白川上層式3期から一乗寺K式への移行期に相当しよう。貯蔵穴群と建物との距離は約30mを測り、縄手・段上遺跡のそれと比べるとかなり近接している。ただし、当遺構の同時性の認識は、あくまで層位的な判断であり、出土遺物より認定したものではない点から、同時性に基づく厳密な議論をするには多少困難を伴う。また、復元された建物跡についても、ピットのみ

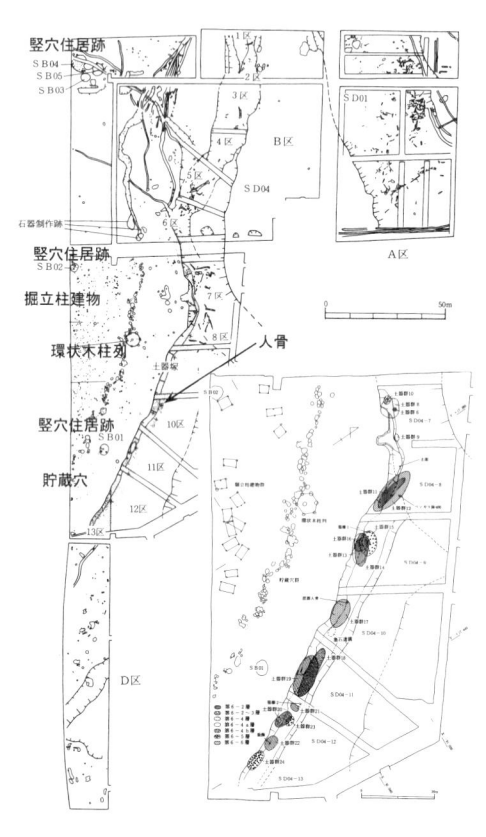

第5図　正楽寺遺跡平面図（植田1996改変）

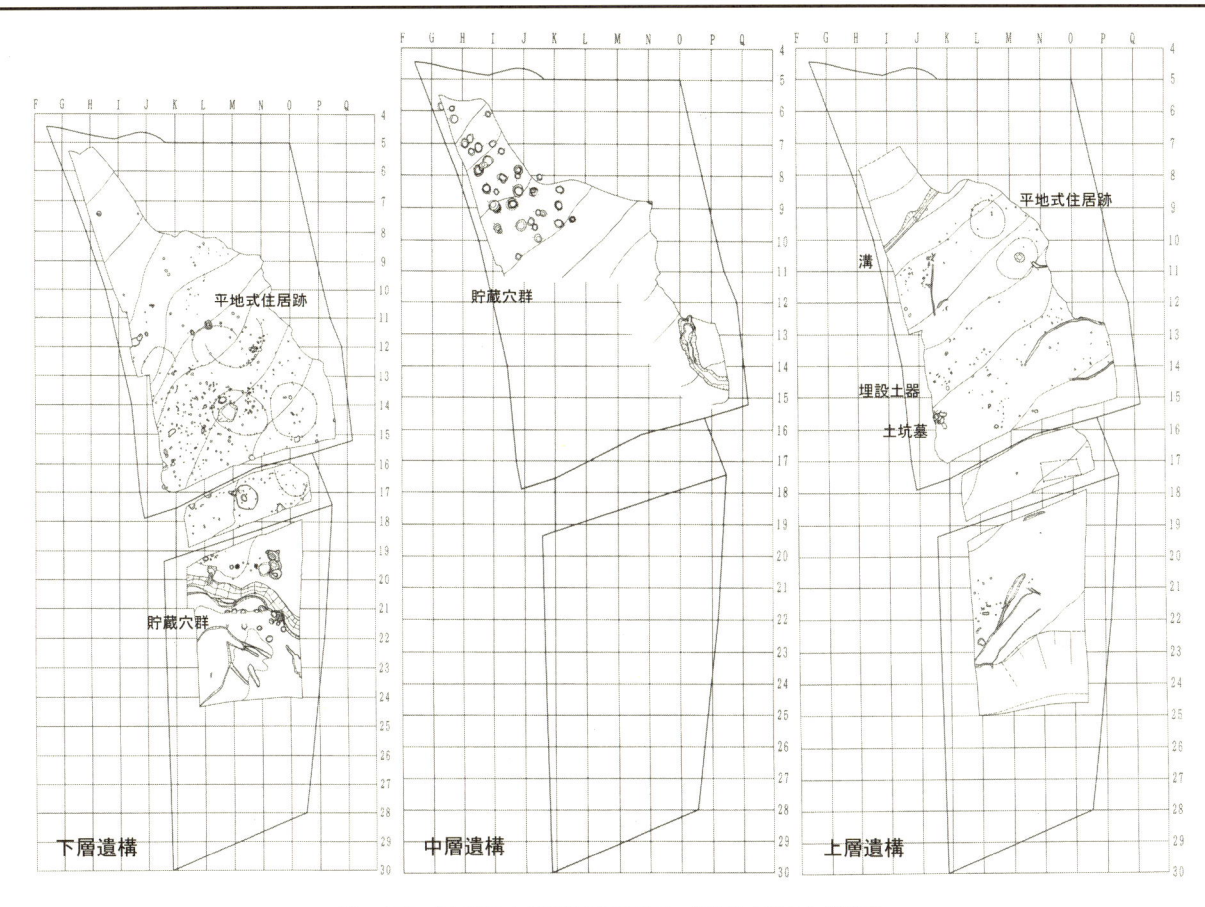

第 6 図　佃遺跡各遺構面平面図（深井 1998 に追記）

から構成され、炉跡等の施設を伴わないことから、その存在を確実視することが難しい（第 6 図）。

一方、京都府森山遺跡は、貯蔵穴こそ確認されていないものの、丘陵上に竪穴住居跡 6 基以上、配石遺構 2 基が検出されており（近藤 1977）、その年代は元住吉山 I 式から元住吉山 II 式の間にほぼ限定される（小泉・岡田 1997）。直径約 20 m の空閑地をはさんで対峙して住居跡が配置されるよう見受けられることから、後期前半同様、2 群一対構成を意識したものと解釈することもできよう。ただし、墓と認定し得るような遺構は抽出できない。佃遺跡の例を考慮すると、現在、比高差 15 m 程ある西側の谷に、貯蔵穴が潜在する可能性を想定することもできよう（第 7 図）。これと類する状況を示す遺跡に、後期後葉の三重県森添遺跡があるほか（奥・御村 1988）、直径約 40 m の環状構成という想定がなされている滋賀県吉身西遺跡等も加えられるだろう（守山市埋文セ 1988）。

穴太遺跡は、佃遺跡や森山遺跡と異なり、丘陵上ではなく、河畔林の繁茂する水辺近くに立地する。元住吉山 I 式から元住吉山 II 式にかけての竪穴住居跡 6 基、配石遺構 3 基が検出されているほか、流路に面して貯蔵穴が 2 基検出されている（仲川 1997）。立地が不安定に見受けられるものの、2 ヶ所の竪穴住居跡が重複関係を有していることから、比較的定着的な土地利用がなされていたものと推測される。各施設が近接しながらも、流路に沿って散漫に配置されており、丘陵部に対する低地部の居住形態として類型化し得よう（第

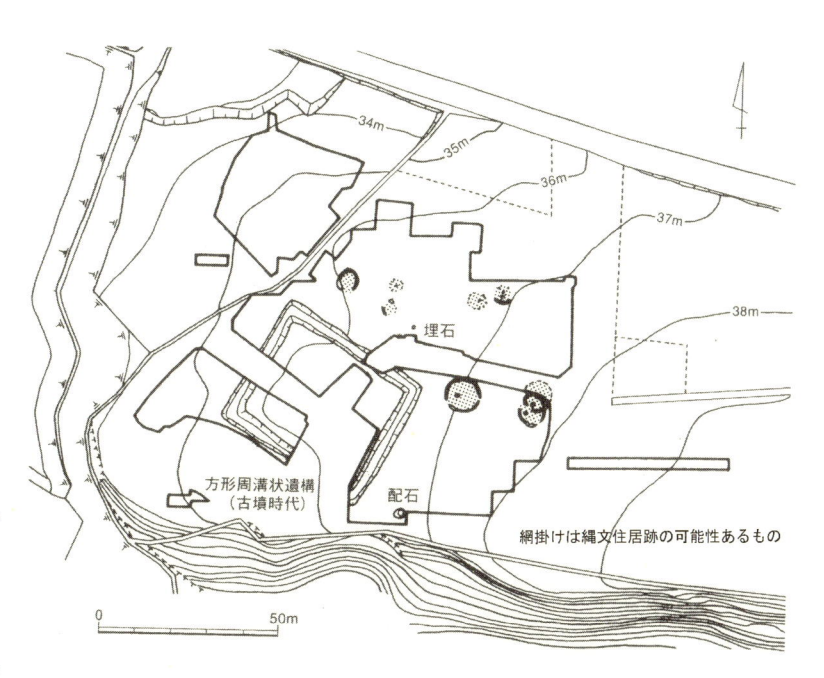

第 7 図　森山遺跡平面模式図（岡田 2002）

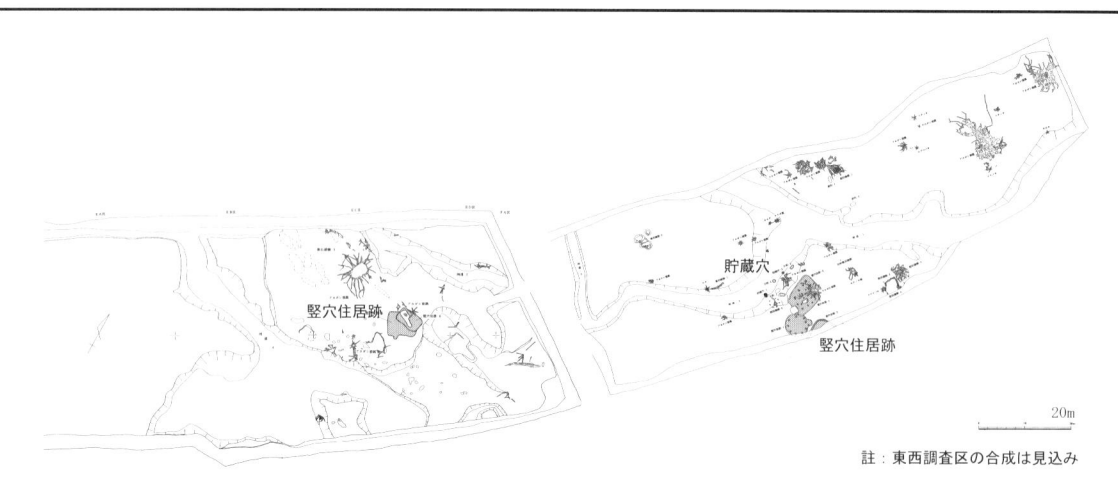

第 8 図　穴太遺跡 E～G 区平面図（仲川 1997 を改変）

8 図）。

3.2.2. 居住遺構と埋葬遺構

次に墓と考えられる遺構を伴う事例を概観する。三重県下川原遺跡、大阪府長原遺跡等があり、後期後葉から晩期にかけてのものである。

後期前葉の項でも取り上げた三重県下川原遺跡には、晩期前葉から晩期後葉にかけてのまとまった遺構群も検出されている。埋設土器 26 基が、約 30 m の範囲に帯状に集中しており、そこより若干外れて竪穴住居跡が 1 基検出されている（門田 2000）。竪穴住居跡覆土出土の土器型式は篠原式であり、埋設土器の多くも同型式なので、少なくとも当該遺構と埋葬空間とが併存していた時期のあったことは間違いなかろう。

貯蔵穴も検出された佃遺跡では、その第 6 文化層から晩期中葉の平地式住居跡 2 基と埋設土器 5 基、長形土坑 4 基のほか、分割原石集積土坑 1 基とがともに検出されている（深井編 1998）。建物中央の土坑出土の土器型式は篠原式古段階、埋設土器は滋賀里式 3 期から篠原式中段階にかけてのものであるので、ここにおいても、下川原遺跡同様、居住空間と埋葬空間とが併存していた時期のあったことが確認できる。建物跡と埋設土器群とは、約 15 m の距離を置いて、帯状分布が平行するように検出されており、その間に空間分割意識を見て取ることは可能であるものの、これらの北に位置する 1 条の溝の外には、顕著な遺構が確認されないことから、「家」と「墓」との分割というよりも、それらを含む「ウチ」と、「ソト」という分割意識のほうが大きかったものと推測される（第 6 図）。

これらと同様、居住空間と埋葬空間とが隣接している可能性のある事例に、大阪府長原遺跡がある。長原式の標式資料を提供した 4J-2 地点では、竪穴住居跡 2 基に近接して、墓坑と考えられる長形土坑が数基検出されている（田中ほか 1982）。ただし、埋設土器 11 基、長形土坑 10 基のほか、サヌカイト集積土坑や石棒埋納土坑等が検出されている明確な葬祭空間は、ここから約 150 m 東に離れた 4J-8 地点であり、その約 80 m ほどの範囲には、居住関連遺構は認められない（松尾ほか 1983）。また、遺構の分布は空閑地をはさんで 2 群に分かれているようにもみうけられ、見方によっては、環状構成と把握することも可能であろう。そのことからすると、佃遺跡等とは異なり、4J-8 地点のような大きな葬祭空間が広がる一方において、近傍の 4J-2 地点に居住施設がわずかに存在しているような景観が想起される（第 9 図）。

したがって、少なくとも晩期前葉から終末まで、居住遺構と埋葬遺構とが近接して構成される例のあることが指摘される。ただし、前者に対し、後者の数およびその分布範囲の広い点が注意され、後期前葉には認められなかった現象として類型化できるであろう。奈良盆地において注意された曲川遺跡の事例についても、この類型に比定し得る可能性がある。

3.2.3. 埋葬遺構

最後に、居住遺構の検出されていない、比較的大規模な埋葬遺構群を概観する。

大阪府日下遺跡は、学史的に重要な遺跡であるばかりでなく、環状配置をとる墓坑群の存在が著名である。それを構成する墓坑は 7 基からなるが、このほかにも墓坑が 10 基、埋設土器が 3 基検出されているので、「環状列墓」という認識自体、その実在性を再考する必要がある[(2)]。埋設土器の型式が、滋賀里式 3 期から篠原式に相当し、なおかつ包含層中に凸帯文土器が認められないことから、その設営年代は、晩期前葉から晩期中葉にかけてと想定されている（吉村 1986）。ところで、同じ第 13 次調査区においては、石囲炉を有する滋賀里式 1 期の竪穴住居跡が検出されており、その覆土は貝層によって形成されている。したがって、後期末に居住空間として利用されていた場が、廃棄場となり、晩期前葉にいたって埋葬空間へと遷移したものと考えられる。その点、奈良盆地における「橿原型」ないしは「竹内型」の類型と対比することが可能であろう。

滋賀県滋賀里遺跡は、埋葬人骨の検出された墓坑 44

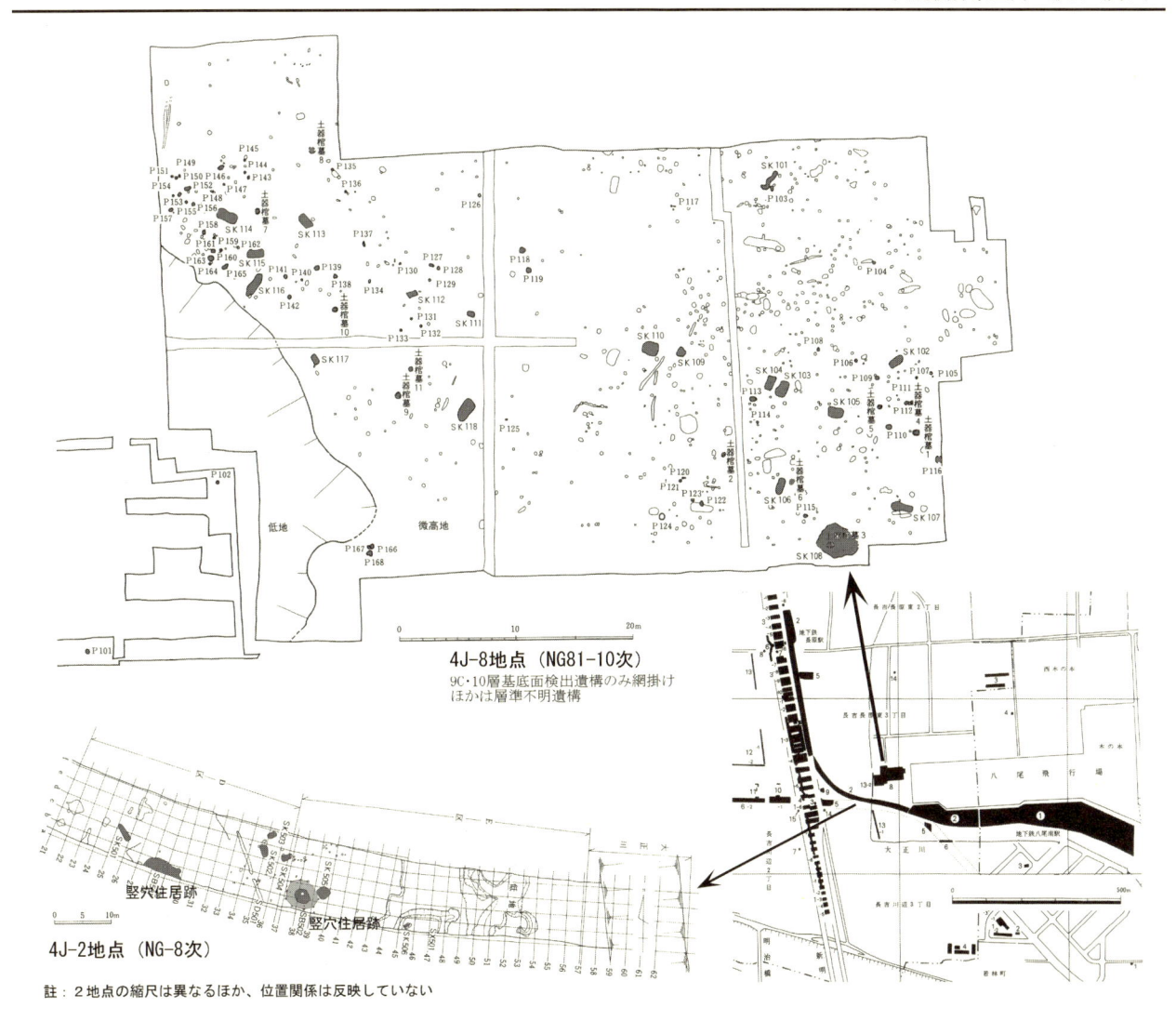

第 9 図　長原遺跡平面図（田中 1982・松尾 1983 を改変）

基と墓坑の可能性あるもの 37 基、埋設土器 25 基が検出されている。晩期土器編年の基礎を提供した報告だけあって、各墓坑の包含土器および埋設土器の型式比定が可能な限りなされており、それらが晩期前葉から晩期後葉にかけて連綿と営まれたことが了解される（田辺・加藤 1973）。扇状地微高地上に位置する東西約 34 m の調査範囲内には、隅々にまで墓坑が分布していることから、単純に埋葬空間としての機能を有していたものと考えられよう。その点、環状構成こそ指摘されないものの、奈良盆地における越部型と対比することができる。北側の谷

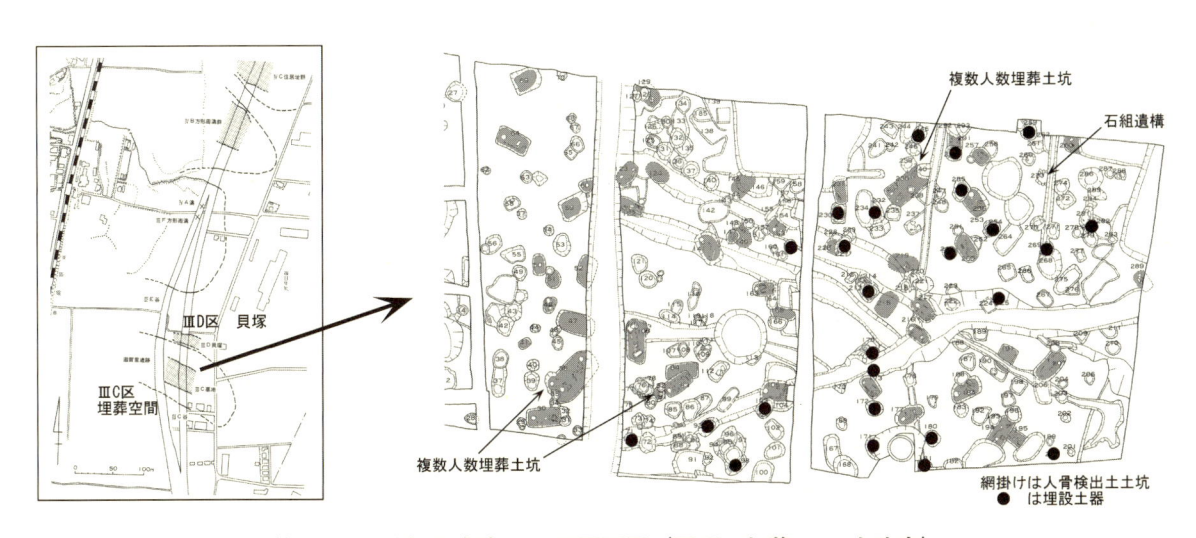

第 10 図　滋賀里遺跡 III C 区平面図（田辺・加藤 1973 を改変）

は貝塚を伴う廃棄場として用いられたようで、最下層は貯木場との想定もなされているが、貯蔵穴等は検出されていない（第10図）。

滋賀県北仰西海道遺跡も詳細不明であるものの、後期末から晩期後葉にかけての墓坑とされるもの100基以上、埋設土器90基が検出されており、近畿地方随一の質量を誇る埋葬空間と理解されている。それらが約100mの環状に分布するという認識が示されているものの（葛原1987）、明瞭とはいえず判断に躊躇する。ただし、その内には明確な居住遺構等は確認されておらず、やはり「越部型」と対比可能である。

以上は、ほとんど晩期の事例であったが、大阪府向出遺跡と三重県天白遺跡には、後期後半の大規模埋葬遺構群がある。向出遺跡では後期中葉から晩期中葉までの長形土坑75基、大型正形土坑84基、晩期中葉の埋設土器3基のほか配石遺構等が検出されている（山元編2000）。約30mの空閑地を有し、墓坑群が約100mの半環状構成をとるようにも見受けられる。土坑出土土器の接合関係も、これを傍証するかのように、空閑地を挟んだ両側、約100mの距離を有するものが接合する事例があり、このほかに、近接する土坑より出土したもの同士の接合例もある（第11図）。したがって、大型環状構成をとるばかりでなく、その中にさらに別の小単位があって、重層的な構成となっている可能性が指摘できる[3]。

天白遺跡は、向出遺跡と同期する後期後半から晩期前葉に営まれたものと考えられる。配石遺構や埋設土器、墓と考えられる長形土坑等が認められ、大量の遺物が廃棄されていることから、葬祭空間とみなしてよかろう（森川1995）。配石遺構や遺物の分布は、約50m程の環状を描き、中央約30mの空閑地には、配石墓かと思われる遺構が4基、南北列状に配置されている。また、環状部分の所々には配石の密集する個所が認められることから、向出遺跡同様、環内小単位をもつ重層的構成となっている可能性も指摘できよう（第12図）。

埋設土器は、元住吉山Ⅱ式から滋賀里式1期に比定されるものが26基検出されおり、近畿地方では類例のほとんどない時期だけに貴重な存在である。向出遺跡においては、形態類似する配石墓が若干検出されてはいるものの、天白遺跡のような平面同心円状の配石遺構はなく、当該期の埋設土器についても1例もない。また、出土遺物にしても、被熱した石棒、石剣・石刀類が多く出土する点は共通するものの、天白遺跡に見られる大量の土偶は、片鱗も認められない。すなわち、両遺跡は共通する点の多くから、機能的に相違は大きくないと考えられるものの、配石、埋設土器や土偶といった、その作法に顕著な相違が現れているものと思われる。これを地域性と還元するのは簡単であるが、当該期の東海地方の様相が不明な現在、そう結論づけるのは尚早であろう[4]。

少なくとも、後期後半のこの2遺跡の事例で確認できるのは、居住遺構を伴わない葬祭空間が、重層的な環状構成をとって存在する可能性の高いことで、この延長上に、晩期の「越部型」としたような遺跡が形成されているものと考える。

4. 後晩期集落遺跡の類型化とその関係

以上、奈良盆地内に引き続き、近畿地方の後期前半から晩期末までの主要な遺跡を概観してきた。居住遺構との関係を軸に、空間利用形態のあり方を折に触れ類型化してきたが、ここで今一度まとめ、それらの関係について考察しておこう。

表1に掲げた12類型は、居住遺構、貯蔵遺構、埋葬遺構、祭祀遺構といった機能的大枠を仮定したもので、必ずしもその想定が適当ではないかもしれないが、これらの年代的動態を把握することで、空間構成法の変化を認めることができる。

4.1. 葬祭空間の別離

後期前半の「正楽寺型」と「縄手・段上型」は、居住空間と貯蔵空間、祭祀空間を統合的に組み込むか否かの違いが大きい。前者と類似の事例は、後期後半にも穴太遺跡で認められ、自然堤防等、低地部の限られた立地において採用された類型であると理解することができる。

一方、後者は、居住空間が「広場集落」とも評価し得

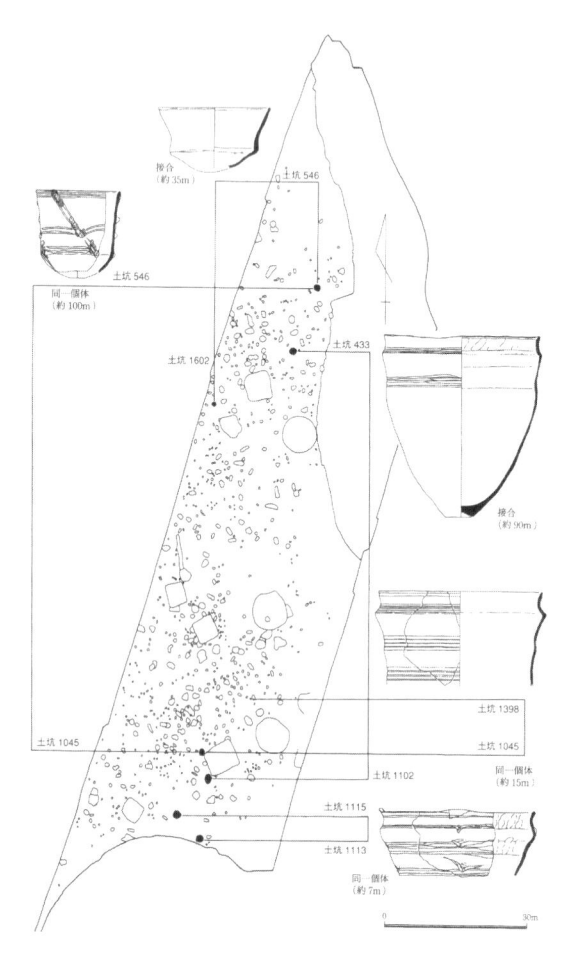

第11図　向出遺跡土器接合関係図（岡田2000）

る形態をとるもので、祭祀空間、貯蔵空間が分割布置されたものである。後期後半の事例において、この「集落」部分のみ検出されているものを「森山型」、貯蔵空間のみのものを「布留型」と認識していると考えることも可能であるが、「森山型」は、居住空間に埋葬施設の併設されない点が大きく異なり、貯蔵穴がやや離れた谷部に存在する「佃下層型」においても、「縄手・段上型」から埋葬施設を除いたものと理解するならば同様である。したがって、このことが後期後半の特色であると考えたい。

後期後半以降、晩期に至るまで、埋葬空間が居住空間から離れ、それのみ、ないしは祭祀空間を伴う形で発見される例の多いことは先学が多く指摘してきたところである（大野 2001 等）。広大な埋葬空間を有する「向出型」や「滋賀里型」、「秋篠型」や「越部型」としたものは、後期後半の標徴的な遺跡のあり方とも理解することができよう。すなわち、後期前半の居住空間から埋葬空間が排除されるとともに、埋葬空間は独立し、このような各種類型の葬祭遺跡が形成されることになったものと解釈される。そうした場合、縄手遺跡や北白川追分町遺

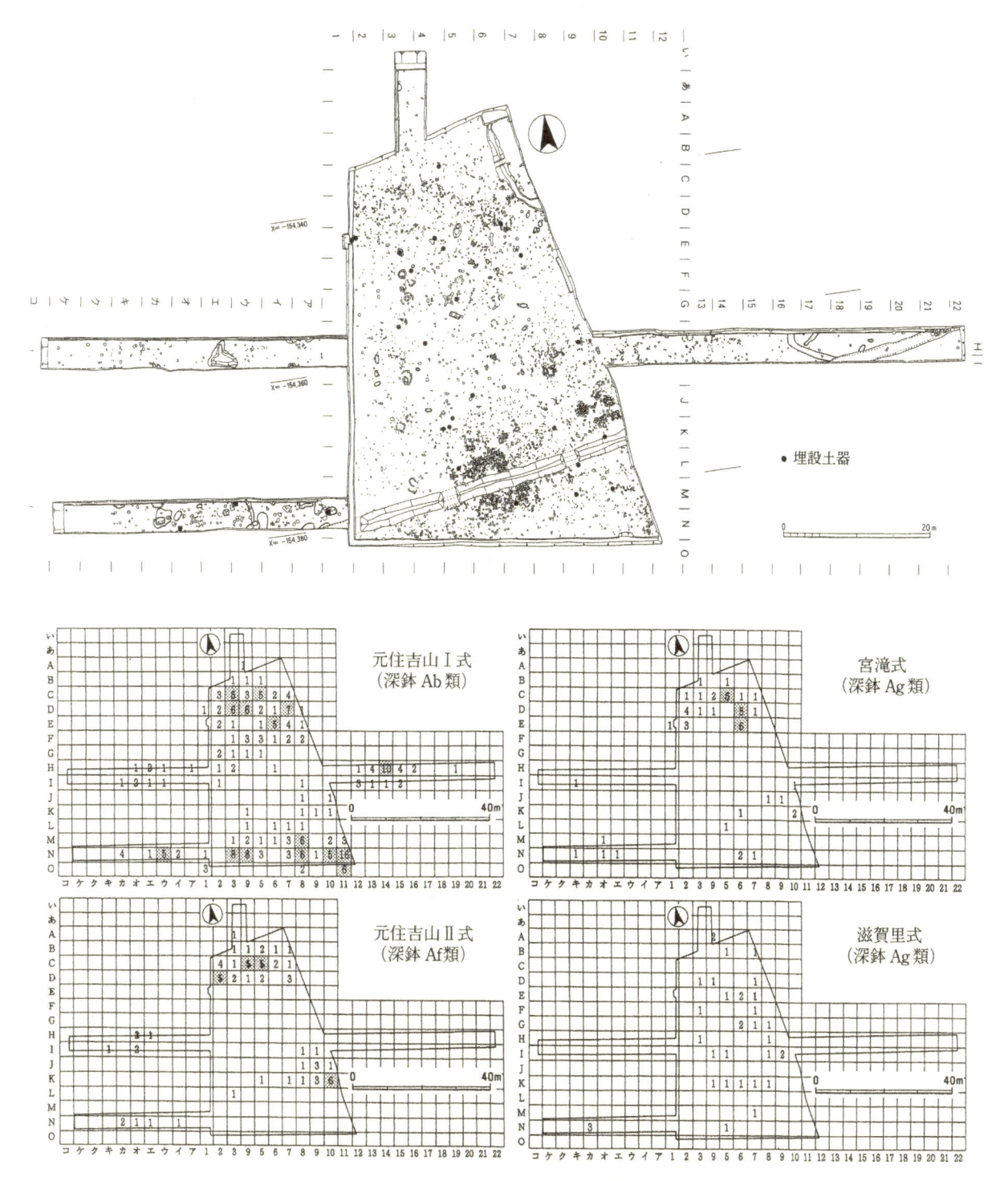

第 12 図　天白遺跡平面図および型式別土器分布図（森川 1995 を改変）

跡で検出された、居住空間から分離された祭祀空間は、その兆しとも考えることができる[5]。そして、そうした祭祀空間に埋葬空間が合流し、規模を大きくしたものが、天白遺跡や向出遺跡のような類型であると理解することも可能であろう。

ここで注意される点は、向出遺跡、越部ハサマ遺跡等の葬祭空間に指摘されもした環状構成、ないしは広場囲繞構成が、縄手遺跡や吉身西遺跡等の居住空間にも、共通して指摘されることのある空間構成法だということである[6]。先の理解にしたがえば、それはまるで、後期後半を接点として、居住空間から葬祭空間へ移行したようにも見受けられる。しかし、居住空間を中心とするのではなく、この構成法を基軸として発想するならば、先とは逆に、広場を有する空間から、居住施設のほうが欠落していったと理解することも可能であろう。すなわち、広場を囲繞する「墓」と「家」という空間から、「家」という居住機能空間のほうが別に移っていったとの理解である。

こういった環状構成ないしは広場囲繞構成が、中央に広場を有するが故の空間的集約装置であると仮定するならば（丹羽1993）、その役割は、居住を伴う空間から葬祭空間へ移行したものと解釈することも可能となろう。これには、演劇的集約装置とも言える祭祀と、生者と死者を結ぶ一連の埋葬行為の合体も傍証として加えられよう。「橿原型」や「竹内型」とした、居住遺構から葬祭遺構への累積型は、こうした移行の過程を示すものと理解したい。

なお、後期後半から晩期においても、「下川原型」としたような、居住遺構と併存する埋葬空間は存在する。下川原遺跡にしても、佃遺跡にしても、埋設土器の年代幅からすると、居住施設はその盛興期にあたっているので、「竹内型」のような居住から葬祭への移行を示す類型とは考えられない。それらはやはり、居住空間から遠く離れずに葬祭空間が営まれていると理解するしかないであろうし、佃遺跡のように、居住遺構、埋葬遺構を一括した「ウチ」と、「ソト」とを区画するような事例が存在する以上、上記したように、すべての居住空間が葬祭空間から除かれていったと理解することはできないものと考える。

佃遺跡の場合、細長い丘陵先端部という制約された立地ゆえのあり方であると特殊化することもできるが、正楽寺遺跡、穴太遺跡といった低地部の遺跡と共通した理解を示すならば、そうした観点を強いるのは難しかろう。こうした遺跡のあり方については、冒頭にも掲げた泉拓良の集落論が、生態学的観点から十分考究しており、やはり、低地部利用を特色とした西日本一般の集落モデルと理解するべきもので、晩期にいたっても継続して営まれている類型なのであろう。

しかしながら、本稿においては、むしろ、これら「日常的な採集活動の場とした低地部の集落」（泉1985）遺跡を相対化することに主眼を置いた。すなわち、そういった形で把握される小集団を前提としつつも、それらが相互に、どのような関係を保っていたかが窺われるであろうと考えたからである。この点、泉のこの時点における研究は、十分な回答を与えてくれない。佃遺跡と同じく、居住遺構と埋葬遺構とが併存する下川原遺跡や長原遺跡では、居住遺構の数に対する埋葬遺構の数が飛躍的に大きい点に特徴があり、そこに検出されている居住施設の構成員のみをもって、その規模の埋葬施設すべてに充当させるのは無理がある。特に、後期後半以降の独立

表1 近畿地方縄文時代後晩期の遺跡類型

【単機能型】	内　容	年代 後期	年代 晩期	代表的遺跡
越部型	墓		■	越部ハサマ遺跡、北仰西海道遺跡
布留型	貯蔵	▨	■	布留遺跡、本郷大田下遺跡
【複合型】				
正楽寺型	居住＋祭＋貯蔵？	■		正楽寺遺跡、穴太遺跡
森山型	居住＋祭？	■		森山遺跡、吉身西遺跡
下川原型	居住＋墓	■	▨	下川原遺跡、佃遺跡、長原遺跡、金屋遺跡
向出型	墓＋祭？	■	■	向出遺跡、天白遺跡
秋篠型	墓＋廃棄		■	秋篠・山陵遺跡、大県遺跡、西坊城遺跡
【布置型】				
縄手・段上型	居住＋墓／貯蔵／祭	■		縄手・段上遺跡、仏並遺跡
佃下層型	居住／貯蔵→廃棄	■		佃遺跡
滋賀里型	墓／廃棄		■	滋賀里遺跡
【累積型】				
橿原型	居住→祭	■		橿原遺跡、小川原遺跡
竹内型	居住→祭→墓	▨	■	竹内遺跡、日下遺跡

した葬祭空間は、その規模からしても、生業を基盤とする小集団が単独で形成したとは到底考えられず、それらが複数集まって、共同形成したものと考えるのが無難であろう（岡田2000b）。そして広場を囲繞する配置とともに認められる重層的空間構成が、生者の社会を象徴するよう設営されている可能性は十分ある（水野1968）。

こうした仮定の上に立つならば、空間構成の大きく変化した、後期後半以降の近畿地方における社会組織的な複合のあり方を過小評価することはできない。特に、すべてに普遍化できるものではないとはいえ、そうした空間構成の変化が、何故顕現するのか、その背景の考究は課題となってこよう。

4.2. 大規模葬祭空間形成の背景

これらの問題を考えるにあたって、後期後半以降の石鏃大量化に関する議論は重要であるかもしれない。後期前半の京都府桑飼下遺跡の報告において、渡辺誠が提唱した「桑飼下型経済類型」は、植物質食糧採集活動を基盤とすることを重視して打ち出されたものであるが（渡辺1975）、後期後半の森山遺跡の概報で注意された石鏃の多量さは、これと対極をなすものである（近藤1977）。これを即座に生業に結びつける見解について、厳に戒めるべきであることは、大下明の指摘する通りである（大下2004）。しかし、その出土が機能的に特殊な空間であるという点だけをもって、この現象が生業の何をも反映していないと考えることにも無理がある。戦争や模擬戦といった想定を積極的に証明することができない現状においては、その背景に、狩猟活動の強化が作用している可能性は十分考えられよう。

向出遺跡や西坊城遺跡、秋篠・山陵遺跡といった葬祭空間の特徴として、焼獣骨の埋納、散布が挙げられるが（岡田2003a）、これは東日本においても同様に、後晩期の葬祭空間に特徴的な現象である。また、橿原遺跡においては、西日本では稀なイノシシ形土製品の出土が知られ（末永1961）、そこにおける動物遺存体の多量性とともに、それらの資源に対する比重の少なくないことを示唆していよう。

以上のようなことから判断するならば、後期後半に見られる葬祭空間における石鏃大量廃棄は、小集団の集合する場における、狩猟活動の強化を象徴するものと推察され、その契機として東日本で想定されるような集団狩猟の存在した可能性も射程に入ってこよう。すなわち、大規模葬祭空間の共同設営と、個別小集団のキャッチメント・エリアを統合する集団狩猟とが、後期後半に相関的に継起していると理解したい。

泉拓良は、西日本における縄文時代中期末から晩期にかけての漸次的な人口増加、およびそれに伴なう人口密度の増加を重視する（泉1999）。上述してきた通り、後期から晩期にかけての遺跡類型の多様化、ひいては空間機能の分散があるとすれば、遺跡数がそのまま人口に比例するものと考えるのに無理はあるものの、個別埋葬遺構の増加があることは間違いなく、やはり、いくらかの人口増加を仮定し、それを評価する必要性は否めない。そのような状況下、それぞれの小集団が、これまでのように銘々キャッチメント・エリアを保持していたら、無理が生じるのは明らかである。その結果として採用されたのが、集団狩猟を通じた小集団間の統合強化であったのだと考えたい[7]。

これには当然、反対の見解もあり得る。すなわち、所謂「後晩期農耕論」に代表される視点を導入するもので、少なくとも後期後半には、イネを含む焼畑農耕が存在すると考えるものである。このことによって、生態学的限界を克服し、除草等にかかる労働力の集約化が、葬祭空間の再編に反映されているとするのである。しかしながら、凸帯文1期以前の近畿地方において、これを示唆するような道具立てはそろっていないばかりでなく、植物種子圧痕観察、植物遺存体同定、花粉分析の結果において、肯定的なデータはひとつとしてない。やはり、これまである見解と同じく、せいぜい多種多様な植物資源の管理、栽培が積極的に行われていたことを指摘できる程度であろうから、この段階においては、「農耕」を評価する見解は排除してもよかろう[8]。

近畿地方における後期前葉までは、泉拓良の分析したように、生態系に依存した小集団を基礎的単位とする、比較的完結的かつ緩やかな集団間関係を営んでいたものと想定する。徐々に顕わになる人口増加を契機として、中期末には低地部微高地上へ進出するとともに（泉1985a、大野1997）、後期前葉までに集落内機能の布置的展開が認められるようになり、後期中葉から晩期にかけて、独立した葬祭空間に象徴される小集団間の統合を強化するような社会組織的再編成が行なわれたと考えたい。

後期後半以降の集合化して大規模となった葬祭空間においては、故人の位置づけが、個別小集団への帰属から、統合集団のそれへと象徴的に移行したものと解釈することもできよう。こうして小集団間の結束が、葬祭空間、および、そこにおける儀礼行為において保証されることによって、各々の小集団は、従前の通り、それぞれの規模に相応の生態系に依存した採集活動をおこないつつ、広範囲を対象とした組織的狩猟採集活動を複合的に取り込んでいったものと思われる[9]。

この一方において、後期後半以降、不明確となる居住遺構のあり方は、日常をともにする基礎的な集団が小規模であるとともに、その居住施設に対する投下労働量の大きくないことを意味しよう。この背景として、限られた生態資源を、多くの小集団が利用することにともない、集団を可能な限り小さくし、お互い頻繁に移動を繰り返していた可能性が考えられる。そして、当然、このようなことを可能にするには、個別小集団間の関係が緊密であり、相互のコミュニケーションがとれていることと、

婚姻関係を含む小集団間の柔軟な再編統合が常に可能となっている必要がある。

こうして、それぞれ別途、個別小集団が日常的な生業活動を営みつつも、貯蔵、加工処理や狩猟等において集合する機会をもち、またそれらは、葬祭の場において、生と死という再生産の儀式とともに、重層的組織の再生産が繰り返されることによって保証される（渡辺1991、設楽2004）。こうしたシステムが機能した社会が、少なくとも近畿地方の後期後半から晩期にかけて展開していたものと考える。

5. まとめ

本稿においては、近畿地方における縄文時代後期前半から晩期にかけての集落類型を通覧し、それらの関係を整理することによって、後期中葉の画期を見出し、後期後半から晩期にかけての集落構成および、それを設営したところの社会組織のあり方を考察した。各遺跡の検討には不十分な点も多いものの、近畿地方集落研究の重要な視点である生態学的な観点を意識しつつも、後期後半以降の葬祭空間の大規模化に焦点をあてることによって抽出した大枠の理解については、ひとつの仮説を提示できたものと自負している。

しかしながら、熟慮すべき課題は少なくない。ひとつは、後期中葉の画期のあり方で、その具体的な変質のプロセスと、その背景を考究する必要がある。特に後期中葉は、遺物の上からも画期と見なせる部分が多く、それらをあわせ総合的に考察していく必要があろう。また、天白遺跡に東日本的要素が多く窺えることからも、その地域的な比較研究を進める必要がある。

いまひとつは、ここに提示した近畿地方縄文晩期社会が、弥生時代前期にいたって、どのように変質するのかという古くて新しい問題である。それを考えるにあたって、後期後半以降の集落のあり方が、先述したとおり、「農耕」を介在させることでも解釈し得るとすれば、まさに「農耕」を基礎とする弥生社会への移行は難しいものではなかろう。この移行の問題について、縄文時代後晩期における農耕の存在を積極的に評価することによって、連続的に解決しようとする意見もあるが、筆者はこの立場をとるべきではないと考える。すなわち、当該期の社会構成のあり方からして、それを受容、導入し得る状態であったのか、また、その契機は何であったのかを検討し、弥生時代における集落のあり方と比較した上で議論するべき問題であると考える。その点、本稿における検討は、重層的組織のあり方を提示し得た点において、通時的連続性の議論の余地があることを示したものの、縄文後晩期社会は、広場ないし葬祭空間という集約装置を基礎とするという理解において[10]、非連続的な点が生じてくるかと思われる。これらの問題については、編年整備とともに詳細に分析するべきであろうから、本稿の目的とするところではない、別稿を期して擱筆する。

下記の方々との会話や議論から、啓発、教示を受けた部分が多くあった。記して感謝したい。なお、本文中の敬称は、誠に失礼ながら、すべて省略させていただいた。御寛怒願いたい。

赤澤　威、泉　拓良、伊藤雅和、大野　薫、小林義孝、佐々木好直、瀬口眞司、橋本裕行、平岩欣太、深井明比古、松田真一、水野敏典、水野正好、光石鳴巳、矢野健一、山元　建、（故）家根祥多

註

（1）石囲炉が中期末から後期前半に盛興することはしばしば指摘されてきた点であるが、後期中葉に見られなくなるにもかかわらず、後期後葉の短い期間に再び盛興することは、あまり注意されていない。前者同様に重視されるべき事柄である。

（2）この点については、大阪府向出遺跡の分析結果とともに、第2回関西縄文文化研究会の討論の席上で、疑問を提起したことがある。向出遺跡の報告書においても、向出遺跡発掘当初において喧伝された「環状列墓」とともに、その認識に対する考古学的視点からの疑問を提示しておいた（岡田2000）。それを肯定する立場からは、積極的に血縁関係等の解釈が示されているが、考古学的仮説であることが明示されておらず、その扱いには疑問を感じざるをえない。その存否については、今後、人骨出土のある事例にもとづき、人類学的分析がなされて、はじめて説明し得ることとなろう。

（3）この報告時には、向出遺跡の大型正形土坑としたものから、明確な人骨の出土がないまま、二次葬を視野に入れた「埋葬関連遺構」とする仮説を示しておいた（岡田2000）。その後の阪南市教育委員会の範囲確認調査によって、同様の大型正形土坑から、焼獣骨とともにヒトと同定されるものの検出があったことを付記しておく（田中2005）。

（4）東海地方の様相としては、愛知県足助町の今朝平遺跡との関係に注視する必要があるが、詳細は不明のままである（天野・鈴木1979）。後期中葉の環状配石遺構の存在と、「今朝平タイプ」と呼称される多数の土偶の存在が特筆され、そこに一定の類似性を見出せよう。

（5）北白川追分町遺跡の場合、配石遺構9基と埋設土器7基とが検出されており、特に埋設土器をもって「墓域」とする理解がある（泉1977）。しかしながら、所謂「埋甕」と関連の強いと目される後期前半の埋設土器をもって、単に「墓」とすることには躊躇する。

（6）西日本には「環状集落」がないとされることが多い。確かに東日本にしばしば認められるような、典型的な環状配置をとるものは認められないものの、住居跡の構成数と継続累積期間の相違によるものであって、基本的には、2群一対構成、ないしは各報告者が指摘するような「環状」を指向したものがあると考え、評価する立場をとる。

（7）後期以降の寒冷化により、動植物資源自体の減少のあった可能性も考えられる。

（8）あくまで近畿地方における状況を説明したものであり、中国地方以西についても、まったく同様であるとは考えていない。そちらにおいては、近年、状況証拠が増えつつあるようであるが、その形態や規模等については、具体的に議論できるような環境は整っていないように思える。

（9）後期後半から顕著に認められるようになる、本郷大田下

遺跡のような数十基にからなる独立した貯蔵穴群についても、葬祭空間同様、複数の小集団によって、はじめて設営し得たものと考える。したがって、採集から貯蔵、加工処理という一連の工程についても、それらの共同作業として行なわれたものと考えたい。
(10) 広場囲繞構成は、後期後半に顕著に見受けられるが、晩期に指摘できる事例はさほど多くない。晩期には、広場ではなく、葬祭空間という存在そのものが、集約的装置として機能していたのかもしれない。環状構成をとると指摘した天白遺跡においても、その終末の滋賀里式期には、それまでの空閑地を充塡し、集中化するよう看取される。

参考文献

天野暢保・鈴木茂夫　1979　『今朝平遺跡概報』、足助町教育委員会

石川日出志　1988　「縄文・弥生時代の焼人骨」『駿台史学』第74号、駿台史学会

泉　拓良　1977　「京都大学植物園遺跡」『佛教藝術』115号

泉　拓良　1985a　「近畿地方の事例研究」『講座考古地理学第4巻　村落と開発』、学生社

泉　拓良　1985b　「放浪の狩猟・採集民」『図説発掘が語る日本史　第4巻　近畿編』、新人物往来社

泉　拓良　1991　「西日本凸帯文土器の編年」『文化財学報』第8集、奈良大学文化財学科

泉　拓良　1999　「新たな縄文観の創造に向けて」『季刊考古学』第69号、雄山閣出版

伊藤雅和・岡田憲一　2003　『西坊城遺跡Ⅱ』(奈良県文化財調査報告書第90集)、奈良県立橿原考古学研究所

芋本隆裕　1987　「縄手遺跡第10次調査」『縄手遺跡・若江遺跡の調査―昭和61年度―』(東大阪市埋蔵文化財包蔵地調査概要28)、東大阪市教育委員会

岩崎二郎・松尾信裕　1986　『仏並遺跡』((財)大阪府埋蔵文化財協会調査報告書第5輯)、(財)大阪府埋蔵文化財協会

植田文雄　1996　『正楽寺遺跡』(能登川町埋蔵文化財調査報告第40集)、能登川町教育委員会

大下　明　2004　「関西における縄紋時代後・晩期石器群の概要」『縄文時代の石器』(第6回関西縄文文化研究会)、関西縄文文化研究会

太田三喜　1989　『奈良県天理市布留遺跡三島(木寺)地区・豊田(三反田)地区発掘調査報告』(考古学調査研究報告16)、埋蔵文化財天理教調査団

大野　薫　1997　「生駒山西麓域の縄紋集落」『河内古文化研究論集』、和泉書院

大野　薫　2001　「近畿・中国・四国地方における集落変遷の画期と研究の現状」『縄文時代集落研究の現段階』(第1回研究集会発表要旨)、縄文時代文化研究会

大野　薫　2002　「近畿地方の縄文後晩期集落の空間構造」『考古学ジャーナル』485、ニュー・サイエンス社

近江俊秀　1995　『越部ハサマ遺跡』(大淀町文化財調査報告第1冊)、大淀町教育委員会

岡田憲一　1998　「縄文時代(滋賀里Ⅲa式段階)の遺物」『秋篠・山陵遺跡』(奈良大学文学部考古学研究室第22集)、秋篠・山陵遺跡調査会、奈良大学文学部考古学研究室、学校法人正強学園

岡田憲一　2000a　「土坑「墓」認定の手続き」『関西の縄文墓地　発表要旨集』(第2回関西縄文文化研究会)、関西縄文文化研究会

岡田憲一　2000b　「小結―向出縄文遺跡の分析」
　　　　　　　2000c　「西日本縄文後期後葉土器編年序論」『向出遺跡』((財)大阪府文化財調査研究センター調査報告第55集)、(財)大阪府文化財調査研究センター

岡田憲一　2002　「狩猟と採集の時代」『城陽市史』第1巻、城陽市

岡田憲一　2003a　「自然科学分析報告に対する評価と総合的考察」『西坊城遺跡Ⅱ』(奈良県文化財調査報告書第90集)、奈良県立橿原考古学研究所

岡田憲一　2003b　「滋賀里式再考」『立命館大学考古学論集Ⅲ』、立命館大学考古学論集刊行会

岡田憲一・深井明比古　1998　「佃遺跡出土縄文土器の編年」『佃遺跡』(兵庫県文化財調査報告第176冊)、兵庫県教育委員会

岡林孝作　2000　『本郷大田下遺跡』(奈良県立橿原考古学研究所調査報告第83冊)、奈良県立橿原考古学研究所

岡山真知子　1999　『庄遺跡Ⅲ』(徳島県埋蔵文化財センター調査報告書第24集)、(財)徳島県埋蔵文化財センター

奥義次・御村精治　1988　「森添遺跡発掘調査概報Ⅱ」(度会町文化財調査報告4)、度会町遺跡調査会

門田了三　1997　『下川原遺跡5次調査概要』、名張市遺跡調査会

門田了三　2000　『下川原遺跡3次調査』(関西縄文文化研究会見学会資料2000.02.26)

亀田　博　1978　『大福遺跡』(奈良県史跡名勝天然記念物調査報告第36冊)、奈良県教育委員会

関西縄文文化研究会　1999　『関西の縄文住居　発表要旨・資料集』(第1回関西縄文文化研究会)、関西縄文文化研究会

関西縄文文化研究会　2000　『関西の縄文墓地』(第2回関西縄文文化研究会)、関西縄文文化研究会

木村健明　2003　『段上遺跡第13次発掘調査報告書』、東大阪市教育委員会

葛原秀雄　1987　「北仰西海道遺跡の調査」『今津町文化財調査報告書第7集』、今津町教育委員会

久野邦雄・寺沢薫　1977　「竹内遺跡発掘調査概報」『奈良県遺跡調査概報1976年度』、奈良県立橿原考古学研究所

小泉裕司・岡田憲一　1997　「森山遺跡発掘調査報告書」『城陽市埋蔵文化財調査報告書第32集』、城陽市教育委員会

近藤義行　1977　「森山遺跡発掘調査概報」『城陽市埋蔵文化財調査報告書第6集』、城陽市教育委員会

坂本嘉弘　1994　「埋甕から甕棺へ」『古文化談叢』第32集、古文化談叢会

佐々木好直　1990　「竹内遺跡(1989年度)発掘調査概要」『奈良県遺跡調査概報1989年度』、奈良県立橿原考古学研究所

設楽博巳　2004　「弥生再葬墓における縄文文化の伝統」『考古学ジャーナル』No.524、ニューサイエンス社

末永雅雄　1961　『橿原』(奈良県史蹟名勝天然記念物調査報告第17冊)、奈良県教育委員会

瀬口眞司　2001　「縄文時代の琵琶湖周辺における人類の適応」『環境と人間社会』(第50回埋文研究集会発表要旨集)、埋文研究会

立岡和人　2000　「近畿地方における縄文晩期土器棺の成立と展開」『関西の縄文墓地　発表要旨集』(第2回関西縄文文化研究会)、関西縄文文化研究会

田中清美ほか　1982　「縄文時代」『長原遺跡発掘調査報告Ⅱ』、(財) 大阪市文化財協会

田中早苗　2005　『向出遺跡範囲確認調査報告書』(阪南市埋蔵文化財報告36)、阪南市教育委員会

田辺昭三・加藤　修　1973　『湖西線関係遺跡調査報告書』、湖西線関係遺跡発掘調査団

中井一夫・松田真一　1981　「箸尾遺跡発掘調査概報」『奈良県遺跡調査概報1980年度』、奈良県立橿原考古学研究所

仲川　靖　1997　『穴太遺跡発掘調査報告書Ⅱ』、滋賀県教育委員会・(財) 滋賀県文化財保護協会

中村健二　1996　「滋賀県における縄文住居の変遷について」『人間文化』第1号、滋賀県立大学人間文化学部

中村徹也　1977　『京都大学植物園内遺跡BD35の調査と移築』、京都大学埋蔵文化財研究センター

丹羽佑一　1993　「縄文集落の住居配置はなぜ円いのか」『論苑考古学』、天山舎

橋本裕行・佐々木好直　1998　「竹内遺跡第14・15次発掘調査概報」『奈良県遺跡調査概報1997年度』、奈良県立橿原考古学研究所

原田　修ほか　1976　『縄手遺跡2』(東大阪市文化財調査報告書第5冊)、東大阪市教育委員会

平岩欣太　2004　「曲川遺跡の調査」『考古学ジャーナル』No. 519、ニューサイエンス社

深井明比古 (編)　1998　『佃遺跡』(兵庫県文化財調査報告第176冊)、兵庫県教育委員会

松尾信裕ほか　1983　「縄文時代晩期から弥生時代」『長原遺跡発掘調査報告Ⅲ』、(財) 大阪市文化財協会

松田真一　1986　「竹内遺跡試掘調査概報」『奈良県遺跡調査概報1984年度』、奈良県立橿原考古学研究所

松田真一　1997　『奈良県の縄文時代遺跡研究』、(財) 由良大和古代文化研究協会

水野正好　1968　「環状組石墓群の意味するもの」『信濃』第20巻第4号、信濃史学会

光石鳴巳　2001　「箸尾遺跡第27・28次発掘調査概報」『奈良県遺跡調査概報2000年度』、奈良県立橿原考古学研究所

光石鳴巳・松田真一・岡田憲一　2002　『橿原遺跡』(奈良県立橿原考古学研究所附属博物館考古資料集第2冊)、奈良県立橿原考古学研究所附属博物館

守山市立埋蔵文化財センター　1988　『乙貞』第36号

家根祥多　1994　「篠原式の提唱」『縄紋晩期前葉―中葉の広域編年』、北海道大学文学部

矢野健一　1999　「非環状集落地域」『季刊考古学』第69号、雄山閣出版

矢野健一　2001　「西日本の縄文集落」『立命館大学考古論集Ⅱ』、立命館大学考古学論集刊行会

山元　建 (編)　2000　『向出遺跡』((財) 大阪府文化財調査研究センター調査報告書第55集)、(財) 大阪府文化財調査研究センター

吉村博恵ほか　1986　「日下遺跡第13次発掘調査」『東大阪市埋蔵文化財発掘調査概要―1985年度―』(東大阪市埋蔵文化財包蔵地調査概要27)、東大阪市教育委員会

前坂尚志　2004　「中遺跡第4次」『大和を掘る22』、奈良県立橿原考古学研究所附属博物館

水野敏典・石井香代子・湯本整　1999「大柳生ツクダ遺跡の調査 (第7次調査)」『奈良県遺跡調査概報1998年度』、奈良県立橿原考古学研究所

宮地聡一郎　2004　「刻目突帯文土器圏の成立」『考古学雑誌』第88巻第1・2号、日本考古学会

森川幸雄　1995　『天白遺跡』(三重県埋蔵文化財調査報告108-2)、三重県埋蔵文化財センター

渡辺　新　1991　『縄文時代集落の人口構造』

瀬戸内海をめぐる遺跡群の動態
―縄文時代における地域集団の諸相―

■山崎 真治　(YAMASAKI, Shinji)

1. はじめに

　西日本の縄文時代研究において、縄文後期の画期性は早くから指摘されてきた事実である。遺跡数の増加や遺物量の増大、遺跡立地の変化、打製石斧や土偶をはじめとした新来の文物の導入など、この時期、西日本一帯を覆って認められる一連の文化変化は、画期と呼ぶにふさわしい内容を伴っていると言えよう。こうした物質文化の上に認めうる後期段階の画期性は、第一に重要な事実であるが、さらに踏み込んで、その背景にある種の社会的変化を読み取ろうという試みも、早くから進められてきた。

　かつて渡辺誠氏は、京都府桑飼下遺跡の分析を通して、縄文後期集落の経済基盤について体系的な検討を行い、植物採集活動を主として、狩猟・漁業を従とする桑飼下型経済類型を提唱するとともに、これが東北日本的文化要素の複合的伝播によって成立したことを論じた（渡辺1975）。後期段階の西日本における文化的高揚の背景に、東日本で発達した文化の流入を想定するこの見方は、以後の西日本縄文文化論に多大な影響を及ぼしたと言える。また、九州を主たるフィールドとして繰り広げられた後晩期農耕論は、大陸からの直接的な文物の流入を想定する点には問題があったと言わなければならないが、生業論として今日なお検討を要する課題であろう（山崎1983）。

　このような伝播論を基調とした従来の学説に対して、近年、後期段階の画期性を、一様に文化伝播に還元するのではなく、地域社会の変動過程として捉え直そうという新たな取り組みも進められている。宮本一夫氏（宮本2002）は、瀬戸内海に面した江口貝塚や萩ノ岡貝塚の事例分析を通して、前・中期の季節的移動を伴う居住形態から、後期段階には通年定住へと移行したことを論じており、これを瀬戸内地域における専業的な漁労集団の形成と結びつけてとらえる見方を示した。瀬口眞司氏（瀬口2003）も、琵琶湖周辺の諸遺跡の検討を通して、中期後葉以降に通年定住への変化を想定している。また、

矢野健一氏（矢野1993）は、中期末の土器の分析をすすめる中で、中期末に西日本一帯で地域分化が進行し、小地域の自律性が強まったことを指摘するとともに、この時期の地域分化が、後期土器の地域性の基盤となっていることを論じた。こうした取り組みは、近年の調査の進展による資料的充実を背景として、個々の地域的事例の検討から、いわば地域の歴史的個性を描き出そうという試みと言え、今日の西日本縄文研究において、ひとつの潮流をなしている。

　このように、後期（あるいは中期後葉）段階を画期と認め、その背景に、ある種の社会的変化を想定する立場は今日広く浸透しているが、そこで議論されている居住形態の変化や地域分化の問題を、より深く掘り下げて検討するためには、個々の遺跡内容の詳細な検討とともに、地域レベルあるいは遺跡群レベルでの広がりの中から、人間集団のあり方や集団相互の紐帯関係といった社会的動向を読み取っていく、地道な作業が必要となるだろう。こうした作業の一環として、本稿では西日本における縄文遺跡分布の中核的地域のひとつである、瀬戸内海沿岸部をとりあげ、遺跡の分布状況を通時的に検討する作業を通して、この地域の上に展開した社会と、それを支えた地域集団の具体像について考えてみることにしたい。

2. 遺跡群の概要

　岡山県の児島湾から広島県の松永湾まで、およそ東西100kmにわたる地域は、西日本における縄文貝塚の集中地域のひとつとして知られている。こうした内湾沿岸部の貝塚群を中心として、備讃瀬戸の潮流に面した諸遺跡をも含めた備讃瀬戸周辺の遺跡群は、主として地理的条件によって、隣接する遺跡群から分離されるとともに、地域的なまとまりをなしている。さらにこの地域は、船元式や中津式など西日本を代表する土器型式の分布の中核にあたっており、瀬戸内海を媒介として、文化的にも強いまとまりを持った地域と言うことができよう。

　第1図は、前期～後期の主要な遺跡を地形図上にプロ

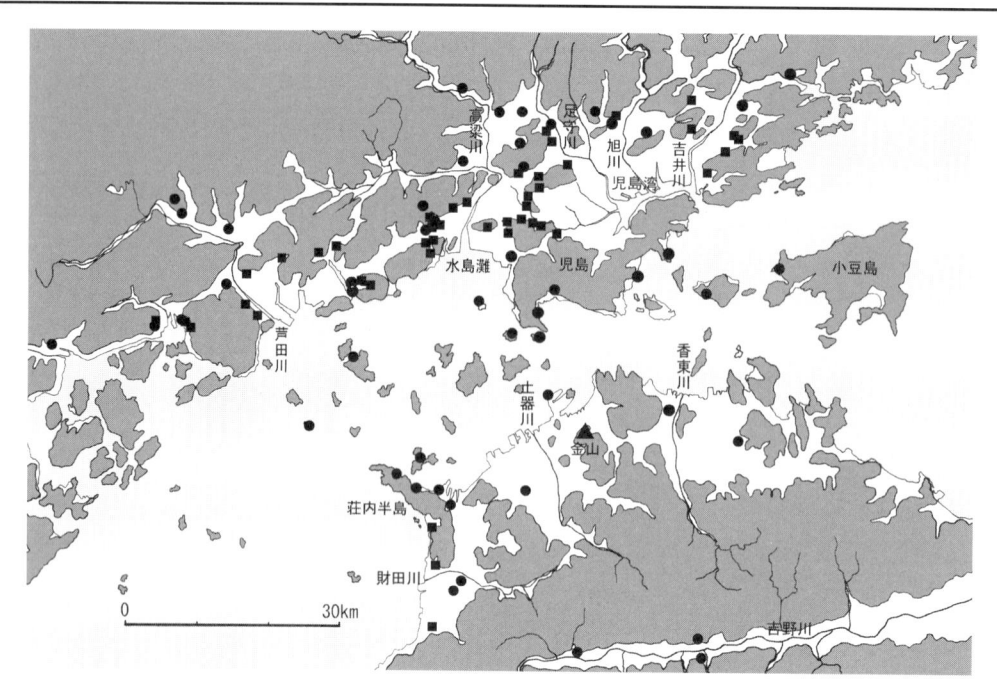

第1図　遺跡群全体図

ットしたものである。現在の岡山平野は、中四国地方でも有数の規模を誇る広大な平野であるが、縄文時代には児島湾と水島灘を結んで浅い海が入りこんでいた。このため、丘陵や広い段丘面の発達しないこの地域では、個々の遺跡は、基本的には当時の汀線に沿った限定的な分布を示している。また、遺跡の分布状況には濃淡があり、水島灘を隔てて相対する児島西北部や玉島周辺のように、遺跡の集中する地域、逆に児島東部のようにほとんど遺跡の分布しない地域が認められる。このような遺跡分布の偏在性は、調査密度の濃淡をも反映したものなので、これをそのまま実態と見ることはできないが、大まかな傾向は示しているものと考えて良いだろう。こうした分布の濃淡を生み出す要因として、第一に考慮されるのは、当時の生活形態により適した立地が選ばれたという、生態環境的要因である。また、通時的に見ても、遺跡の分布状況がこの地域全体にわたって均等化されることなく、偏在性が維持されるという事実は、一定地域への定着性を強め、地縁的性格をおびた人間集団の存在を想定すると理解しやすい。実際には、個々の遺跡立地は、このような生態的要因と社会的要因、双方の力関係によって規定されていたものと考えられる。

以下、具体的考察に入ることにしたい。ここでは特に、前・中期と後期との対比を念頭に置いた分析を試みるものであるが、全般にわたって通時的な検討を行う余裕はないので、遺跡群の様相および文化的内容に顕著な変化が認められ、編年的にもある程度整備されている、①前期後葉から中期初頭、②中期末から後期中葉を対象とする。分析にあたっては、一片でも該当する時期の土器が出土している場合、図上にドットで表現することとし、ドットの表現は、貝層を伴う貝塚遺跡（主鹹■・主淡□）と、その他の遺跡一般（●）とを区別した。遺跡の帰属時期や、貝層の形成時期、種別を厳密に特定できない遺跡も少なくないため、推定を加えた部分もあるが、中期や後期といった、大別時期でしか把握できない遺跡は基本的に除外している。また、一遺跡から前後に隣接する土器型式が出土している場合、その遺跡が両型式にわたって「継続」している、という表現を用いた。当然のことながら、これは土器型式から見た「みかけ上の継続」であり、実際にその遺跡が継続的な居住地として利用されたとは限らない。土器型式の細分がすすめば、厳密な意味で「継続」する遺跡はさらに減少するはずである。ここでこの問題を突き詰めて検討する余裕はないが、一応、目安としてそのような表現を用いていることをお断りしておきたい。

また、これに関連して、型式の時間幅と遺跡数の問題がある。相対的な年代的枠組みとしての土器型式の中には、時間幅の長い型式と短い型式があって、各型式の時期に属する遺跡の数は、その型式の時間幅によって多分に左右されるであろう。したがって、より厳密を期すためには、土器型式を可能な限り細分した上での検討が必要となる。今回の分析では、なるべく時期幅を細かく区分して検討するよう心がけているが、なお不十分な点が多く残されていることを認めざるを得ない。

このほか、個々の遺跡の性格や規模も問題となろう。この方面の検討を進めるにあたり、当該地域における遺構検出例の乏しさは大きな障害である。津雲貝塚をはじめとした埋葬人骨の豊富さに比べ、生活遺構の希薄さは明らかで、当該地域における住居址検出例は、わずかに数遺跡に留まっている。東日本の集落研究においてしばしば引用される、小林達雄氏のセトルメントパターン

（小林 1973）は、地形環境の大きく異なる西日本の集落のあり方には、なじまない部分もあると思うが、遺構のあり方から敢えて当てはめるなら、A、B パターンは存在せず、C パターンが少しあり、残りの大部分は D パターンということになろう。また、注意されるのは、E パターンとされる墓域や貯蔵穴がまとまって発見される遺跡が少なくない点である。山田康弘氏は、中国地方の縄文集落を概観する中で、場の機能的な区分が各時期を通じて認められることを指摘している（山田 2001）。

　西日本において、墓域や貯蔵穴を伴い、多量の遺物を出土する遺跡においても、明確な形での住居址の検出例に乏しいという事実は、早くから問題とされており、平地式の住居が利用された可能性などが考えられてきた。しかし近年、西日本各地で増加しつつある住居址検出例は、竪穴住居を基本としており、平地住居が主体的な存在であったとは考え難い。住居址検出例の乏しさの背景には、基本的には、住居構造自体の貧弱さがあるものと思われ、掘り方や炉、柱穴が比較的しっかりしている中期末～後期前葉などでは、やはり住居址の検出例も増加している。このようなテクニカルな要因に加えて、遺跡全体が調査された例も少ないので、山田氏が指摘するように、貝塚等の廃棄場や、墓域、貯蔵空間と居住域が離れて位置する場合、遺跡の全体像を把握することはますます難しくなる。高橋護氏も、岡山県海岸部の貝塚において、現在まで住居址検出例が一例もないことについて、居住域が貝塚から離れた地点に設けられていた可能性を指摘している（高橋 2001）。

　このように、遺構検出例に乏しい現状において、遺跡の機能を具体的な形で推定することは困難と言わざるを得ない。しかし実際には、これらの遺跡の中にも拠点的な居住地や、作業場、野営地のような遺跡があって、すべての遺跡を同等に扱うことはできないであろう。したがって以下の分析では、あくまで遺跡群としての形の上での把握を主眼とし、個々の遺跡内容については、いくつかの具体例を挙げて、別項で検討することにしたい。

　今回依拠したデータは、各報告等に拠って筆者が集計したものであるが、一部、平井勝氏による集計（平井 1987）も参照した[1]。本稿で依拠した資料には、採集資料や、かなり古い時期の報告で記載が十分でないものも含まれ、遺跡の実態を正確に把握できていない場合も、少なくないのではないかと危惧する。また、特に後期以降顕著になる、沖積地上に立地する諸遺跡は、地表下数 m という深部に埋積したものが多く、その分布の実態についても十分な把握ができているとは到底思われない。このような資料的限界と危険性を抱えながらも、敢えて分析と解釈を試みるのは、時期別に見た遺跡群の様相から、ある程度有意な結果を導くことができると考えたためである。

3. 前期後葉～中期初頭

　まず土器編年について概観しておこう。該期の編年については、前期末中期初頭の土器をめぐって未解決の問題があるが、おおむね以下のように整理することができる。

磯の森→彦崎 Z1 →彦崎 Z2 →大歳山→鷹島

　これらの各型式は、さらに細分して考えることができるものであるが、本稿は土器論を主眼としたものではないので、ここで深入りすることは避け、ごく簡単に概要のみを記す。

　瀬戸内で磯の森式と呼ばれる型式は、近畿の北白川下層Ⅱa・Ⅱb式とほぼ同じものと言って良く、彦崎 Z2 式は同Ⅲ式に対比される。これに続く大歳山式、鷹島式は、そもそも近畿地方の遺跡をタイプサイトとする土器型式であり、両地域間での差異はほとんどないと言って良い。以上の諸型式は、縄文施文と平底を特徴とし、この時期、瀬戸内、近畿一円に共通性の強い土器型式が広がったことを示している。問題となるのは、磯の森式と彦崎 Z2 式の間に位置する彦崎 Z1 式であり、この型式は、縄文の見られない押引文土器を特徴とし、丸底を伴うことから、九州方面の土器との関連が指摘されている（間壁・間壁 1971）。実際、瀬戸内の西に接する九州では、轟 B 式以降、伝統的に縄文の用いられない丸底土器が分布しており、彦崎 Z1 式の成立には、こうした一群の影響を考える必要があるだろう。

　要するに、従来から指摘されてきたことであるが、磯の森式から彦崎 Z2 式に至る諸段階は、土器の系統性という観点からすると、彦崎 Z1 式という画期を挟みもつことになる。このことを念頭に置いて、遺跡群の変遷を見ていくことにしよう。

［磯の森期］（第 2 図）

　この時期には、大づかみに見て、備前の大橋貝塚をはじめとした諸遺跡からなる東部の遺跡群と、磯の森貝塚を中心とする中央部の遺跡群を指摘することができ、これらの周辺にも小規模な遺跡が散在する。東部の大橋貝塚、宮下貝塚、沼貝塚ではシジミ、中央部の磯の森貝塚、彦崎貝塚、船倉貝塚などではカキ・ハイガイ主体の貝層が形成されている。磯の森貝塚は、30 m × 10 m あまりの平面規模を有し、この時期の貝塚としては最も規模の大きなものであるが、厚い部分で 1.2 m 余りに達する貝層は、間土層を挟んで 4 枚の貝層からなり、また各層から出土する磯の森式は、さらに数段階に細分されることが確実なので、この規模が一時期の堆積を示すわけではない（池田・鎌木 1951）。他の遺跡においても、磯の森期の貝層は小規模なものと見て良いと思われ、遺物の出土状況もブロック状にまとまる場合が多いようである。磯の森式期は、瀬戸内における縄文海進後の貝塚形成再

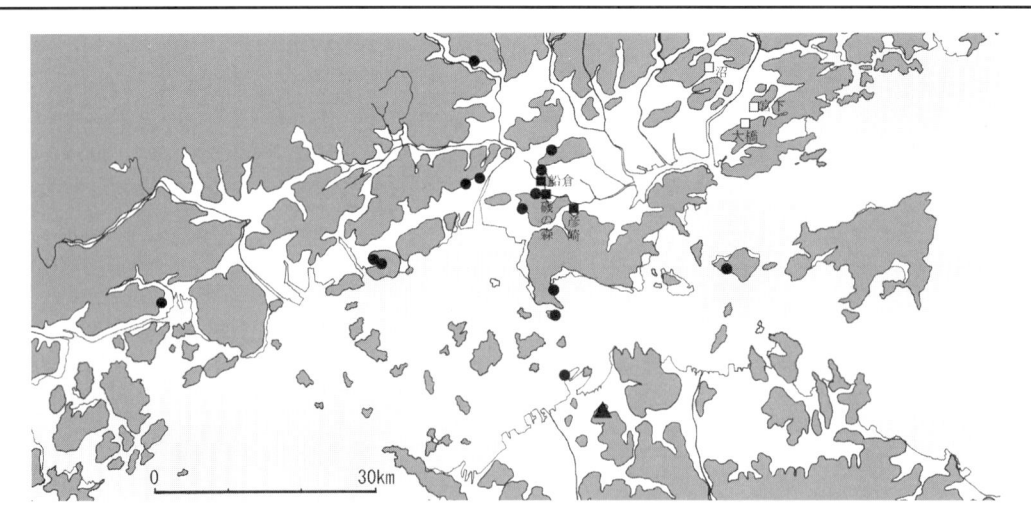

第 2 図　磯の森

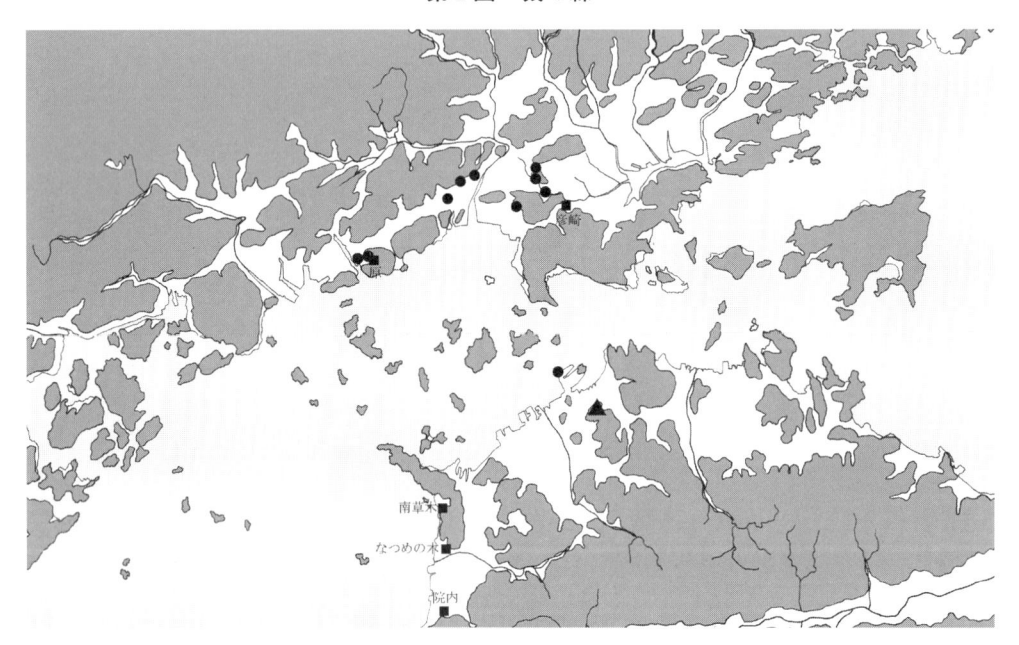

第 3 図　彦崎 Z1

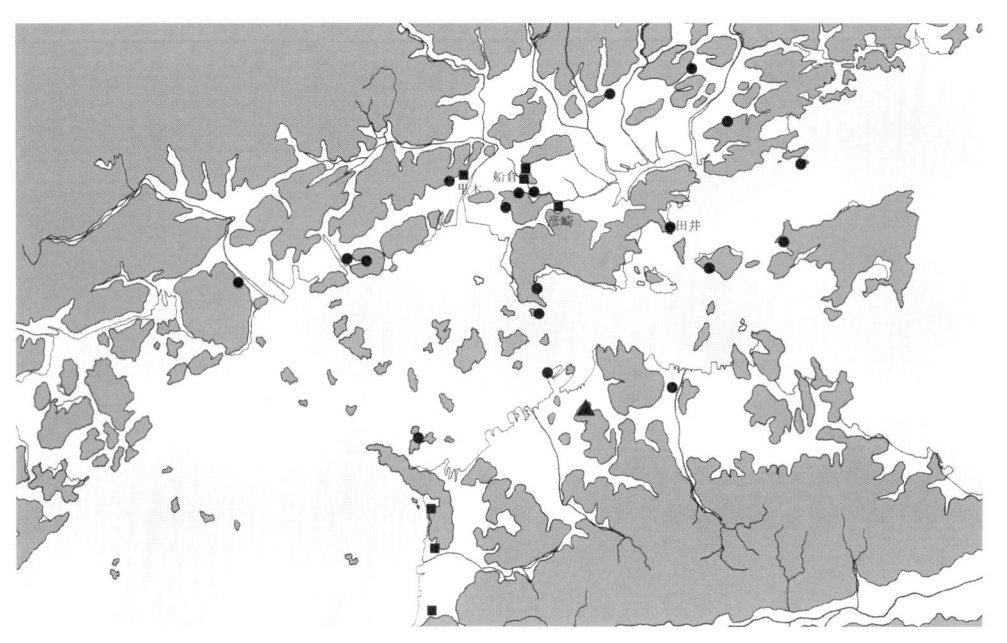

第 4 図　彦崎 Z2・大歳山

開期にあたっており、貝塚遺跡の比率は高いが、個々の遺跡の規模は小さく、大規模な貝層形成も認められないようである。

[彦崎Z1期]（第3図）

　中央部の遺跡群は磯の森期から継続するが、東部の遺跡群は消滅するらしい。西部の笠岡湾周辺にも、原貝塚を中心として小規模なまとまりをもった遺跡群が見られる。中央部の遺跡群の東端にあたり、児島湾側に面する彦崎貝塚では、この時期、規模の大きな貝層が残されている。部分的な調査から推測されるこの時期の貝層規模は、磯の森貝塚の数倍に達するものと見られるが、やはりこれも一定の時期幅の中で形成されたもののようである（田嶋2005）。また、香川県側でも、南草木、なつめの木、院内と続く貝塚群は、実態が十分明らかでないが、この時期に形成がはじまるものとみられ、彦崎Z2期に続く。備讃瀬戸沿岸部や島嶼部には、この時期の遺跡は非常に少ない。

　磯の森期とは異なり、東部の遺跡群が衰退して逆に西部に遺跡群が新たに出現する現象は、土器型式の上に認められる西方との影響関係の強まりと、無関係ではないかも知れない。一方、中央部の遺跡群が、依然として中核的な位置を占めている点は、この時期の遺跡分布が、前段の状況と全く無関係に生じているわけではない、ということを示している。したがって、この時期の土器型式の変化は、全く新たな人間集団の移入のような形で生じているわけではなく、基本的には地域集団を核としたものであったと思われる。しかし、細かく見ると、彦崎Z1式の成立前後には遺跡数が減少するようであり[2]、こうした変化の詳細を論じるためには、この移行期の様相の解明を待つ必要があろう。

[彦崎Z2・大歳山]（第4図）

　彦崎Z2期・大歳山期の遺跡を一括して図示した。特定地域への集中傾向の著しい前段に比べて、周辺にも小規模な遺跡が広がる形をとる点が、この時期の特徴と言える。以下では、もう少し時期を細かく区切って、彦崎Z1期から大歳山期に至る変化の詳細について見ていくことにしたい。

　筆者は以前に、彦崎貝塚資料の再整理に基づいて、彦崎Z2式の細分について考えてみたことがある（山崎2004）。これは、図のみを示した不十分なものであったが、彦崎貝塚での出土状況に基づいて、彦崎Z2式を3段階4小期に細分して捉えようとしたものであった[3]。

　彦崎Z2期の諸遺跡のうち、前半期の資料を出土する遺跡は、彦崎貝塚をはじめとしてごくわずかに知られているのみであり、多くは後半期（里木I式）の遺跡である。彦崎Z2前半期では、Z1期の大規模遺跡であった彦崎貝塚で最もまとまった資料が見られ、彦崎貝塚東大調査区で多数検出されている埋葬人骨も、多くはこの時期に属するものではないかと思われる。一方、Z2後半期から大歳山期にかけて、彦崎貝塚では遺物量が減少し、明らかな衰退が認められる。ちょうどこの彦崎貝塚の衰退と歩調をあわせるように、彦崎貝塚から8km程離れた船倉貝塚では、彦崎Z2式末頃の埋葬人骨が三体検出されている。遺物量は多くないが、うち一体（2号）は火葬骨が合葬されたものであった[4]。また、この頃になると、前段で遺跡分布の空白域であった備讃瀬戸沿岸部や、東部地域にも土器片が数片から数十片しか発見されないような小規模な遺跡が新たに出現してくる。このように、彦崎Z2後半期から大歳山期にかけては、彦崎Z1期の特定地域、特定遺跡への集中が弱まり、より広範なエリアに散開するように点々と遺跡分布が広がるようになると言える。

[中期初頭以降]（第5図）

　図には鷹島式および船元I式の遺跡分布を示した。中期初頭の遺跡分布は、前期終末のそれを受けついでなお分散的であり、小規模遺跡が多い。特に鷹島式の段階ではその傾向が強いが、船元I式以降、遺跡数、遺跡規模は回復するようである。前期末の分散化を経てなお、この時期の遺跡分布は、前期後葉に似て内湾沿岸部への集中が顕著であり、偏在傾向が維持されている点は興味深い事実である。

[小結]

　以上、前期後葉〜中期初頭に至る遺跡群の動向を追ってみた。この時期には、直線距離で10〜20kmほどの範囲の中に遺跡が偏在する傾向が強い。各遺跡群は、さらに小さな群に分割できる可能性も高いが、遺跡群相互がかなりの距離を隔てて分布する点に特徴がある。

　また、磯の森貝塚や彦崎貝塚といった中核的遺跡をとりまくように、遺跡群としてのまとまりが顕在化する磯の森〜彦崎Z1期に比して、前期末の彦崎Z2〜大歳山期では、遺跡の小規模化、分散化の傾向が強く認められる。遺跡分布の上に現れるこうした相違は、基本的には生活形態の相違を反映したものと思われ、特に後者のような不安定な状況は、やはり不安定で流動的な生活形態を思わせる。ことに、遺跡数の増加の一方で、規模の大きな遺跡が見られないことは、集団の移動性の高さを示すのではないだろうか。この問題については、広域的に強い共通性が維持される、前期末・中期初頭の土器型式と絡めて興味があるが、ここでは遺跡分布の上から見た現象面での指摘にとどめたい。

　次に、上記のような遺跡群のあり方を、遺跡立地の点から見ると、この時期の遺跡は内湾沿岸部への集中が著しく、備讃瀬戸沿岸部や内陸部への広がりは希薄である。このような遺跡分布の偏在は、前期末の変動を経て、中期に至っても基本的に維持されている。特定の立地環境下への集中が顕著に現れているわけであるが、こうした

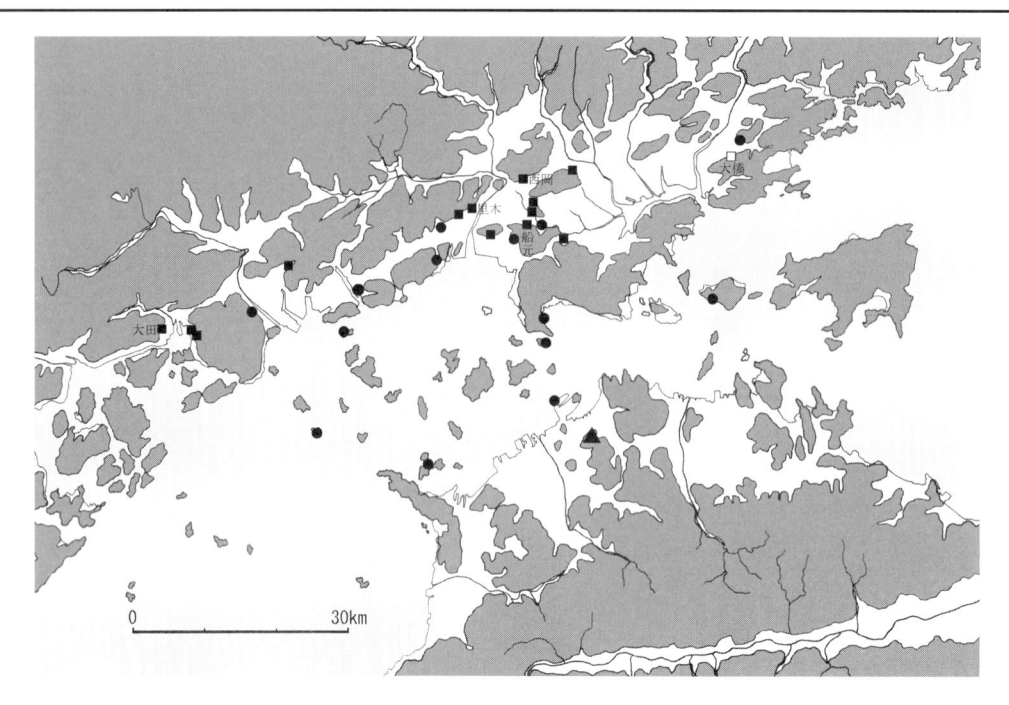

第5図　中期初頭

遺跡分布のあり方は、特定の生業活動との深い関わりを思わせる。特に、内湾沿岸部という立地から見ると、海産資源への比重の強まりが想定される。実際、この時期には貝塚遺跡が多く見られるが、石器や骨角器を見ても、漁労に関連しそうな道具としては、骨角製の刺突具が磯の森貝塚から多く出土している程度で、石錘や釣針が一遺跡から特別に多く出土するということはない。石錘の多出という点では、後期の方が顕著である（敦賀 2002）。むしろ逆に、特化した組成を示さないことの方に目を向けるべきであろうか。

4. 中期末～後期中葉

次に、中期末～後期中葉の状況について見ていくことにしよう。該期の土器編年については、多くの研究の蓄積があり、土器の変化を詳細にたどることができる。

中期末→中津→福田 K2
　　　　　→＋→津雲 A→彦崎 K1→彦崎 K2

上記の変遷は大まかに見て、帯縄文を基調とする中津・福田 K2 式、これに続く後期前葉の縁帯文土器、後期中葉の彦崎 K2 式の三者に大別される。福田 K2 式直後の＋は、縁帯文土器成立期に位置づけられる土器群（千葉 1989）、筆者が大浦浜下層式と呼んだ一群（山崎 2003）にあたる。また、ここで中期末としたものは、里木Ⅲ式に後続し、中津式に先行する一群をさす。厳密に見ると、この編年にもいろいろと問題があるわけであるが、別途検討を加えたこともあるので（山崎前掲）、以下ではこの編年に基づいて記述をすすめることにしたい。

[中期末]（第6図）

この時期の主要遺跡として、長縄手、大橋、朝寝鼻、矢部奥田、涼松、阿津走出があげられる。これらの遺跡間は、それぞれ 10 km 程度の距離を置き、散漫ではあるが均等化された分布となっている。こうした状況は、限定された範囲内への集中が顕著に現れる前期後葉～中期後葉の遺跡分布とは対照的で、この基本形は後期以降にも維持されている。またこの時期、内湾沿岸部の貝塚遺跡が遺跡群の中で主要な位置を占める点は、船元式や里木Ⅱ式の段階とも近似した状況であるが、長縄手のように貝塚を伴わない集落遺跡が見られる点は注目される。長縄手では、近畿地方西部に共通する形態の住居址が検出されており（亀山 2005）、この点でも特異な状況と言えよう。長縄手のような遺跡の出現は、特に、この時期の土器型式の上に認められる、より東方の土器型式との影響関係の強まりとも無関係とは思われない。

[中津・福田 K2]（第7図）

中津・福田 K2 期の遺跡を一括した。これは分布の基本的な形に、大きな違いが認められないためである。後期初頭の特徴は、中期末に比して遺跡数が増加する点にあり、当該地域の縄文時代を通して見ても、この時期は最も遺跡数が増加する時期のひとつとされる（平井 1987）。ただし、時間幅の問題があるので、実際の増加の度合いは、分布図上に現れている度合いよりも、ゆるやかなものになるであろう。しかし、中期末から継続する遺跡に加えて、多くの遺跡がこの時期から新たに始まることは事実なので、遺跡数の上で一定の増加があったことまでは疑えない。

この時期から新たに始まる遺跡は、概して小規模、短

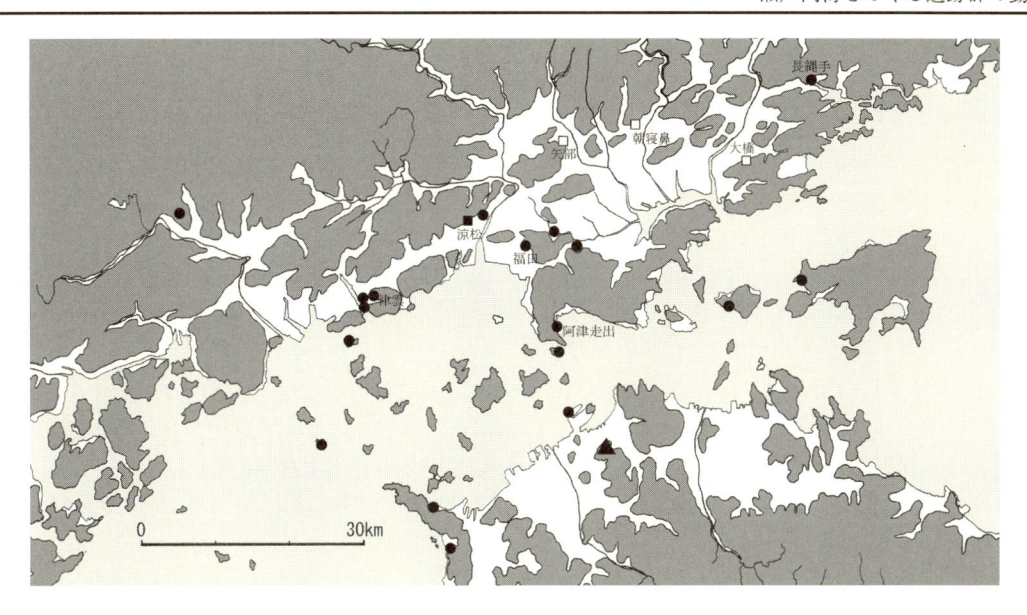

第6図　中期末

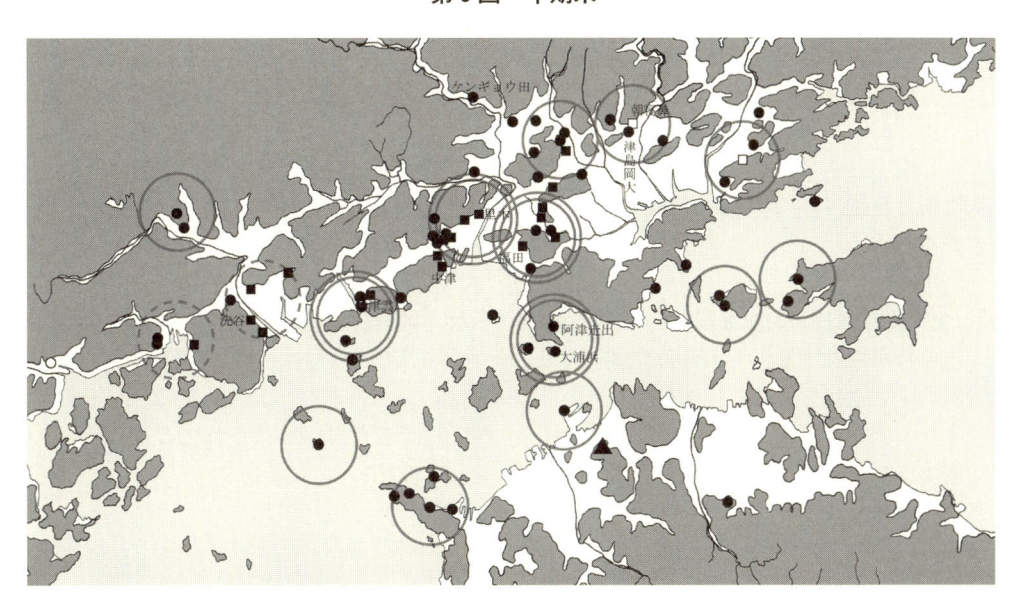

第7図　中津・福田K2

第8図　大浦浜下層

期的な遺跡が多く、中期末から継続する遺跡を核として、その周辺に付帯するように広がる特徴がある。したがって全体として見ると、この時期の遺跡分布は、中期末段階の遺跡分布の空白域が埋められた形となっており、およそ10〜20kmの広がりをもった遺跡群が隣接しあって分布する。図中では、このような状況を示すため、中期末から継続する遺跡を半径5kmの円で囲んで示した。二重の円は、その範囲の中に中期末から継続する遺跡が複数存在することを示す。また、破線で表現した円は、中期末からの継続が不明確であるが、その可能性の高い群をあらわしている。

この時期には、貝塚形成もやや活発化するようであるが、前・中期段階で貝塚分布の中心であった水島灘奥部に代わって、中津貝塚や福田貝塚のように規模の大きな貝塚が、外海に寄って立地する点は、海況の変化を思わせる。また、津島岡大や窪木、新庄西畑田など、沖積地上にも一定規模の遺跡が残されるようになることは、前・中期との差異として、従来から指摘されてきた事実である。このほか、備讃瀬戸に直面した鷲羽山周辺や荘内半島周辺にも、遺跡群としてのまとまりが形成されるようになることも、新たな情勢として重要であろう。こうした遺跡立地の多様化は、後期段階の大きな特徴と言うことができるだろう。

[縁帯文成立期（大浦浜下層期）]（第8図）

前段に比して遺跡数が減少する。中津貝塚や福田貝塚、といった後期初頭の主要遺跡をはじめ、多くの遺跡がこの時期に途絶するが、新たに始まる遺跡は少なく、全体として継続性が弱まる。遺跡規模自体も小規模化するようで、規模の大きな貝層を伴う遺跡も知られていない。この時期の主要遺跡である津島岡大は、中期末からの継続が認められ、この時期には住居址等の遺構を伴って拠点的性格を強めるが、続く津雲A・彦崎K1期には明らかに衰退している。しかし、このように規模の大きな遺跡は例外的と言って良く、大多数の遺跡は、土器片が数片〜数十片発見されている程度に過ぎない。こうした状況は、続く津雲A・彦崎K1期でも同様である。縁帯文期全般を通じて、土器型式の上では、山陰の布勢式や近畿の北白川上層式など、周辺地域の影響が色濃く認められるが（山崎2003）、これは遺跡群の不安定な状況とも無関係ではないであろう。

このように、遺跡数の減少、遺跡の小規模化は、前段の状況と比較した場合、大きな変化と言えるが、一方、遺跡分布の基本的な形には本質的な変化はなく、むしろ中期末の均等分布が再現された感がある。結局のところ、この時期の様相は、後期初頭段階で増加した遺跡が、淘汰された状況と言っても良いかも知れない。中津・福田K2式から縁帯文土器への移行は、土器型式の上でも画期として捉えられるが、このように遺跡群の動向から見ても画期と言うことができよう。

[津雲A・彦崎K1]（第9図）

前段を受けて、なお小規模な遺跡が散在する傾向が強く、個々の遺跡の継続性は弱い。しかし、香川県側では、この時期から後晩期の拠点的遺跡である永井遺跡の形成が始まっている。永井遺跡は、開けた沖積平野上に立地し、大量の土器と多数の打製石斧を伴う点で、後期初頭段階の荘内半島周辺の海浜遺跡とは際立った対照を示す。現在のところ、岡山県側では、これに匹敵するような大遺跡は知られていない。津島岡大や百間川沢田など、沖積地上に点在する遺跡群は、なお全体像の把握が十分ではないが、こうした大遺跡に相当する程度の実質を備えたものと言えるかも知れない。

この時期には、はっきりとした遺跡群としてのまとまりを識別することは難しいが、児島西北部や玉島周辺、総社平野などでは、10km程度の範囲内にややまとまった形の遺跡群が認められる。第9図では、大浦浜下層式から津雲A式にかけて継続する遺跡を半径5kmの円で囲んでみた。二重の円で囲まれた部分は、その範囲内に、大浦浜下層式から継続する遺跡が複数存在することを示す。この図を、中津・福田K2期の図と比較すると、全体としてよく似た位置に円が描かれており、後期初頭段階と同程度の規模の広がりが、継続性を担う基本的な単位であったことが想定できる。一方、さらに細かく見ると、後期初頭段階には存在した、備讃瀬戸沿岸部のいくつかの円が消失していることがわかるが、このことは、中津・福田K2期に比して、備讃瀬戸沿岸部での継続性が相対的に低下し、内湾沿岸部や内陸沖積地に立地する諸遺跡での継続が維持されたことを示すことになろう。

[彦崎K2]

この時期の基本的な分布状況は、縁帯文期と大きな違いはない。主要な遺跡として竹原貝塚、津島岡大、南溝手、彦崎貝塚、広江・浜などがあげられ、東大戸貝塚などでもこの頃の資料が知られているが、縁帯文期と同様、個々の遺跡の継続性は弱い。また、この時期には、福田K2式直後に落ち込んだ貝塚形成も再開されるようである。香川県側では永井遺跡が継続する。

この時期、遺跡ごとの遺構や遺物の内容に、顕著な差異が認められるようになることは特筆すべき点である。総社平野に位置する南溝手では、部分的な調査ではあるが、下部に土坑を伴う配石遺構が検出されており、打製石斧が多数出土している。一方、沿岸部では、竹原貝塚や彦崎貝塚などで活発な貝層形成が認められ、彦崎貝塚では、大型魚類を対象としたと考えられる大型の釣針も見られる（山崎2004）。広江・浜や高島黒土も、沿岸部に立地する遺跡であるが、石錘は少なく、打製石斧も見られない[5]。沿岸部の諸遺跡では、一般に打製石斧や磨石類は少なく、削器などの剥片石器が石器組成の主体をなしているようである。要するに、沖積地上に立地する遺跡と、内湾沿岸部の遺跡との間で、質的な差異が顕

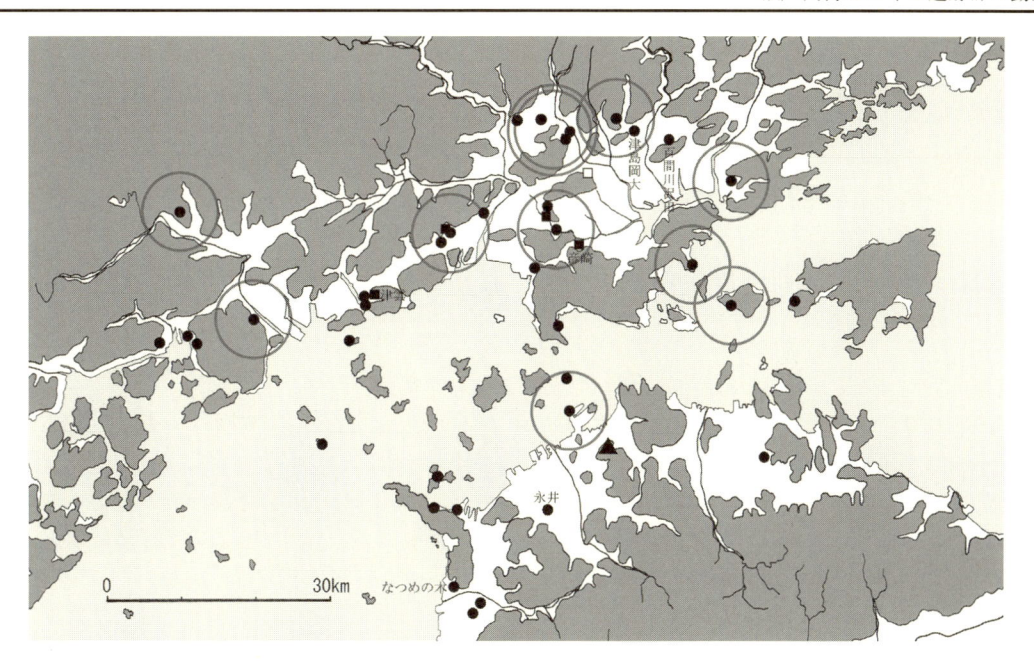

第9図　津雲A・彦崎K1

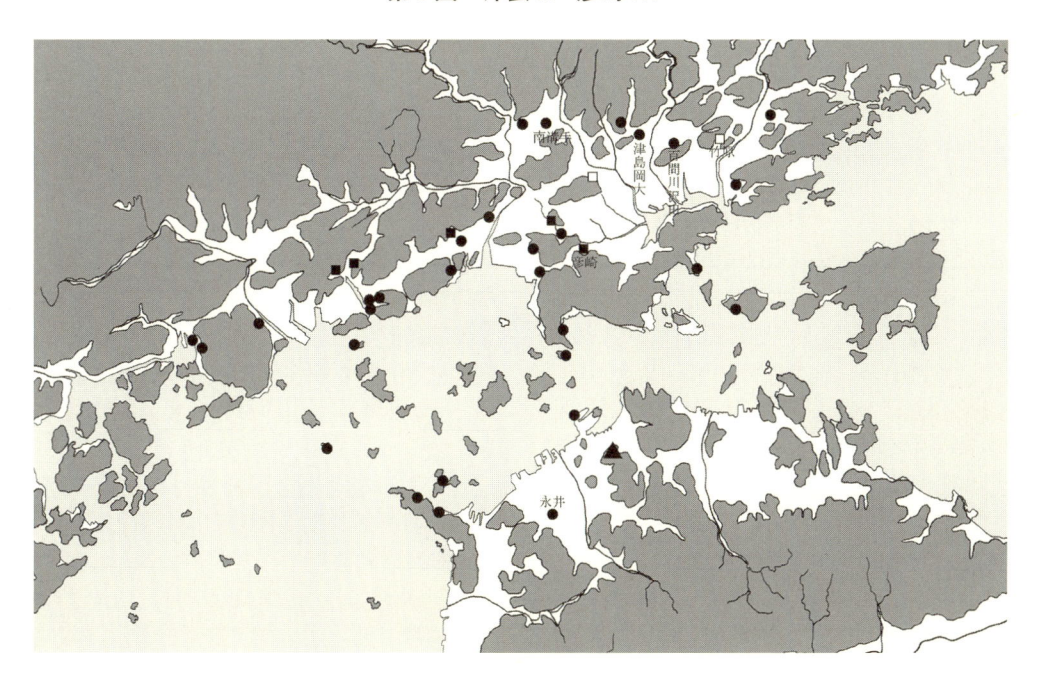

第10図　彦崎K2

在化するわけで、立地環境に応じた遺跡内容の分節化が進行している状況を読み取ることができよう。

　ところで、近年、津島岡大や百間川沢田など、沖積地上に位置する遺跡からまとまって発見されている、津島岡大後期Ⅳ群や四元式などと呼ばれる土器群は、彦崎K1式とK2式をつなぐ中間型式であることが明らかにされている（平井1993）。現在のところ、この中間型式が出土する遺跡はごく限られており、この過渡的段階には、遺跡数がかなり減少したらしい。したがって、後期中葉の様相は、前葉段階からの順調な発展の上に位置づけられるわけではないが、後期中葉の遺跡分布が、基本的には、前葉段階の状況を踏襲した形で現れているという事実は、両者の間に、相互のつながりを断ち切るような断絶があるわけではないことを示唆するものであろう。

[小結]

　上記のように、後期段階の遺跡分布は、前・中期に比べて遺跡数が増加するとともに、遺跡立地も多様化する点に大きな特徴がある。この時期には、前・中期に遺跡立地の中心であった、①内湾沿岸部に加え、②備讃瀬戸沿岸部、③沖積地上にも一定規模の遺跡が広がるようになるが、特に、海を離れた沖積地上に規模の大きな遺跡が現れる点は、従来から指摘されてきたように大きな変化と言える。これは、後期以降河川による土砂の供給が卓越し、沖積地が発達するという、大局的な環境変化とも連動した現象なのであろう[6]。

このように、後期段階には、遺跡数の増加と立地の多様化が並行して進行するため、前・中期のように、遺跡群としてのまとまりを把握しづらくなるが、自然地形や時期的な継続性等に着目すると、やはり 10～20 km 程度の広がりをもった小地域が基本的な単位となるようであり、こうした小地域ごとに、ある程度の規模をもった遺跡が継起することによって継続性を強めはじめる。そして、このような小地域ごとの自律性の強まりが、後期中葉段階に顕在化する、立地環境に応じた遺跡内容の分節化の基盤となったものと思われる。なお、島嶼部では、沿岸部や沖積地上の諸遺跡とは状況が異なり、遺跡分布はまばらで、規模も小さなものが多いようである。この点については、当然、調査精度の問題も考慮されるわけであるが、現状に拠る限り、島嶼部の状況はより不安定で流動的であったように見える。ただし島嶼部でも、高島黒土や愛媛県萩の岡貝塚のように、短期的ではあるが、周辺地域の中でも規模の大きな遺跡が現れることもあり、一様な見方はできないであろう。むしろ、島嶼部に限らず、各小地域の内実も、弥生時代の集落分布のように固定化されたものではなく、環境や生業の変化に応じて、かなり柔軟なあり方を示していたのではないかと思われる。

ところで、上記のような大局的な遺跡分布のあり方に対して、中津・福田 K2 期を挾んだ遺跡数の極端な増減は、特異な現象に見える。この時期の遺跡数の増加は、一般的には、人口の増加や集団規模の増大を反映したものと考えられているようである。問題は遺跡数の増減の要因であるが、平井勝氏は、後期段階に現れる小規模、短期的な遺跡を、中核的遺跡から分岐した集団の残したものと捉えている（平井 1987）。また、中村友博氏や矢野健一氏は、他地域からの人口の流入を想定しているようである[7]（中村 1986、矢野 2004）。この問題について、遺跡群に現れる状況から見ると、前段から継続する遺跡が核となり、その周辺に新出の（多くは小規模・短期的な）遺跡が広がるというあり方は、他地域からの人口の流入というよりも、中核的遺跡からの分岐と考えるのが自然な見方のように思われる。しかし、個々の遺跡の内容を見ると、小規模で短期的な遺跡も少なくないことから、同一集団による移動の可能性（石井 1977）についても考慮する必要があるだろう。ただし、遺跡群の状況が流動化し、他地域の土器型式の影響が強く及ぶようになる縁帯文期には、このような遺跡数の増加は認められず、むしろ数の上では減少傾向にある点には、注意しておく必要がある。

5. 拠点的遺跡の比較

以上の分析は、地図上にドットで表現される遺跡群を対象としたものであったが、次に、もうすこし焦点を絞り込んで、遺跡群を構成する個々の遺跡の内容について若干の検討を行うことにしたい。ここでも、やはり前・中期と後期との比較を主眼とするが、冒頭にも記したように、遺構の検出例に乏しい現状において、遺構の種類や数による遺跡内容、規模の比較は困難である。したがって、ここでは、各期の中でも拠点的と考えられる遺跡を取り上げて、その規模や、土器、石器といった遺物の出土量について比較を試みることにしたい。ここで取り上げる主要な遺跡は、前期の磯の森貝塚、彦崎貝塚、中期の里木貝塚、後期の津島岡大遺跡である。

磯の森貝塚

前期後葉、磯の森式のタイプサイトである。大正年間に島田貞彦氏によって貝塚の大部分が調査されており、戦後、池田次郎氏、鎌木義昌氏らによって小規模な調査が行われた。貝塚は、当時の海岸線に面した段丘上の一角に位置し、平面規模は 30 m × 10 m 程度、貝層は崖面際の厚い部分で 1.2 m を測る。早くに調査された遺跡であるが、島田氏や池田氏らの報告（島田 1924、池田・鎌木 1951）によって、出土遺物の概要を知ることができる。それによると、貝層の大部分にかかる島田氏の調査では、土器片 4604（うち口縁部 192）、石鏃 45、石匙 9、針状骨角器 12、などがあげられている。また、池田氏らの調査では、土器片 1221、石鏃 68、尖頭器 2、石匙 6、磨石類 9、骨針 8、骨鏃 5 などが主だったものである。

彦崎貝塚（第 11 図）

前期後葉、彦崎 Z1、Z2 式のタイプサイトである。戦後、東京大学人類学教室の鈴木尚氏、酒詰仲男氏らを中心として大規模な調査が行われ、多数の縄文人骨が出土したことで知られる。2003 年度からは、灘崎町教育委員会によって、史跡整備に伴う範囲確認調査が行われている。遺跡は、磯の森貝塚に似て、当時の海岸線に面した小丘陵上に位置する。

範囲確認調査の成果によると、彦崎 Z1 式期の貝層は、平面規模 80 m × 100 m、最大厚約 1.6 m に及ぶことが知られている（高橋・田嶋・小林 2005、田嶋 2005）。また、東京大学による調査区は、40 m × 10 m 程度の範囲に及ぶものであったようであるが、再整理の結果によると（山崎 2004）、調査区の南半部（1～10 区）からは彦崎 Z2 式がまとまって出土しており、彦崎 Z2 式期の貝層の主要部分にあたるものと考えられる。ただし、調査区の北側は、調査以前に破壊されているので、北側への貝層の広がりが、どの程度のものであったかは問題として残る。

この部分（1～10 区）から出土した前期の土器は、彦崎 Z2 式が圧倒的多数を占め、Z1 式が少量含まれる。その内訳は、土器片総数約 6700（45.3 kg）、口縁部から算出される Z2 式の個体数は約 360、Z1 式の個体数は約 40 である。石器については、時期の特定に難渋するが、土器の出土量において Z2 式が圧倒的多数を占める 7、9

瀬戸内海をめぐる遺跡群の動態（山崎）

第11図　彦崎貝塚

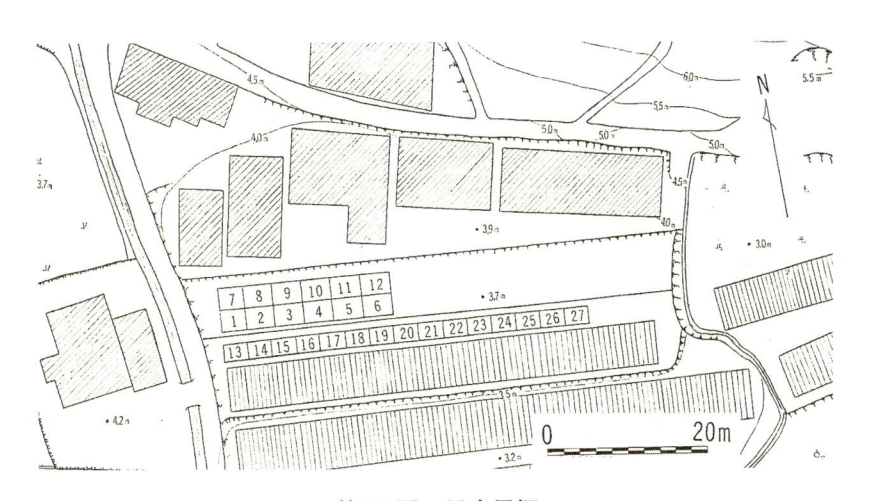

第12図　里木貝塚

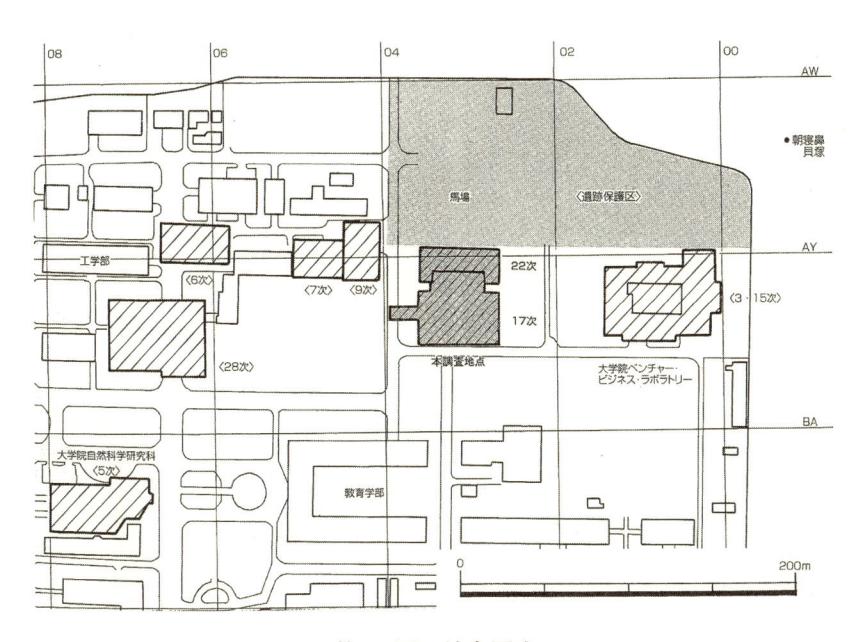

第13図　津島岡大

区出土のものに限って記載すると、石鏃1、石匙4、削器4、石錘2、磨石類8などとなる。また、剥片石器に利用されたサヌカイトの総重量は約1.4kgである。ただし、石器については、出土地点の不明なものが多数存在するため、実際の数量はもうすこし増加するものと思われる。したがって、この数字はあくまで目安に留めなければならない。

里木貝塚（第12図）

倉敷考古館によって調査が行われ、大量の中期土器をはじめとして、多数の埋葬人骨が出土した。この貝塚は、磯の森や彦崎とは異なり、海岸砂洲上に形成されている。貝層の平面規模は50m×50m程度で、倉敷考古館による調査地点では、30〜40cm程度の厚さがある。この遺跡からは、中期の全般にわたる遺物が出土しているが、特に中期土器の主体を占める船元Ⅰ式期の状況について見ておきたい。なお、報告で船元Ⅰ式とされたものの中には、中期初頭の鷹島式が含まれており、また船元Ⅰ式とⅡ式の区分の問題もあるので、これが時期的に単純な様相を示しているわけではない。

船元Ⅰ式の出土状況を見ると、北側調査区のほぼ中央部にあたる2〜5区、および13〜22区に分布の主体があり、東に寄った25区でもややまとまっている。調査区内での船元Ⅰ式の主要分布域の広がりは、30m×6mあまりで、全体として見ると、調査区は船元Ⅰ式の主要分布範囲の北端部にあたるものと見られる。報告では、土器の出土総量については記載がないが、型式別に各区ごとの出土量がグラフ化されているので、このグラフから、船元Ⅰ式のおおまかな出土点数を算出した。それによると、出土土器の総量は4000点余りであり、図示された口縁部片は約500点（うち鷹島式34点）である。また、石器のうち、船元Ⅰ〜Ⅱ式に伴うとされたものを挙げると、石鏃6、石匙8、削器22、磨石類4、石錘30などが主だったものである。

津島岡大遺跡（第13図）

500m×900mあまりの広い範囲にわたって、点々と縄文時代の遺構、遺物が検出されている。中でも、後期の資料は充実しており、岡山大学埋蔵文化財調査研究センターによる継続的な調査によって、重要な成果が挙げられている。ここでは特に、福田K2式〜縁帯文成立期にかけての、住居址を中心とする集落域の主要部分に相当すると考えられる3・15次、17・22次調査区、および後期中葉（津島岡大後期Ⅳ群）段階のまとまった遺物ブロックが発見された、第5次調査区について、概要を見ていくことにしたい。

まず、3・15次、17・22次調査区であるが、両区は、岡山大学津島キャンパスの北東角にあたっており、隣接して中期末〜中津・福田K2式を中心とする朝寝鼻貝塚がある。調査区の規模は、ともに50m×50m程度であり、互いに50m程離れて位置している。福田K2〜縁帯文成立期段階の集落の主要部分は、朝寝鼻貝塚も含めて、300m程の範囲内に収まるようであるが、遺構、遺物のあり方は、この範囲全体にわたって均等な様相を示しているわけではなく、粗密が認められる。また、地点によって微妙に主体となる時期が異なるようであり、その様相は単純ではない。以下、各次調査の概要について見ていくことにしたい。

3・15次

福田K2〜縁帯文成立期が主体となり、中でも縁帯文成立期の資料が目立っている。

3次調査区は後期の河道にかかるもので、河道内からコンテナ（28 $\frac{l}{トル}$）10箱程度の土器が出土している。図示された口縁部点数は約170点である。石器については晩期のものとの区別ができないので、ここでは取り上げない。

15次調査区は、3次調査区に続く河道部分とその南側に形成された微高地上に及ぶもので、竪穴住居状遺構1基、貯蔵穴と考えられる土坑18基等の遺構が検出されている。土器片の出土量は、約2000点、うち図示された口縁部点数は約130点である。石器としては石鏃4、削器10、石鍬5、石錘3、磨石1、石皿1などがある。

17・22次

中津〜津雲A式が主体となる。量的には福田K2式が多く、縁帯文土器がこれに次ぐ。遺構としては、竪穴住居状遺構2基、土坑多数が検出されている。住居状遺構のうち、1基は縁帯文成立期に属する。出土土器は約13000点、図示された口縁部点数は570点余りで、石器としては、石鏃60、削器28、石鍬25、磨製石斧11、磨石類18点、石皿5、石錘105などがあり、剥片石器に用いられたサヌカイト総重量（弥生以降および帰属不明のものを除く）は約7.2kgである。

5次

次に5次調査区であるが、17、22次調査区から200m程南西にあたる。旧河道に沿って貯蔵穴7基が検出されており、遺物は河道斜面部にかかる25a層、および河道内に堆積した27b層から集中的に出土している。25a層の調査範囲は50m×20m程、27b層の調査範囲は45m×10m程で、遺物の出土状況としては、25a層では貯蔵穴周辺にまとまる傾向が認められており（Cブロック）、27b層では2箇所の遺物集中地点（A、Bブロック）が識別されている。これらの各ブロックは、斜面部から河道内にかけて検出されており、基本的には廃棄単位に対応するものと考えられている。各ブロック出土の土器は、微妙な時期差をもつことが指摘されているが、全体として津島岡大後期Ⅳ群（彦崎K1−K2中間）段階のよいまとまりを示している。ブロックごとの出土土

器の個体数は、Aブロック457、Bブロック196、Cブロック325と報告されており、これらの総計は978個体となる。また、主要な石器について見ると、石鏃8、石匙3、削器11、石鍬10、石錘10、磨石類11などとなっている。剥片石器に用いられたサヌカイト（報告では安山岩とされている）の総重量は、約2.5kgである。

［拠点的遺跡の格差］

以上、各時期の拠点的な遺跡について、その内容を概観した。いずれの事例も、遺跡全体にわたって調査がなされたものではなく、また、一定の時間幅が想定される資料なので、一時期の内容が果たしてどの程度のものであったか、検討を要する。また、より厳密な比較を行うためには、統一的な形でのデータの集計が望まれるが、現在のところ、出土遺物の点数等の記載方法も、報告によってまちまちで、定量的な形での比較は困難と言わざるを得ない。このように、いろいろと問題があるわけだが、ここでは一例として、定量的データが比較的そろっており、時期的にやや細かく考えることのできる前期の彦崎貝塚（彦崎Z2式）と、後期の津島岡大5次調査区（津島岡大後期Ⅳ群）を比較してみよう。

彦崎貝塚の彦崎Z2期貝層の主要部分は、30m×10m程度の広がりをもつようであるが、調査区ごとの出土土器には細かな相違が認められ、この点に着目して、彦崎Z2式はだいたい3段階程度に区分することができる（山崎2004）。調査区ごとに見ると、古い方から順に7・9区→4区→5・10区と分布が移る傾向があるので、一時期の遺物の広がりは、10m程度の範囲となるようである。一方、津島岡大5次調査区では、集中地点という意味でのブロックに着目すると、その広がりはやはり10m程度の範囲となるようである。蛇足であるが、このようにブロック状にまとまりを持って遺物が出土する状況は、本地域ではしばしば目にするものであり、その意味についても検討していく必要があるだろう。

次に、遺物の出土量について見ると、彦崎貝塚（1～10区）におけるZ2式の個体数は約360なので、機械的にこの値を3で除すると、理屈の上では、1時期の消費個体数（120）が得られる。一方、津島岡大5次調査区におけるA、B、C各ブロック出土の土器個体数は、それぞれ457、196、325であり、これらの平均値は326となって、単純に比較すると、両者の間には2.7倍の格差があることになる。さらに、石器について器種ごとの数量を比較すると、石鏃1：8、石匙・削器8：14、石錘2：10、磨石類8：11となり、また、剥片石器に用いられたサヌカイトの総量は、1.4：2.5となる（いずれも彦崎：津島岡大）。彦崎の数値は7、9区出土のものに限った数値であり、津島岡大の数値は総量なので、単純に考えると、一時期あたりの石器数量は彦崎の方が多くなる可能性もある。

以上のような比較は、極めて強引なものであるが、大局的に見て、前期に比して後期では、拠点的遺跡における、一時期あたりの土器消費量が増大する傾向にある、ということは言えるのではないだろうか。その増加率は、単純に数値の上では2.7倍となり、石器消費量との相対的関係から考えても、一定の格差があったものと見られる。このことは、単に後期における土器の製作、消費の活発化というだけでなく、後期段階の器種、法量分化と、それに伴う土器組成の多様化をも反映したものなのであろう。また、これが集団規模の変化とも結びつけられるものなのかどうか、問題となるところであるが、石器消費量との兼ね合いや、遺物の出土状況から推して、著しい集団規模の増大は考え難いのではないかと思う。ただし、土器や石器の時間あたりの消費量が、前期と後期で一定であったという保障はないし[8]、この一事例のみによる類推を敷衍化することもできないが。

ところで、従来から、縄文時代後期における遺跡の増加とともに、その規模の拡大は、しばしば指摘されるところであった（松崎・間壁1978など）。上記の検討においても、前・中期に比して後期では、遺跡の規模・内容の増大を認めることができる。しかし、拠点的遺跡同士を比較した場合、両者の間には、基本的にはずば抜けた格差があるわけではない、ということは指摘できるだろう。前期の磯の森、彦崎、中期の里木は、一時期あたりの遺跡規模や遺物量の上では、大差はないものと思われる。また、みかけの上では、多数の土器、石器、遺構を有し、規模も大きな後期初頭～前葉の津島岡大（3・15・17・22次）も、一定の時期幅をもつことを考慮すると、一時期の内容は、同遺跡の後期中葉（5次）などに比して、著しい格差があるようには思われない。

以上のような事実は、前期から後期に至る間、一遺跡（一地点）に住まう居住集団の規模に、大きな変化が生じることはなかったということを暗示する。このことは、中国地方において、一遺跡の一時期における住居址数が、各時期を通じて1～2棟に限定されるという事実とも整合的である（山田2001）。本地域において、各時期を通した遺跡の固定的、停滞的なあり方を指摘する向きは根強いが（高橋1965、春成1978、平井1987）、これは遺跡分布の上に認められる固定的なあり方とともに、上記のような量的側面をも捉えたものと言えるだろう。また、平井勝氏は、後期に小規模、短期的な集落が増加する要因について、前・中期以来の中核的集落からの集団分岐を想定しているが、遺跡群の全体的な状況と、拠点的遺跡の内容から見ると、後期段階の小規模、短期的な遺跡の増加は、前・中期の大規模な集団が分裂して、より小さな集団に分岐するというような状況ではなくて、前中期の遺跡分布の空白域が、同程度の規模の集団によって割拠されるという性格のものであったろう。

以上のように、全体として拠点的遺跡の内容は、比較的均質な様相を示しているわけであるが、通時的に見た場合、例えば前期末のように、遺跡の小規模化、分散化

前・中期　　　　　　　　　　　　　　後期

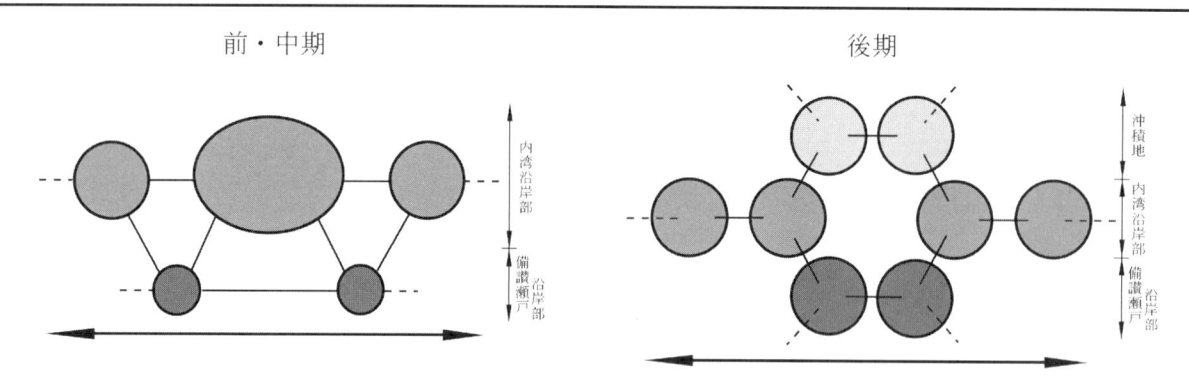

第14図　遺跡群モデル
(円は個々の遺跡群または遺跡を示す)

が顕著で、拠点的と言えるような遺跡が知られていない時期もあれば、逆に、彦崎Z1期の彦崎貝塚や、後期初頭段階の徳島県矢野、後期前葉段階の香川県永井のように、ここで検討した各時期の拠点的な遺跡と比較しても、かなり大規模と思われる遺跡が現れることもあって[9]、まったく固定的なあり方を示しているというわけではない。このような細かな変動についても、今後詳細に検討を加えていく必要があるだろう。

以上、拠点的遺跡の規模、内容を時期ごとに比較し、各時期を通じて、一時期の遺跡規模、内容には著しい格差が認められないことを指摘した。今回の検討は、不十分なデータに拠ったものであり、今後、さらに検討を重ねていく必要があるだろう。各遺跡の規模、内容を定量的な形でデータ化する作業には、困難がつきまとうわけであり、今後データの整備がすすむという楽観もできないが、ここでは、従来曖昧な形で言及されてきた遺跡規模の問題について、具体的な数字から考えてみたかったまでのことである。

6. まとめにかえて

以上、備讃瀬戸周辺の遺跡群について、その変遷を垣間見た。以下では、上記の検討を要約するとともに、そこから派生する二三の問題について言及することにしたい。

瀬戸内地域の貝塚遺跡群を取り上げて、遺跡の分布とその時期的動向について検討を行った高橋護氏は、近接した遺跡間において、遺跡の断絶と継続が相補的にみとめられること、またそれとともに、長期にわたって継続する遺跡が存在する状況から、遺跡の定住性は強固なものであり、移動はごく限られた状態で行われたことを指摘した。さらに、こうした個々の遺跡をふくむ遺跡群は、固定的性格をもった強固な単位をなし、これが瀬戸内的な文化的特徴をうみだす母体となったことを論じている(高橋1965)。また、平井勝氏は、岡山県の海岸部の遺跡を、10km程度の広がりをもった18の遺跡群に区分した上で、こうした遺跡群の中に、中核的集落が長期間にわたって継続するタイプと、小規模・短期的な集落が点在するタイプが認められることを指摘した。前者のタイプには、内湾沿岸部の貝塚遺跡を中心とした遺跡群が相当し、後者のタイプには、島嶼部や沖積地上に位置する遺跡群が相当する。また、後者のタイプは、後期以後の海退に伴う中核的集落の分散化によって生じたものと考えられている（平井1987）。

今回の分析によっても、高橋氏や平井氏が指摘するように、遺跡群のあり方は、短期間で変動を繰り返すような流動的なものではなく、基本的には安定的・固定的な様相を示していると言える。その一方で、前・中期の遺跡分布と、後期のそれとを比較すると、両者の間には類似点と同時に差異も認められる。

第14図には、前・中期と後期の遺跡群のあり方を模式化したものを示した。前・中期の遺跡分布は、内湾沿岸部への集中が顕著であり、10～20km程度の範囲にまとまる遺跡群が、遺跡分布の空白域をはさみながら飛び石状に分布する。一方、後期には、前・中期のような偏在性が緩和されるとともに、内湾沿岸部、備讃瀬戸沿岸部、沖積地上にわたって、網目状に遺跡分布が均等化される傾向にあり、また、遺跡立地から見ると、その分布は複合的なあり方を示している。全体として、ゆるやかではあるが大きなまとまりが形成されるわけで、前・中期のような遺跡群としてのまとまりが把握しづらくなるのであるが、このように大きなまとまりを示す遺跡群も、空間的、時間的に細区分して見ると、10～20km程度の小地域が時期的な継続性を担う単位となるようであり、前・中期とほぼ同程度の広がりが、基本的な単位として意味を持っていたことが推測される。矢野健一氏（矢野2001）は、縄文集落が、10～20kmの広がりをもってまとまる複数の集落からなる大きな領域の中で、規模や場所を流動的に変化させながら存在することを指摘しているが、今回の分析でも、この指摘を追認したことになろう。また、高橋氏や平井氏が想定する集団領域も、この程度の広がりをもったものとなるようである。

この10～20kmという規模は、個々の遺跡に対して想定される、日常的な生業活動領域、特に採集活動に関わる領域よりも、大きな広がりをもったものであり、その意味については、さまざまに考えられるわけであるが、これを、狩猟や漁労に関わる生業圏ととらえる高橋氏の

見方は重要であろう。また、弥生土器の研究から推測されている、小地域色の最小単位も、この程度のひろがりをもつことは、こうした領域規模の意味を考える上で示唆的と思われる（都出1989）。大貫静夫氏（大貫1997）は、このような領域規模が通文化的なものであったことを指摘しており、都出比呂志氏の見解を踏まえて、「地域組織の基盤が水利の共有や山野の領有であり、それらが自然地形に制約されることが一方にあり、他方に日常的な交流—婚姻・交換—の可能な距離による制約があることが、時代を越えても変化が少ない地域領域単位が成立する理由の一端となるのではないか」と述べている。当然、弥生時代のような農耕社会と、狩猟採集を基本的な生業基盤とする縄文時代の社会とを、直接的に比較することはできないが、このような視点は、今回の分析結果にもよく適合するものと思われる。

いずれにせよ、このような遺跡群としてのまとまりは、個々の遺跡を越えて、さらにその外側に広がる紐帯関係の存在を示すものと思われ、その背後には、具体的な人間集団を想定することができるのではないだろうか。高橋氏が指摘するように、備讃瀬戸周辺の遺跡群全体を、土器に地域色をもたせるような、大きな地域集団と捉えるならば、今回指摘した、より小さなまとまりは、小地域集団とでも呼ぶべきものに相当することになろう。こうした小地域集団の内実が、いかなるものであったかという点は、大きな問題であるが、一般的に言って、この規模の集団は、多数の居住集団を含むような大きなものではなく、ごく小規模かつ流動的なものであったと思われる[10]。この問題については、土器型式の地域色の問題と合わせて後述する。

以上のように、基本的な単位となる遺跡群の領域には、通時的な共通性が認められるわけであるが、その分布状況には、前・中期と後期との間で基本的な差異を認めることができる。個々の遺跡群を、小地域集団としてのまとまりと捉えるならば、後期段階には、集団のあり方に大きな変化が生じていたことになろう。前中期段階の遺跡分布の偏在性が緩和され、新たに出現した遺跡群によって空白域が割拠されていく現象、すなわち後期段階に顕在化する、遺跡分布の緊密化と、各小地域単位での自律性の強まりは、この時期、物質文化の上に認められる諸現象と対比しつつ検討していく必要がある。金山産サヌカイトの流通の活発化と、原材単位の明確化・規格化（竹広2003）、異系統土器の搬入・搬出例の増加といった交易に関わる諸現象や、後期の土器型式に認められる、広域的類似を基調とした細やかな地域性の存在（矢野1993、幸泉2002・2004）、また、本稿で指摘した後期前葉〜中葉段階に顕在化する、立地環境に応じた遺跡内容の分節化などは、こうした小地域ごとの自律性の強まりを背景とした、小地域集団相互の緊密な組織化に起因するものと思われる。

また、このように時期ごとに大きくまとめられる遺跡群の状況も、微視的に見た場合、短期的ではあるが、大きな変動が生じる画期を指摘することができる。前期の彦崎Z1式や後期初頭の中津式、福田K2式直後の段階などは、そうした一例となろう。今回の分析では、遺跡群の動向を細分型式のレベルまで十分掘り下げて検討することができなかったが、時期的細分をすすめていくことによって、他にもこのような画期を指摘できるようになるだろう。

さらに、このような遺跡群の上にあらわれる変動とは別に、近藤義郎氏によって指摘されている集団の分散、集結の問題（近藤1997）や、近年、宮本一夫氏（宮本2002）や瀬口眞司氏（瀬口2003）らによって論じられている季節的移動の問題など、さらにミクロなレベルでの、短期的、反復的な移動に関する諸議論は、地域集団の具体像を考える上で、検討すべき課題である。今回扱った備讃瀬戸周辺地域において、何らかの反復的な移動が行われていたとするならば、個々の遺跡群内、もしくは遺跡群間での移動が想定される。前者の場合、ごく限られた類似の生態環境下で移動が繰り返されたことになり、これは、港北ニュータウンの事例に基づいて、石井寛氏が指摘するような集団移動のあり方に近いものと言えるだろう（石井1977）。後者の場合は、海岸部と沖積平野、あるいは山間部との間を往還するような形態が考えられることになるが、このように広い範囲にわたる頻繁な移動が常態であったと想定すると、土器や石器等にあらわれる地域色を説明しづらくなる。したがって、一般論的に言って、10〜20km程度の遺跡群規模を超えるような頻繁な移動は、想定し難いだろう。

遺跡規模や、個々の遺跡の状況から見た場合、特に前・中期段階では、前者のような形での移動が行われていた可能性を考えても良いのではないかと思う。しかし、こうした移動が、宮本氏らの説くように、果たして一年をサイクルとした季節的なものであったかどうかについては、今後、議論を重ねていく必要があるだろう。また、宮本氏は、後期段階に通年定住への移行を想定しているが、むしろ後期段階において遺跡の立地環境が多様化し、多角的な資源利用が想定されること、また、前・中期と後期とを比較した場合、遺跡群の領域規模や拠点的遺跡の内容に、著しい変動や格差が認められない点には、十分注意しておかなければならない。後期段階に認められる地域分化や、交易活動の活発化といった物質文化上の諸変化、すなわち後期段階の画期性の背景には、集団の居住形態の変化も関係しているのかも知れないが、大局的には、先に指摘したように、小地域集団同士の緊密な組織化があったものと考えられる。

以上、遺跡群の様相を手がかりとして、地域集団の具体像について考えてみた。このような形で描かれる地域集団は、単に地図上に投影されるドットの集合に留まるものではなく、土器型式をはじめとする物質文化のあり方とも、密接な関連を有するものと考えているが、最後

に、このような地域集団と、土器型式の上にあらわれる地域色との関係について言及しておきたい。

　先に取り上げた高橋護氏の論考では、備讃瀬戸周辺の遺跡群全体に相当するような大きな集団が、ひとつの単位となって、彦崎Z1式や中津式といった瀬戸内的な土器型式をうみだす母体となっていたことが指摘されている。また最近、幸泉満夫氏は、縄文後期土器の底部形態から、小地域圏の推定に関する一連の論考を発表しているが、この場合の小地域圏の広がりは、今回扱った備讃瀬戸周辺の遺跡群全体に相当する程度のものである（幸泉2002、2004）。このような規模の広がりは、田中良之・松永幸男両氏の言うローレベルの様式（田中・松永1984）の地域的範囲とも類似し、筆者が成立期の縁帯文土器に指摘した、備讃瀬戸、西部瀬戸内、南四国という地域色も同様である（山崎2003）。このことは、土器型式に地域色をもたせるような組織が、個々の遺跡やいくつかの遺跡を内包する遺跡群単位よりも、さらに大きな広がりをもっていることを示すものと言えよう。都出比呂志氏が指摘するように、このようなあり方は、弥生土器の地域色の現れ方にも類似したところがある（都出1979）。

　一方、このような形で示される土器型式の地域色、幸泉氏の言う小地域圏、田中・松永氏の言うローレベルの様式圏は、その広がりから見ると、弥生土器の地域色で言う「畿内」や「吉備」程度の範囲、すなわち大様式に相当し、弥生土器よりも地域色のあらわれ方はゆるやかなものとなっているようである。さらに細かなレベルでの地域的差異が認められないものかどうか、土器の生産と流通の問題とも合わせて、今後の検討を要するが[11]、このような差異は、基本的には、社会的状況の違いを反映したものと見て良いだろう。とりわけ、遺跡分布や集落規模から推測される、人口や集団規模の顕著な格差は、決定的であったと思われる。先に、縄文時代における個々の遺跡群（小地域集団）の広がりが、弥生土器で言う小地域色に相当する程度の広がりをもつことを指摘したが、土器から見た場合、この程度のレベルでの地域色が顕著でないという事実は、小地域集団の安定性、固定性がさほど強固なものではなかったことを物語っているのであろう。このことは同時に、縄文時代においては、より広域的な紐帯が、重要な意味をもっていたことを暗示する[12]。縄文土器の変遷過程においてしばしば認められる、広域的な連動性、協調性が、いかにして生み出されたものであるのか、土器自体の分析とともに、遺跡群や社会のあり方からも、検討を進めていく必要があるだろう。

　本稿は、2004年10月に早稲田大学で開催された「縄紋社会をめぐるシンポジウムⅡ―景観と遺跡―」での発表内容を基礎として、大幅に検討し直したものである。発表の機会を与えていただいた安斎正人氏、高橋龍三郎氏に深く感謝いたします。また、本稿の構想にあたって

は、多くの方々から、多岐にわたる議論を通して有益な教示を得ることができた。個々に御名前を記すことができないが、特に記して謝意を表したい。

註

（１）　今回依拠した報告書等の大部分は、平井氏（平井1987）の文献リストに挙げられているので、紙面の都合から個々の文献名は割愛させていただいた。また、引用文献も最低限に留めざるを得なかった。諸氏の御寛恕を乞う次第である。

（２）　彦崎貝塚には、磯の森式と彦崎Z1式との過渡的な段階に属するとみられる土器が少量あるが、このような土器がまとまって発見されたことはない。

（３）　この細分の内容について、ここで詳細に述べることはできないが、従来里木Ⅰ式と呼ばれたものは、だいたい彦崎Z2式後半の様相に相当する。彦崎Z2式前半では、羽状縄文や結節縄文が盛んで、特殊突帯文土器では、口縁部に沿って縄文帯を加える特徴が著しい。なお、近年、島根県三瓶山麓では、第二ハイカ（三瓶角井降下火山灰）層を挟んで下層から彦崎Z2式前半の土器が、上層から彦崎Z2式後半の土器が出土する事例が報告されており、この細分と良い一致を示している（角田2004、島根県教育委員会2003）。

（４）　彦崎貝塚でも焚火の痕跡を伴う集積人骨（これは三体分の頭骨が並べられたもの）が検出されており、葬法の上でも両遺跡の間には共通点が認められる（池葉須1971）。

（５）　後期前葉段階で一般的に認められた石錘が、この時期以降減少することは、注目すべき事実である。後期中葉の大規模な遺跡である淡路島の佃遺跡でも、石錘は少なく、定型的な器種としては石鏃が多い（山本2004）。海岸や河川に面した遺跡での石錘の僅少性は、漁労形態の変化を思わせる。また、従来、打製石斧が安定的な形で組成に加わるのは、後期中葉以降とされてきたが、近年増加した資料から見ると、さらにさかのぼって後期前葉（津雲A～彦崎K1）頃には組成中に一定量を占める遺跡が認められるようである。

（６）　後期以降、流路等に流れ込んだ形でまとまった量の遺物が出土する事例が増加することは、遺跡の低地化という大局的な遺跡立地の変化とともに、後期以降の環境変化をも示唆するものと思われる。また大浦浜や高島黒土など島嶼部の遺跡では、後期以降、砂洲の堆積がすすんだようであり、このような事例も後期以降の環境変化を暗示するものであろう。

（７）　人口の流入・流出によって遺跡数の増減を説明しようという学説は、自然状態では短期的に著しい人口の増減が生じることはない、という前提に立った見方のように思われる。この問題に関連して、今村啓爾氏は、関東・中部地方における住居址数の増減をグラフ化する作業を通じて、自然状態でも人口の急激な増減が起こりえたことを指摘している（今村1997）。なお、今村氏が指摘するように、「土器型式の移動や影響は、遺跡数の増えている地域から減少ないしは停滞している地域に対して起こる」ことが多い点には注意が必要であろう。

（８）　ただし、土器の壊れやすさという点では、後期よりも前期の土器の方が薄手であるので、消耗率は高かったと思われる。したがって、この点に限って言うと、先に指摘した一時期あたりの土器消費量の格差を、強めることはあっても、弱めることはない。

（９）　このような大規模遺跡が、いかなる背景のもとに残され

たものであるのか、興味ある問題であるが、これに関連して、特に後晩期には、津島岡大遺跡などに典型的に見られるように、ごく限られた狭い範囲内に同時期の遺跡（地点）が点々と残される事例が増加することが注意される。矢野健一氏は、西日本の縄文集落が広い範囲に散在する住居址群からなることを指摘し、遺跡の集中度合から集落規模を推定する見方を示している（矢野 2001）。この場合は、遺跡集中範囲が大規模集落と読みかえられているわけだが、いわゆる大規模遺跡と、狭い範囲内に遺跡が集中する現象とは、質的に異なる部分もあるように思う。しかし、いずれにせよ、このような現象は、狭い範囲内への人間集団の集中が生じたことを示しているのかも知れない。

(10) 当然、同一集団の移転によって、このような遺跡群としてのまとまりが生じたのではないかという見方も可能であるが、その場合でも、一定地域に定着した人間集団の存在が想定できる点には変わりはない。そのような場合も含めて、小地域集団という用語を用いたい。

(11) 本地域における土器の生産、流通の問題については、清水芳裕氏の先駆的研究がある（清水 1973）。

(12) 幸泉満夫氏は、底部形態の分析から推定される小地域圏の背景に、通婚圏を想定している（幸泉 2004）。一方、弥生土器の小地域色を通婚圏とむすびつけてとらえる見方を示した都出比呂志氏は、縄文土器の地域色を通婚圏とむすびつけることには慎重な態度である（都出 1979、1989）。田中良之・松永幸男両氏も、土器情報の伝達システムを、「通婚によって規定されるものではなく」、「類似した動態を示す同レベルのサブシステムと考えた方がより適切であろう」と述べ、これを「コミュニケーションシステム」と表現している（田中・松永 1987）。縄文土器については、佐藤達夫氏が指摘する「異系統紋様の伝習」のような場合も想定されるので（佐藤 1974）、製作者と作品（土器）の関係は、弥生土器のそれよりも、より複雑なものであったと思われるが、土器型式の分布圏が、通婚をも含めた何らかの紐帯関係の及ぶ範囲をあらわすという点は、大方の一致するところであろう。

参考文献

池田次郎・鎌木義昌　1951　「岡山県磯の森貝塚発掘報告」『吉備考古』81・82合併号　吉備考古学会

石井　寛　1977　「縄文社会における集団移動と地域組織」『調査研究集録』2　港北ニュータウン埋蔵文化財調査団

池田次郎・鎌木義昌　1951　「岡山県磯の森貝塚発掘報告」『吉備考古』81・82

池葉須藤樹　1971　『岡山県彦崎貝塚調査報告』

今村啓爾　1997　「縄文時代の住居址数と人口の変動」『住の考古学』　同成社

大貫静夫　1997　「『中国文物地図集―河南分冊―』を読む」『住の考古学』（前掲）

角田徳幸　2004　「三瓶火山噴出物と縄文時代遺跡」『島根県考古学会誌』20・21　島根県考古学会

亀山行雄　2005　「縄文時代の遺構・遺物」『長縄手遺跡』　岡山県文化財保護協会

幸泉満夫　2002　「土器底部形態にみる縄文時代後期社会の小地域性」『四国とその周辺の考古学』　犬飼徹夫先生古稀記念論文集刊行会

幸泉満夫　2004　「山陰地方における縄文時代後期社会の小地域性」『考古論集』　河瀬正利先生退官記念事業会

小林達雄　1973　「多摩ニュータウンの先住者」『月刊文化財』112

近藤義郎　1997　「縄文岩陰遺跡の謎」『垣間みた吉備の原始古代』　吉備人出版

佐藤達夫　1974　「土器型式の実態―五領ヶ台式と勝坂式の間―」『日本考古学の現状と課題』　吉川弘文館

島田貞彦　1927　「備前国児島郡磯の森貝塚」『考古学雑誌』14

島根県教育委員会　2003　『板屋Ⅲ遺跡（2）』

清水芳裕　1973　「縄文時代の集団領域について」『考古学研究』19-4

瀬口眞司　2003　「関西縄文社会とその生業」『考古学研究』50-2　考古学研究会

高橋　護　1965　「縄文時代における集落分布について」『考古学研究』12-1　考古学研究会

高橋　護　2001　「西日本における縄文時代の生業と集落」『島根県考古学会誌』18　島根考古学会

高橋　護・田嶋正憲・小林博昭　2005　「岡山県灘崎町彦崎貝塚の発掘調査」『考古学ジャーナル』No. 527

竹広文明　2003　『サヌカイトと先史社会』　渓水社

田嶋正憲　2005　「岡山県彦崎貝塚の調査」『日本考古学協会第71回総会研究発表要旨』

田中良之・松永幸男　1987　「広域土器分布圏の諸相」『古文化談叢』14

千葉　豊　1989　「縁帯文系土器群の成立と展開」『史林』72-6

都出比呂志　1979　「ムラとムラとの交流」『図説日本文化の歴史』1　先史・原史　小学館

都出比呂志　1989　『日本農耕社会の成立過程』　岩波書店

敦賀啓一郎　2002　「石器組成分析による縄文時代生産活動の復元」『広島大学帝釈峡遺跡群発掘調査室年報』ⅩⅥ

中村友博　「縄文時代」1986『図説発掘が語る日本史』5 中国・四国編　新人物往来社

丹羽佑一　2002　「瀬戸内縄文人の生態（海民の形成）」『四国とその周辺の考古学』（前掲）

春成秀爾　1978　「縄文晩期文化　中国・四国」『新版考古学講座』3　先史文化　雄山閣

平井　勝　1987　「縄文時代」『岡山県の考古学』　吉川弘文館

平井　勝　1993　「縄文後期・四元式の提唱」『古代吉備』15

間壁忠彦・間壁葭子　1971　「里木貝塚」『倉敷考古館研究集報』7　倉敷考古館

松崎寿和・間壁忠彦　1978　「縄文後期文化　西日本」『新版考古学講座』3　（前掲）

宮本一夫　2002　「瀬戸内の海人文化の成立」『四国とその周辺の考古学』（前掲）

山崎真治　2003　「縁帯文土器の編年的研究」『紀要』18　東京大学大学院人文社会系研究科考古学研究室

山崎真治　2004　「彦崎貝塚と瀬戸内海をめぐる遺跡群の動向」『縄紋社会をめぐるシンポジウムⅡ―景観と遺跡―』予稿集　縄紋社会研究会・早稲田大学先史考古学研究所

山崎純男　1983　「西日本後・晩期の農耕」『縄文文化の研究』2　生業　雄山閣

矢野健一　1993　「縄文時代中期後葉の瀬戸内地方」『江口貝塚Ⅰ』　愛媛大学法文学部考古学研究室

矢野健一　2001　「西日本の縄文集落」『立命館大学考古学論集』Ⅱ

矢野健一　2004　「西日本における縄文時代住居址数の増減」『文化の多様性と比較考古学』　考古学研究会

山田康弘　2001　「中国地方における縄文時代集落の諸様相」『列島における縄文時代集落の諸様相』　縄文時代文化研究会第1回研究集会基礎資料集　縄文時代文化研究会

山本　誠　2004　「佃遺跡」『縄文時代の石器Ⅲ』　関西縄文文化研究会

渡辺　誠　1975　「綜括」『桑飼下遺跡発掘調査報告書』　平安博物館

報告書の森へ
― 縄文時代晩期の鬼虎川遺跡をめぐって ―

■菅原　章太 (SUGAHARA, akio)

遺跡集成作業、あれこれ

　筆者は、関西縄文文化研究会で遺構シリーズの生業関係遺構で1年、石器集成シリーズで3年、計4年間、大阪府の縄文遺跡集成に携わってきた。この間、関係する遺跡発掘調査報告書（以下、煩雑さを避けるため、「報告書」と称する）に目を通し続けてきたわけである。もし、幸運にもこれらの資料集成を手にとっていただいた諸氏からすれば、生業遺構なり、縄文石器なり、学史上著名で、かつ上記の遺構・遺物が検出されているにも拘らず、頁を割いていないとの謗りを受けるかもしれない。それこれに至った理由は、報告書作成の根幹にも係わり、後段で叙述しよう。ここでは、縄文時代晩期の鬼虎川遺跡の様相を素材にして、報告書の森に入り、出土状況を、
　A. 厳密に捉え、プライマリーな晩期石器を呈示する。
　B. 遺物形態の特徴からフランクに捉え、晩期集落を推定する。
の両側面から誌上で「遺跡集成」の実際を誌上で試みたい。

I　大阪府鬼虎川遺跡貝塚出土縄文石器の抽出を検証する

1　はじめに

　後期から晩期の石器組成を考える上で、鬼虎川遺跡貝塚が取り上げられたのは、晩期末から弥生初期にいたる変革期の石器様相を把握することが求められたことと推定されよう。本報告では既刊の報告書情報を整理・検証し、その概略を素描することで責を塞ぎたい。また、調査後約20年を経過し、すでに各方面からの研究蓄積があることも付記しなければなるまい。

2　遺跡名称

　今回取り上げるのは、鬼虎川遺跡の西端部である。後述の発掘調査が行なわれた地点は、埋蔵文化財行政上、水走（みずはや）遺跡の範囲内にあたり、種々誤解を生じてきた。ここでは、第20次 No. 8トレンチ（貝塚に西接するトレンチ）において、

　(1) 第20次調査地点では、No. 8トレンチ付近からのみ弥生時代の遺構・遺物を検出しており、また、中世の遺構、遺物は殆ど認められないことから、この付近が鬼虎川遺跡の北西限と考えられる。〔報告書① p. 57、以下報①等と略記〕

　(2) No. 8トレンチで検出した弥生時代の包含層は以西では遺物を包含していない。このことから、鬼虎川遺跡の西限が No. 8トレンチ付近と推定できる。〔報① p. 143〕

とある指摘を積極的に評価する立場を採る。したがって本稿では突帯文期の貝塚が検出された地点を鬼虎川遺跡水走地区と仮称して記述を進めたい。

3　鬼虎川遺跡の概要（第1図）

　鬼虎川遺跡は、生駒山地西麓部に発達した沖積扇状地の扇端部から沖積低地に立地し、南北約1150 m、東西約650 mの範囲に広がる。遺跡周辺での人間活動の痕跡は後期旧石器に遡る。すでに第25次調査で海蝕崖堆積層からナイフ形石器などが発見されている。遺跡は弥生時代前期末から中期にかけて繁栄し、河内潟・湖の東縁辺における拠点集落に発展した。

　縄文時代では、前記の第25次調査や第33次調査で海蝕崖から、前期北白川下層II式から中期船元II式にかけての縄文土器や石器が出土している。詳細は2003年12月の『縄文時代の石器 II ―関西の縄文前期・中期―』に所載の「鬼虎川遺跡」に譲るが、従前の調査成果から海蝕崖周辺に該期集落の存在が推定されている。後期の集落は不明で、該期の土器が第46次調査で確認されているに過ぎない。晩期では、篠原（滋賀里IIIb）式期以前の様相は不明だが、該期以降突帯文期にかけて土器が頻出する。それらは質量ともに豊富であり、集落の範囲については、後に詳述したい。

4 発掘調査

① 第20次調査

昭和57年（1982）6月から翌58年4月まで実施された。国道拡幅と鉄道新線建設に伴い、新発見の水走遺跡の範囲を確認するために行なわれた。東西約1.6km間に130～560 m²のトレンチが9箇所設定された。前記のように、貝塚と直接関係するのはNo.8トレンチである。検出された土層は25層に区分された。第24層層準より上位は弥生時代前期以降の堆積層である。第25層・第25'層はNo.8トレンチのみ分布が認められる層である。上部（第25'層）は極細粒砂から中粒砂で、木片や植物遺体が多量に混在する。下部（第25層）は上部の砂層と粘土質シルトの互層で、上部と同様に木片、植物遺体が多量に混在する。その混在する中から、縄文土器が出土した。縄文土器の出土をみた第25層より上位だが、第21層上面で溝状の落ち込みが検出されている。最大幅10.7m、最大深は1.1mを測る。堆積層は2層に区分される。出土遺物には突帯文土器（長原式）、前期～中期の弥生土器、木製品、骨角牙製品のほか、集成第7図に掲げた石鏃がある。石鏃には凹基無茎式のものがみられるが、落ち込みは、出土遺物の年代観から弥生時代中期中頃の所産と推定されている。後記の調査成果から、この落ち込みは、貝塚に伴う凹地埋積の最終段階の北端部に連なると認識されている。この点については後述する。

② 第21次調査

昭和58年（1983）5月から同年12月にかけて実施。第20次調査の成果に基づき、東西0.4m間の橋脚予定地11箇所が調査された。貝塚が検出されたのはNo.3ピットである。調査地の土層は30層に区分された（第5図）。第27層は暗緑灰色（5G4/1）粘土質シルト層で、この層を基盤に形成された凹地に第26層が堆積する。第26層は上下2層に区分され、第26上層は赤黒色（2.5YR1.7/1）シルト質粘土層である。灰色、黒色の粘土層が混じり、植物遺体、炭化物を包含する。貝塚相当層と認識されている。第26下層は黒褐色（5YR2/1）粘土質シルト層である。粗粒砂～中粒砂と灰色、黒色粘土のブロックが多く混入し、貝塚形成層である。断面図を見ると、上層下層を含めて、第26層の上面はT.P.-1.5m、下面はT.P.-2.2～2.4mを測る。第26下層の上面はT.P.-1.8mである。層厚は5～20cmと地点によりややばらつきが見られる。貝塚は北西から北部にかけての一帯と南部のそれの2箇所に分割できた。便宜的に、北部をA貝塚、南部をB貝塚と呼称する（第4図）。逆にNo.3ピットの中央部には貝遺体が認められない地帯が広がっている。A貝塚の出土遺物には、突帯文土器・弥生土器・木製品があり、B貝塚からは、突帯文土器・木製品・骨製品・石鏃・管玉・環状土製品が出土した。特徴的なことは、弥生土器はA貝塚からのみ出土し、しかも小片をふくめて16点に過ぎないことである。このこ

表1 鬼虎川遺跡貝塚の貝構成

	貝種	第21次調査	第27次調査
淡水産	セタシジミ	○	○
	ササノハガイ	○	○
	ヒメタニシ	○	○
	ドブガイ	○	○
	カラスガイ		○
	セタイシガイ	○	
	クロダカワニナ	○	○
汽水産	マガキ	○	○
	フトヘナタリ	○	○
	ナミマガシワガイ	○	○
海産	ハイガイ	○	○
	サルボウガイ		○
	タイラギ		○
	ハマグリ		○
	バカガイ		○
	サザエ		○
	アカニシ		○
	ズガイ		○
	ウミニナ		○
	マクラガイ		○
	ツメタガイ		○
	ツノガイ		○
	ムシロガイ		○
	ウミナシトマヤ		○
	イシタダミ		○
	ツメガイ		○
	オオヘビガイ		○
	マツバガイ		○

とから、「両貝塚の形成時期には若干の差が考えられる。」と報告されている〔報② p.65〕。

③ 第27次調査

昭和59年（1984）5月から翌60年3月まで実施。阪神高速道路東大阪線水走ランプ建設に伴う調査。南側の橋脚・橋台12箇所、1291 m²が対象とされた。第27次調査では各調査ピットから抽出された基本層序が設定されている。それに拠れば、第29層とされる暗オリーブ灰色粘土～シルトを基盤に、第28層が堆積する。第28層は上下2層に区分される。上層の第28-1層は黒色シルト質粘土で木片を多く含む層である。下層第28-2層は黒色粘土層で貝塚構成層である。断面図（第9図）によると、第28-2層上面はT.P.-2.0m、下面はT.P.-2.2～2.3mを測る。層厚は10～15cmで安定している。貝塚はCピットで検出された。A・B貝塚から見て東に延長するものである。C貝塚と仮称する。A・B貝塚とC貝塚の対比について、報③では、「第3次調査（筆者

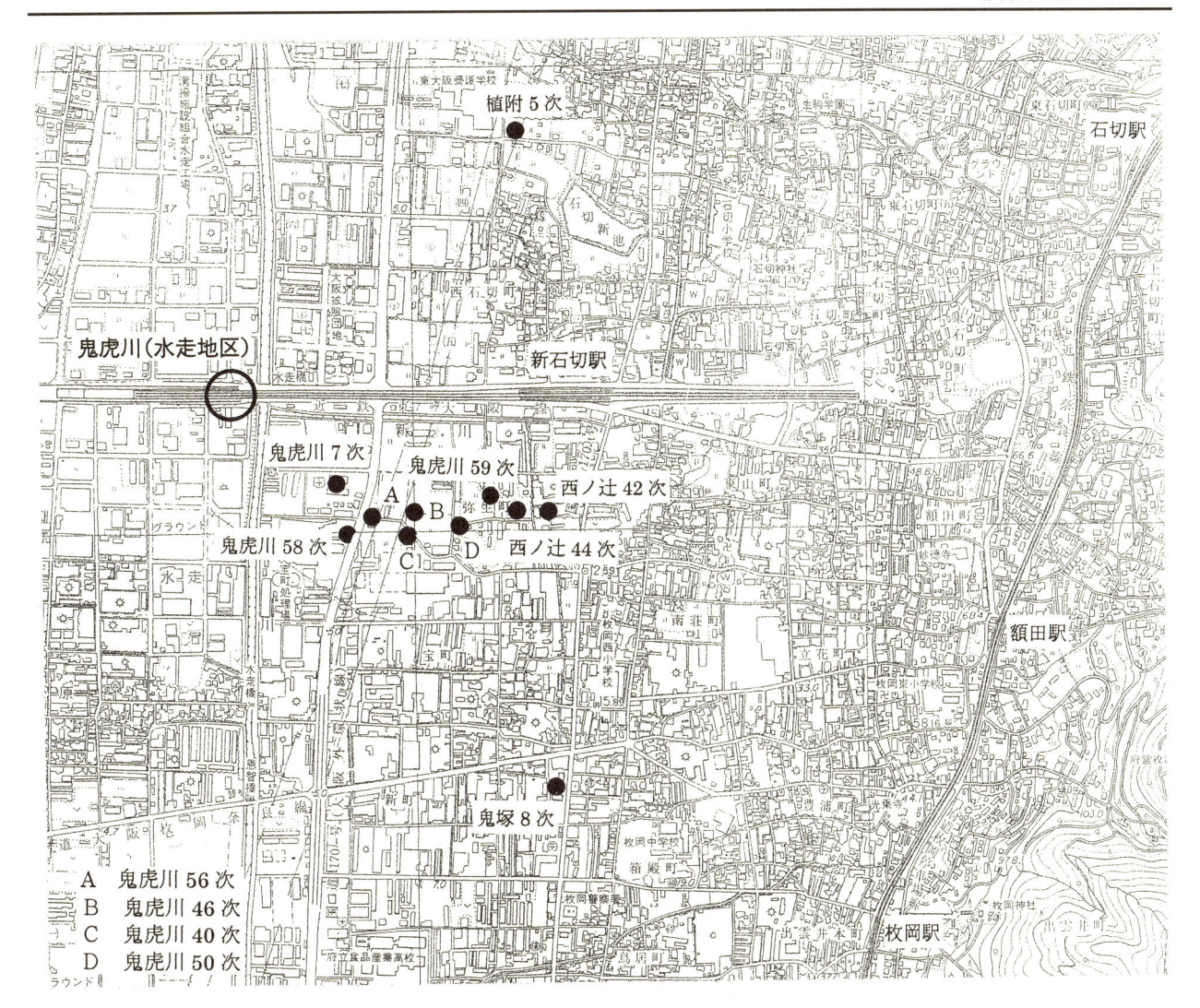

第1図　鬼虎川遺跡とその周辺での突帯文土器出土地点（S＝1/5000）

A　鬼虎川56次
B　鬼虎川46次
C　鬼虎川40次
D　鬼虎川50次

第2図　鬼虎川遺跡の縄文時代前期～晩期の状況（S＝10000）〔市田・井筒2004を一部改変〕

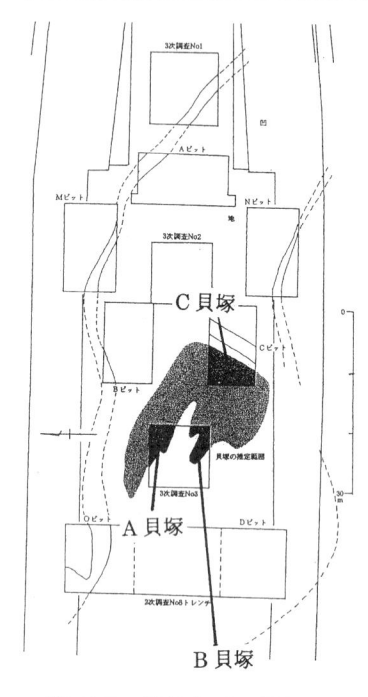

第3図　凹地とその貝塚の位置〔報③を一部改変〕

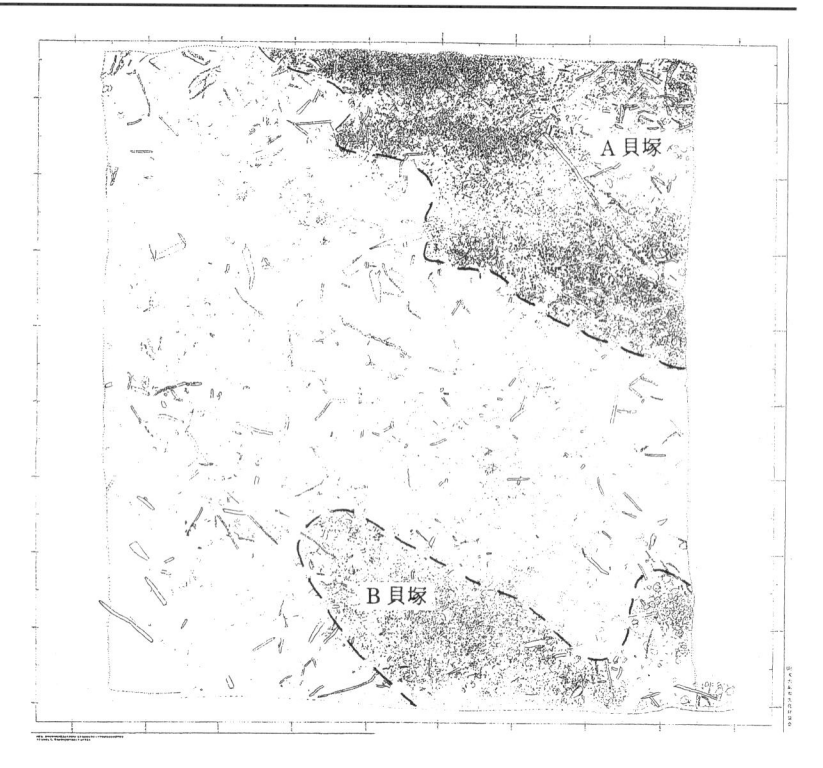

第4図　第21次調査検出貝塚平面図（S＝1/80）〔報②を一部改変〕

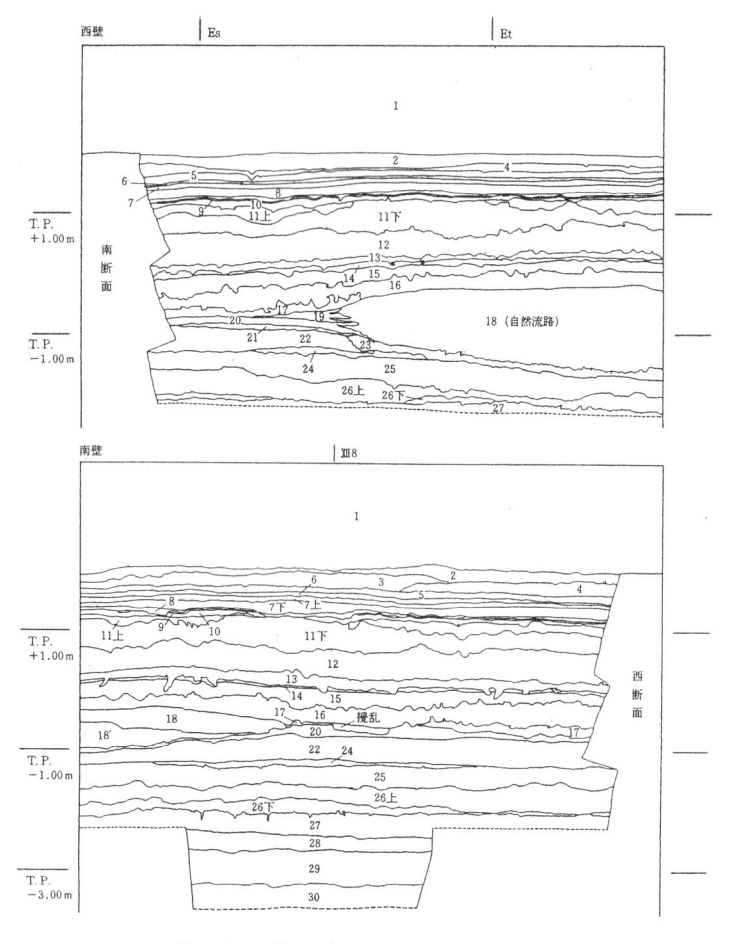

第5図　第21次調査断面図〔報②〕

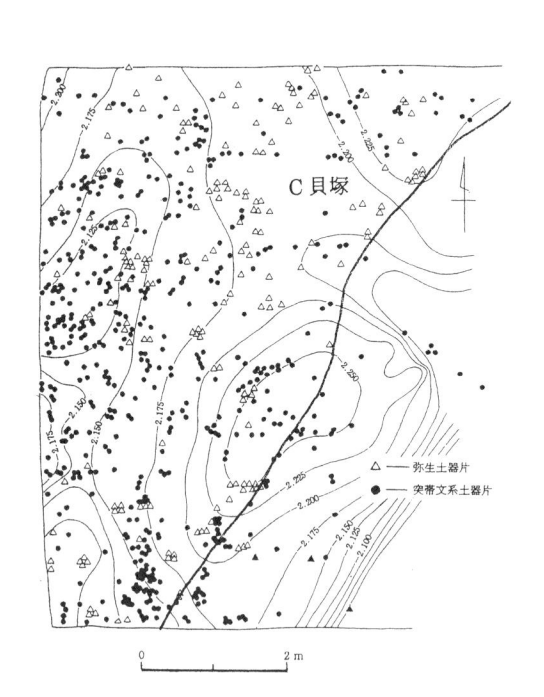

第6図　第27次調査C貝塚の土器別出土状況〔報③を一部改変〕

注；第21次調査のこと）では上部等が一部流失を受けた様な状態であったが、今回のCピットでは凹みの端部にあたっていたため、貝塚層は良好に残り、含まれる土器などの遺物の内容は大きく異なったものであった。」（p.57）と報告されている。

出土遺物で大きな特徴は、第21次調査では少量であった弥生前期土器が多量に出土した点である。このほか木製品・土製品・骨角製品・貝製品・石器が出土している。石器については後段で検討する。

5 凹地と貝塚（第3図）

貝塚形成の端緒となる凹地は、平面は大溝状を呈し、幅25～40m、深さは1.2mを測る。東方は鬼虎川遺跡の中心部へ、西側は河内潟に通じていたと推定される。凹地は弥生時代中期末までには埋没する。河内潟の干満の影響を受けて凹地内に汽水が流入したと考えられている。第20次調査検出の落ち込みは、凹地の西端部上面にあたり、凹地が北西へ屈曲するコーナー部を形成することが知られた。したがって落ち込み内の出土遺物は、貝塚層上面の堆積層と同時期ないしそれ以降の所産と考えることができる。

前項で貝塚の検出レベルを断面図から計測した。その結果、第21次調査第26層上層または第26下層の上面値と第27次調査第28-2層の上面値とを比べると、0.2mほど前者が高く、後者が低い。そうすると、A・B貝塚の上面が一部流失を受けた、とは判断できない。むしろ、凹地の内部で貝塚が形成される際の、廃棄・投棄ブロックの時間的差異に基づいて、出土遺物の構成に変化が生じたとみなすべきだろう。

貝塚は凹地の最深部で検出され、膨らみをもつ中央部に投棄形成されたものである。A～C貝塚併せて東西27m、南北18mの規模である。貝塚層は混土貝層で層厚は10～15cm、面積は320m²を測る。

貝塚を構成する貝種を、報告書情報を参照して第1表に掲げた(1)。第27次調査では個体数とその構成比率が推定されており、それに拠れば、淡水産セタシジミが75.2％、クロダカワニナが20.1％、その他が自余となっている。これは、北東に位置する後～晩期の日下遺跡貝塚出土の貝構成で、セタシジミが97％でクロダカワニナが稀少であるのと好対照を成している。

6 出土土器と土器出土状況の検討

C貝塚内部から出土した土器群には、突帯文土器と遠賀川系土器が混在する（第13図）。復元実測した個体数の概算に拠れば、「半数近くが弥生土器で占める」（報③p.169）とされている。突帯文土器には、口縁端からやや下がった位置に刻目突帯が付き、口縁部の外反が長原式土器と異なる深鉢や、刻目突帯を持つ古いタイプとともに刻目を施さず口縁部を外反させた新しいタイプが出現する壺などの形態的特徴から、長原式に後続する型式として認知されてきた（第10図、家根1995）。終焉時の縄文土器の様相を示す一群として評価でき、その位置づけがなされている資料である。

今回、突帯文土器と遠賀川系土器の出土状況を再検討するために、土器別出土状況図にC貝塚東端のラインを加えてみた（第6図）。この図は従前突帯文土器と遠賀川系土器が偏在することなく分布することの証左とされてきた（報③および秋山1999）。その大要は蓋然性が高いが、今回作成の図を見ると、ラインの東側では●の突帯文土器が所在するのに対し、△の遠賀川系土器は認められない。つまり遠賀川系土器はラインの西側、すなわち、C貝塚の内部に分布することが判明した。このことは、C貝塚において、その形成時期が弥生初期にあった可能性を示唆していると考えられよう。一方、A・B貝塚においては215～217などの稀少の遠賀川系土器を除き、100％に近い数値で突帯文土器が占めている。このことは現状では、一義的に貝塚への投棄ブロックの「時期差」と解釈されるが、敷衍して突帯文土器と遠賀川系土器の共存時期及びその期間の議論は今後の課題としたい。また、土器群の時系列を再確認するために、C貝塚、A・B貝塚ともに貝塚直上層の出土遺物を併載した（第14図・第16図）。その結果、C貝塚では直上層が前期の単純層との認識が確認できた。A・B貝塚では量的には僅少であるが、突帯文土器が混在し、C貝塚とは異なる様相が看取できる。

7 伴出の石器とその産地

C貝塚では石器のバリエーションに関して、「小型無茎式石鏃や石皿片のほか、網錘りである石錘が多く」（原田2002、p.21）との認識がなされているが、報告書情報からC貝塚に伴出する石器と確定できる資料は、集成第5図・第6図に所載した石鏃6点、打欠石錘2点に過ぎず、石皿は確認できなかった。掲出は省略したが、骨角牙製品が質量ともに豊富であることと比べるときわめて貧弱といわざるを得ない。このことは縄文末～弥生初の生業を考える上できわめて示唆的である。貝塚内の動物遺体のバリエーションの評価に繋がる問題である。第12図の第25層出土石鏃は涙滴形を呈する凸基有茎式である。弥生中期に下る資料と考えられる。

A～C貝塚では分析は行われていないが、鬼虎川遺跡周辺の遺跡でのサヌカイトの分析データを参考として掲出した（第2表）。鬼塚遺跡では滋賀里Ⅳ式、同Ⅳ～Ⅴ式、同Ⅴ式の3時期に区分して、サヌカイトの原産地分析がなされている。それに拠れば、滋賀里Ⅳ式を頂期として、数％の金山産サヌカイトの搬出状況が認められる。一方、植附遺跡では弥生前期古～中段階においてほぼ100％の搬入状況を示している。比較資料に乏しいが、鬼塚遺跡の滋賀里Ⅳ式段階で7.7％の搬入状況は、同遺跡の河内潟における立地を反映しているように考えられ、貴重なデータとなっている。

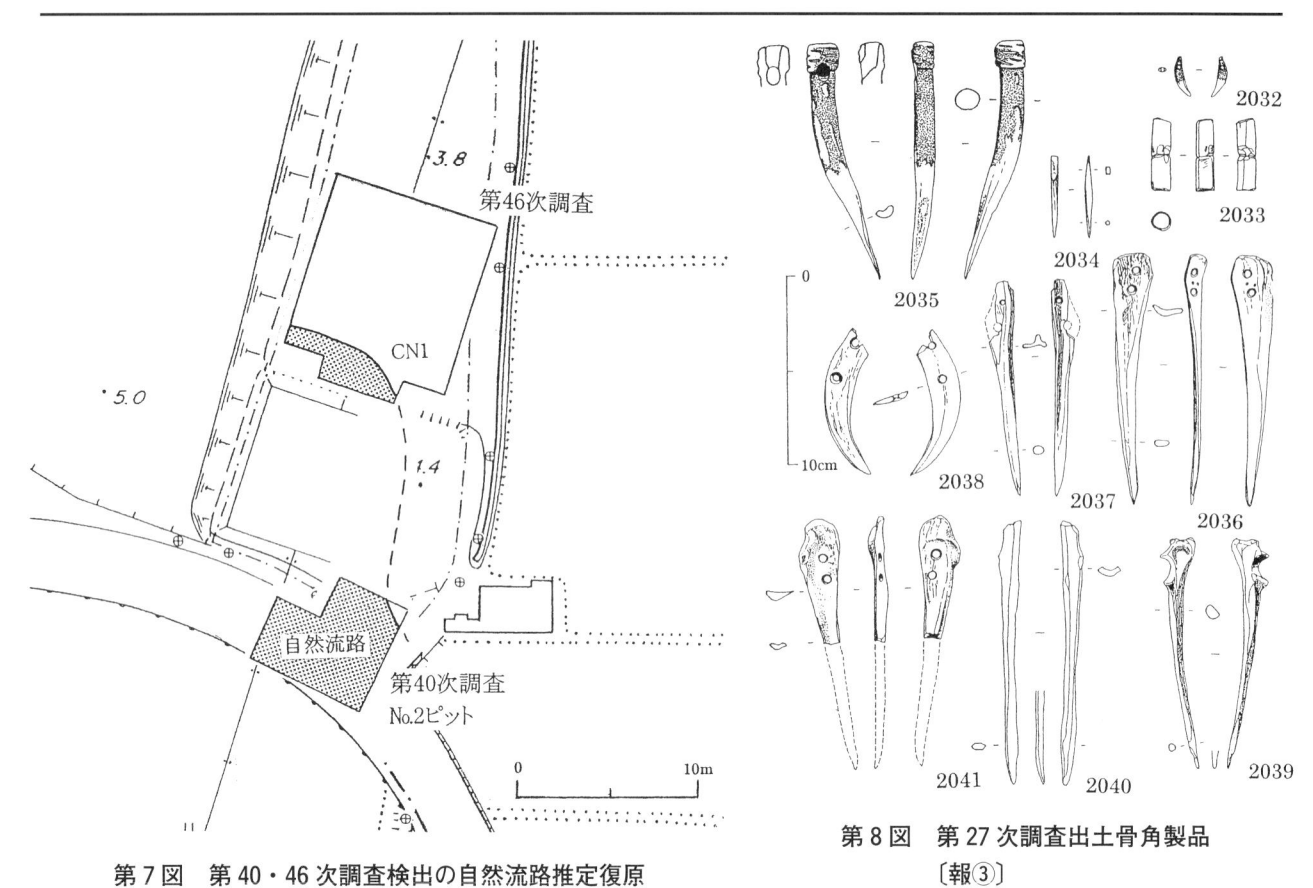

第7図　第40・46次調査検出の自然流路推定復原
（報⑥・⑦所載の図、データから作図）

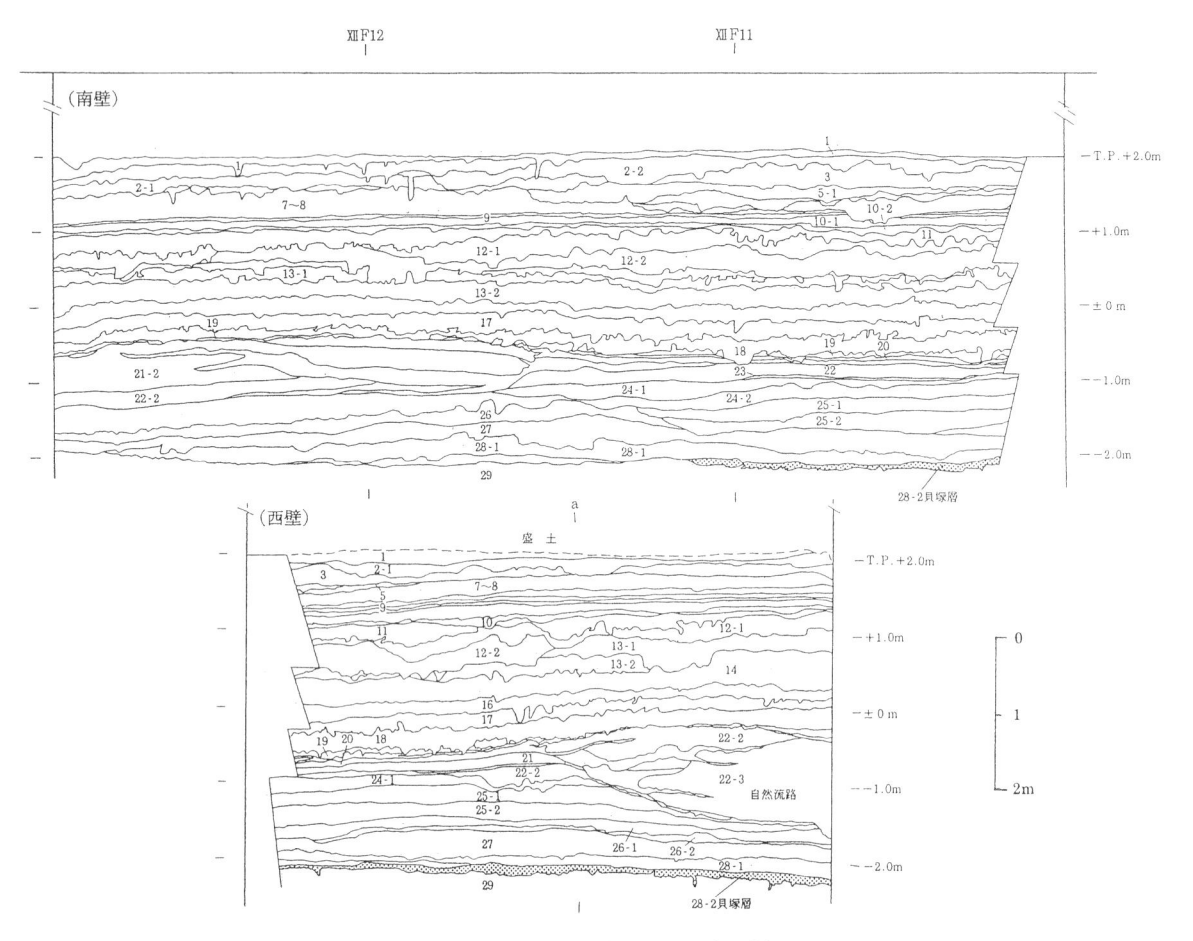

第8図　第27次調査出土骨角製品
〔報③〕

第9図　第27次調査断面図〔報③〕

報告書の森へ（菅原）

第12図 第27次調査出土石器ほか(2)［報③］

第11図 第27次調査出土石器(1)［報③］
（注）弥生石器が混在。

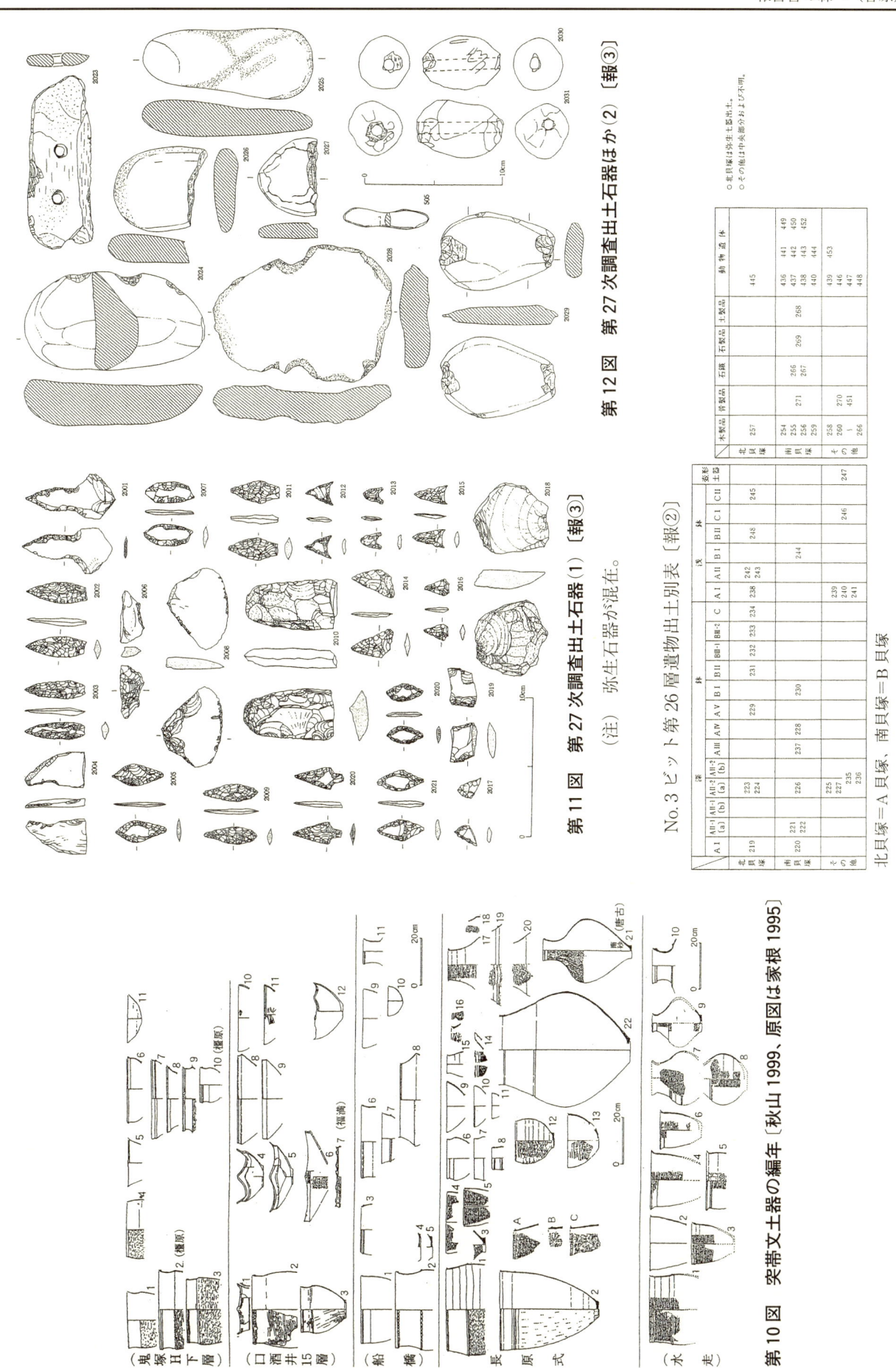

No.3ピット第26層遺物出土別表［報②］

	AI(a)	AII-?(a)	AII-?(b)	AIII	AIV	AV	B I	BII	BB-1	BB-2	C	B I	BII	C I	CII	変形土器
北貝塚	219	223	224				229	231	232	233	234	238	242 243	245		
南貝塚	220 221 222	226		237	228			230					244		246	247
その他		225 227	235 236									239 240 241				

北貝塚＝A貝塚、南貝塚＝B貝塚

	木製品	骨製品	土製品	石製品	石器	動物遺体
北貝塚	257	254 255 256 259				445
南貝塚		271	268	269	266 267	436 437 438 440 441 442 443 444
その他	258 260 266	270 451				439 446 447 448 449 450 452 453

○北貝塚は弥生土器出土。
○その他は中央部分および不明。

第10図 突帯文土器の編年［秋山1999、原図は家根1995］

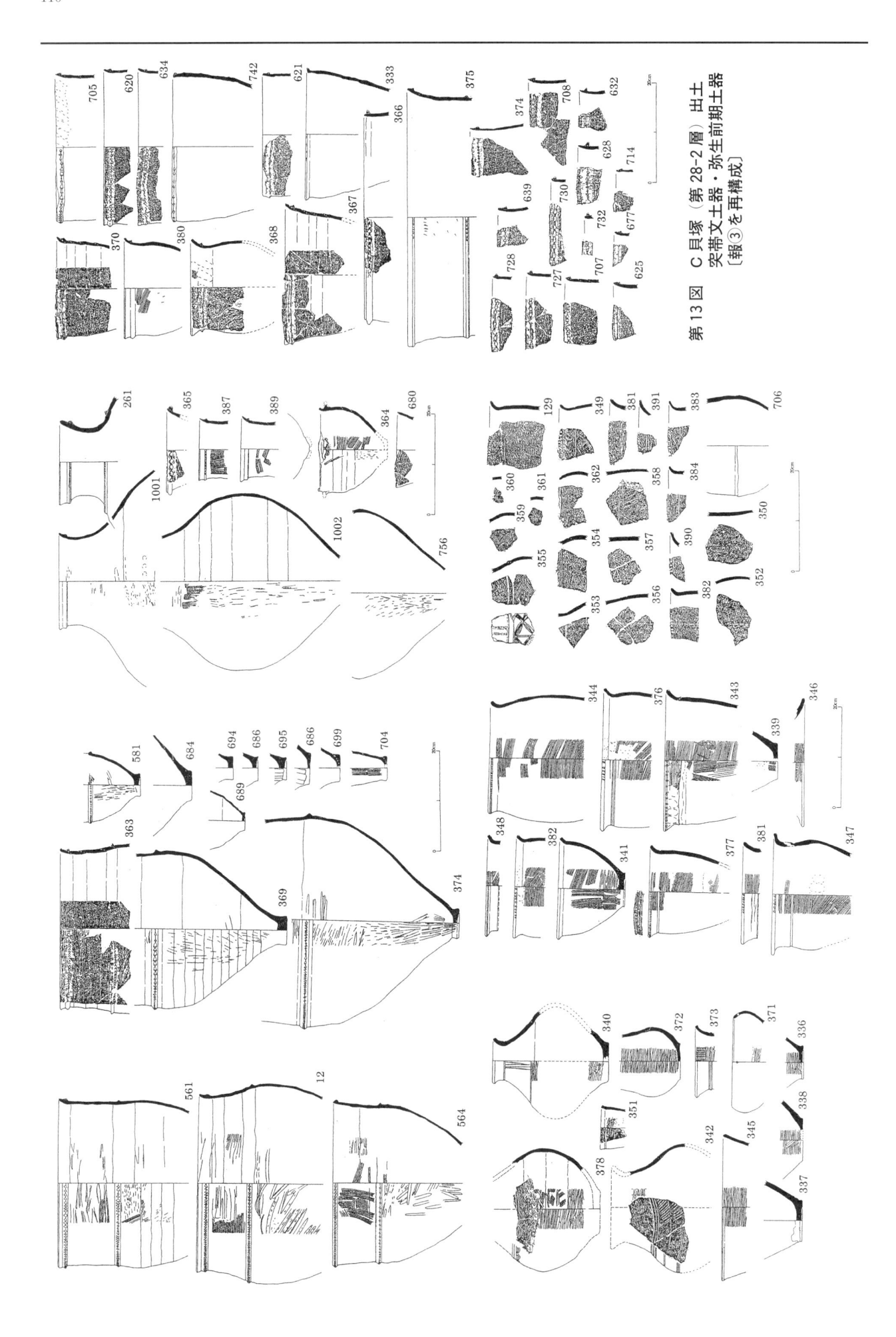

第13図 C貝塚（第28-2層）出土突帯文土器・弥生前期〔報③を再構成〕

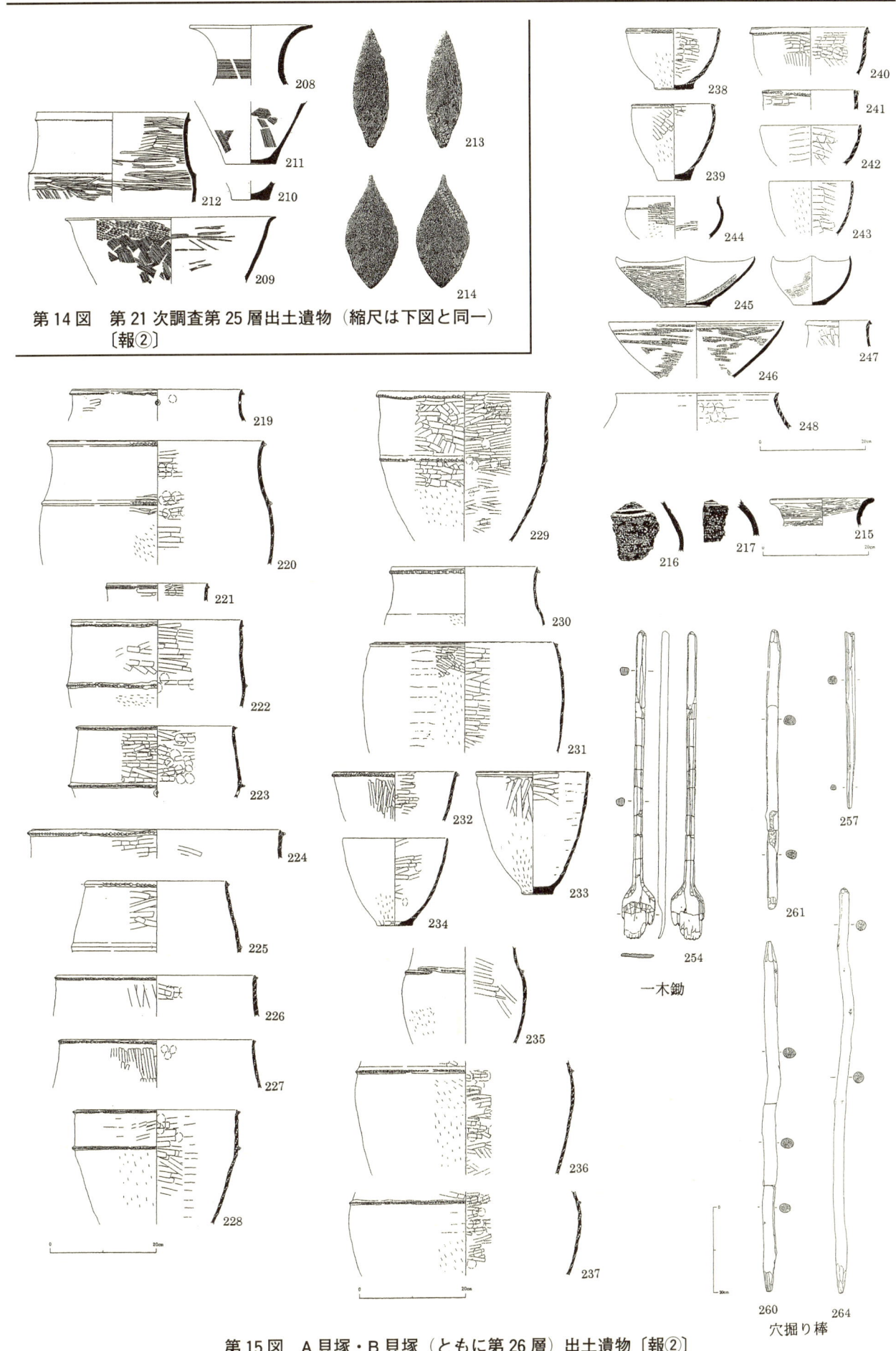

第14図　第21次調査第25層出土遺物（縮尺は下図と同一）
〔報②〕

一木鋤

穴掘り棒

第15図　Ａ貝塚・Ｂ貝塚（ともに第26層）出土遺物〔報②〕

表2 鬼虎川遺跡周辺での金山産サヌカイトの搬入状況[2]

遺跡・次数	時期	点数	金山（％）	二上山（％）	不明（％）	方法
鬼塚8次	晩期滋賀里Ⅳ式	52	4（7.7％）	47（90.4％）	1（1.9％）	藁科氏分析
	晩期滋賀里Ⅳ～Ⅴ式	51	2（3.9％）	48（94.1％）	1（2.0％）	藁科氏分析
	晩期滋賀里Ⅳ式	40	1（2.5％）	39（97.5％）	0（0％）	藁科氏分析
植附5次	弥生前期古～中段階	3	3（100％）	0（0％）	0（0％）	肉眼観察

Ⅱ 縄文時代晩期の集落域を探る―混入品からの照射―

鬼虎川遺跡での貝塚調査から既に20年を経過した。本遺跡の中心部では、その後大規模な調査は実施されていない。しかし、弥生集落やそれを覆う該期の遺物包含層から無視し得ぬ量と内容を伴った縄文晩期の遺物―残念ながら混入品として―が出土している。それは、一義的には「弥生時代の洪水または大集落形成期にその（縄文時代晩期集落―筆者注）大半が削平・破壊されたもの」（報⑨ p. 188）と解されるが、ここでは先述したBの手法から集落域を復原してみたい。

1 縄文時代晩期遺物を伴出した調査

① 第40次調査

平成8年（1996）4月から6月に実施。下水道管渠築造工事に伴い3箇所のピットが調査された。晩期に係わるのはNo. 2ピットである。34.5 ㎡。上位から、古墳時代後期、弥生時代中期の2面と弥生時代前期の2面、計4面の遺構面が検出された。弥生時代前期の溝のベース面となる極細粒砂～細礫、シルト～中粒砂の2層から晩期中葉の滋賀里Ⅲb～Ⅳ式土器、後半の突帯文土器が出土した。2層とも自然流路内の堆積層である。自然流路はNo. 2ピットの北西側に流下したと推定されている。出土した晩期の土器はほとんどローリングを受けておらず、近辺で該期集落が存在したものと考えられている。

② 第46次調査

平成11年（1999）1月から2月に実施。送電線鉄塔の建替工事に伴い、約108 ㎡が調査された。6面の遺構面が確認されている。最下面となる第Ⅳ遺構面で自然流路CN1が検出された。CN1は幅2.4 m以上、深さ0.3 m以上の規模を持ち、長原式期に埋没されたものと考えられている。CN1と第40次調査で推定された自然流路との関係については後述する。

③ 第50次調査

平成11年（1999）8月から12月に実施。第40次No. 2ピットの東方約120 m の地点に当たる。下水道管渠築造工事に伴い3路線が調査された。このうちA地区とした南側路線の西端部では、上位から、盛土、暗青灰色粘質土の下面、T. P. 約4.3 mで青黒色粘質土が層厚0.3 m以上にわたって検出された。青黒色粘質土層にはごく微量の船元式土器を混入するが、晩期中葉の滋賀里Ⅲb～Ⅳ式土器を多量に含む遺物包含層である。この層は晩期の単純層と認識して差し支えない由である[3]。調査の性格上、掘削が管底にとどまるため、以下の層準は不詳であるが、包含層の下部には該期の遺構が遺存する可能性が高く、またそのように評価すべきと考えられる。

④ 第56次調査

平成15年（2003）4月から11月まで実施。国道立体交差事業に伴い、南北に長大なトレンチ2箇所410 ㎡が調査された。2箇所のトレンチは各々8工区、9工区と仮称されているのでそれに従うと、8工区北部と9工区南部で滋賀里Ⅲb～長原式土器がまとまって出土している。大洞系の浅鉢片も見られた。土器の集中区は第40次No. 2ピットから西方約90 mにあたる。ただし土器の出土レベルは、該期単純層ないし遺構ではなく、すべて弥生時代前期後半以降の堆積層ないし遺構からの混入品であった。この調査では層準から晩期相当とされる堆積層が検出されたにもかかわらず、その層からは該期の遺物は全く出土しなかった。しかし、出土土器はほとんどローリングを受けていないことから、調査担当者は近辺での該期集落の存在を予想されている。

⑤ 第59次調査

平成15年（2003）12月から翌16年1月まで実施。共同住宅建設に伴い、270 ㎡が調査された。第50次A地区西端部から北西へ約100 mの地点である。この調査でも弥生時代中期後半の溝から後期前半～中葉の北白川上層式土器、晩期後半～末の船橋式土器が出土した。これら土器の出土地点は調査トレンチの最南端にあたり、第50次調査地と近接する。また調査成果として特筆されるのは、南北に長く設定されたトレンチにおいて、地山層上面遺構の空白区が見られたことである。後世の付加条件を加味する必要があるが、試案として、鬼虎川遺跡と東の西ノ辻遺跡との境界線が第59次調査地附近に求められると考えられた。

2 晩期集落域の復原試案

先述した調査成果から、まず集落は第59次調査地の西方に求められることになろう。もっとも、西ノ辻遺跡第42次・第44次調査地から突帯文土器が弥生中期の遺構・遺物包含層から混入品として中量程度出土している。このことから、西ノ辻遺跡から鬼虎川遺跡の西方まで流下する晩期の自然河川の存在を推定し、土器は自然河川に伴って検出されたとする見解〔市田・井筒2004、第2図〕がある。傾聴すべき意見であるが、筆者は第59次調査の成果を重要な手掛りと考える。弥生時代と同様に、

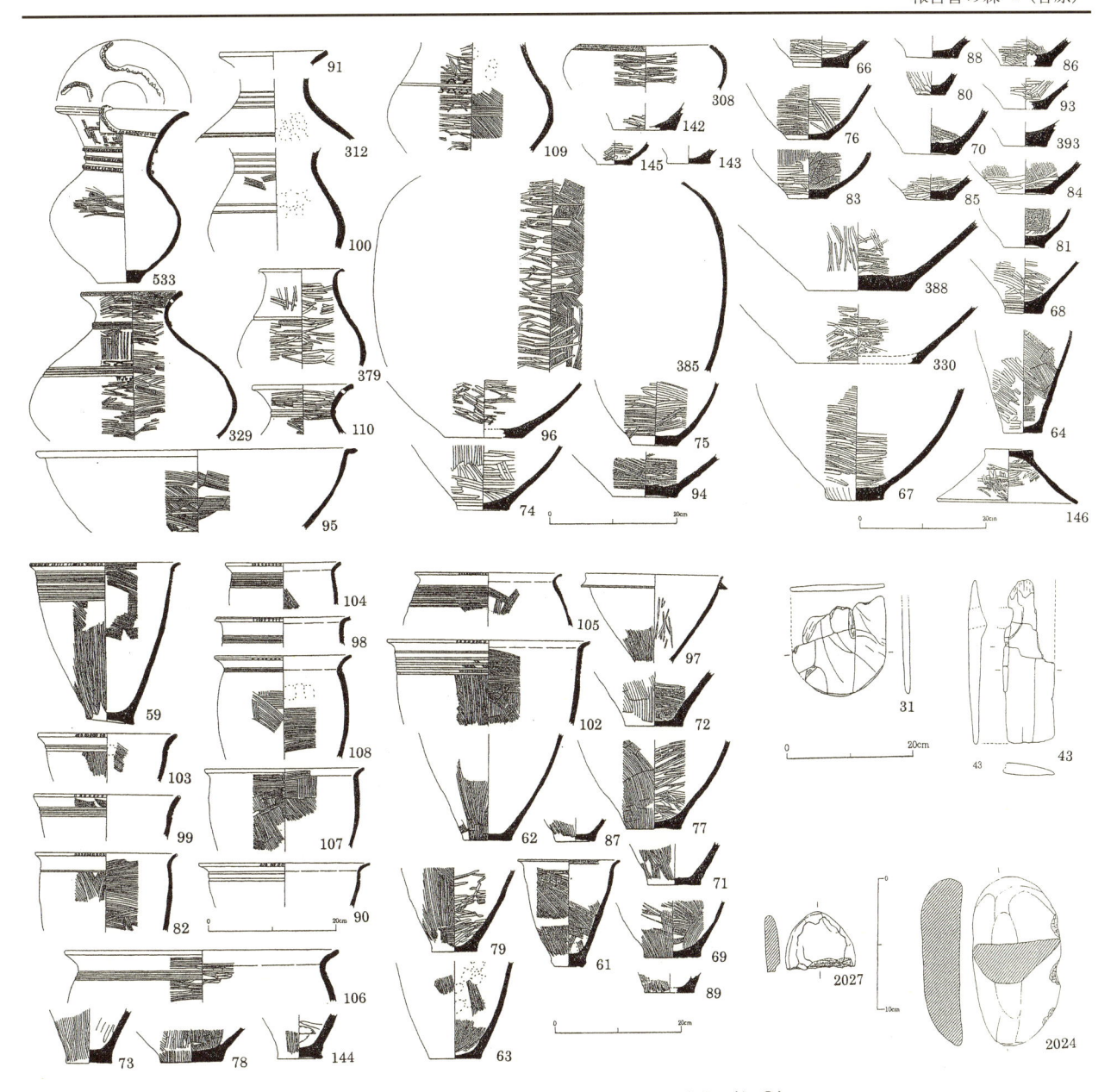

第16図　第27次調査第28-1層出土遺物〔報②〕

縄文時代晩期についても西ノ辻遺跡と鬼虎川遺跡では、遺跡の立地条件を異にしていたと推定される。西ノ辻遺跡は沖積扇状地斜面の下位面に、鬼虎川遺跡は同じく下位面から沖積低地上に立地するとされる(4)。また、その間隙には、従来から指摘されるように海蝕崖が屹立することから、別個の集落域を想定すべきと考える。

これまでの調査成果で、晩期後半の遺構が検出されているのは、第40次・第46次の自然流路である。これらの流路は報告書情報から同一のものと推定される。第7図に、自然流路を復原した。第40次No.2ピットはほぼ自然流路に包摂されるため、南岸は未検出だが少なく見積もって流路の幅は6m以上を測ることになる。晩期土器の出土位置、状態から北岸から投棄されたと考えると、晩期集落はこの流路の東方に広がることになる。また第50次調査では、下水工事の層準の制約はあるものの、東方から遺物の出土が稀薄になるため、第59次調査地附近までで晩期集落域はとどまるものと考えられる。この結果、南北の広がりは不詳であるが、東西約150mの範囲内に晩期集落は収まるものと判断できる。

なお、自然流路西方の遺物の出土状態は、現状としては集落に伴うものではないと考えている。第56次・第58次調査で出土した土偶状土製品については、今年度末に刊行される報告書に詳論が記載されるとのことであり、ここでは論述を避けたい。

Ⅲ 再び報告書情報からみた晩期の鬼虎川遺跡—まとめに代えて

Ⅰ・Ⅱでは公表された報告書情報から、晩期の鬼虎川遺跡の様相のいくつかを例示してみた。今後の課題を交えながら、再説を含め若干検討してみたい。

貝塚から出土した突帯文土器については、伴出する遠賀川系土器の量の対比から、A・B貝塚とC貝塚ではその形成過程に時期差があることを推定した。さらに突帯文土器深鉢の形態を窺うと、相対的な差であるが、A・B貝塚では肩部から緩やかに外反しながら口縁部が立ち上がるものが優位を占めるのに対し、C貝塚では砲弾形を呈するものが多く見られる(5)。これらの形態的差異は、晩期終末期における時間差と捉えられる(6)。

水走地区の貝塚を特色づけるもうひとつの鍵は、搬出した骨角牙製品の豊富さである。その中で、報③で短剣形骨製品とされる2035は、「棒状鹿角製品」と呼称され、川添和暁氏の論考がある（川添2001）。川添氏は16点を集成され、A類〜C類に3分類された。鬼虎川遺跡出土の本例はB類に包摂される。B類の初現とされる保美貝塚例は突帯文期に所属し、鬼虎川遺跡例と時期的に近接する。棒状鹿角製品自体は弥生中期まで下る資料であるが、このうちB類は突帯文期に集約する傾向が窺われる。類例が少なく、これ以上のコメントは躊躇されるが、突帯文期の文化を考える際の有力な手掛りとなる可能性が指摘できよう。

以上、報告書から調査データを累積してきたわけであるが、結論的には些少の推論を呈示できたに過ぎないものとなってしまった。Ⅰでは遺物の過小評価、Ⅱでは過大評価と別の側面から考えてみた。これは縄文時代研究に限らないが、とくに縄文土器や石器は、その形態、形状から該期の認定が下しやすいため、遺構や遺物包含層の所属時期の検討がやや等閑視されるきらいがある。とくに河内地方では、縄文時代以降に大幅な土地の改変行為などの人間活動が顕著であり、1遺跡の消長が長期間に及ぶことしばしばである。一例を挙げてみる。縄文の石器組成を掲出した報告書を仔細に読むと、石器を包含する土層に中世期の遺物が混在していることが判明する。これでは石器組成の前提、即ち所属時期の決定に疑義を差し挟まざるを得ない。この点を踏まえて、資料集での集成では、担当者間で遺跡抽出を厳密に行なうことを確認した。また、大まかな表現であるが、80年代以前に刊行された報告書では、石器の出土地点や遺構、層位に関する記述が欠落しているものも認められる。もって他山の石と自戒する必要がある。

なお、本稿は2004年の第6回関西縄文文化研究会「縄文時代の石器Ⅲ—関西の縄文後期・晩期—」で事例報告したものに、追記補訂を行なったものである。

最後に、本稿をなすにあたり、下記の方々に多大のご教示、ご協力を賜った。厚くお礼申し上げます。

　財団法人東大阪市文化財協会
　秋山浩三（大阪府文化財センター）、松尾洋次郎（(株)中部日本鉱業研究所）、福永信雄・才原金弘・若松博恵・市田英介（東大阪市教育委員会）

註

(1) 第21次調査では、海産貝がハイガイ以外記載がないが、これは未検出かどうか不詳で、概ね第27次調査と同様の貝構成をとるものと推定される。

(2) 植附5次では、上記3点以外に多数の石器が出土している。報告書に拠ると、たとえば石鏃39点中、形態から弥生前期に帰属するのは35点ある、とされる。ただし、後世に前期の遺構や包含層を攪乱しているため石器の出土状況はプライマリーではない。上記には前期と確認される遺構から出土したもののみを掲出した。なお、のちに藁科氏による分析が行なわれており、金山産サヌカイトの搬入率は100%に近いとの結果が得られている。これについては東大阪市教育委員会福永信雄氏からご教示いただいた。

(3) 東大阪市教育委員会の才原金弘氏にご教示いただいた。

(4) 遺跡の立地条件の用語は、松田順一郎・池崎智詞2000「神並遺跡の概要」（『神並遺跡発掘調査報告集』、財団法人東大阪市文化財協会）に拠った。

(5) ただし、C貝塚では浅鉢が稀少である。わずかに第13図680は椀形の浅鉢と見られる。

(6) 上記(4)に掲げた理由から、A・B貝塚とC貝塚の形成時期の差は大きなものではなく、遠賀川系土器の主体に移行する小さな時間差と考えられる。

参考文献

〔報告書〕

①財団法人東大阪市文化財協会・東大阪市教育委員会 1992『水走遺跡第2次・鬼虎川遺跡第20次発掘調査報告』

②財団法人東大阪市文化財協会・東大阪市教育委員会 1997『水走遺跡第3次・鬼虎川遺跡第21次発掘調査報告』

③東大阪市教育委員会・財団法人東大阪市文化財協会 1998『水走・鬼虎川遺跡発掘調査報告』

④財団法人東大阪市文化財協会 1997『鬼塚遺跡第8次発掘調査報告書』

⑤財団法人東大阪市文化財協会 1999『植附遺跡第5次発掘調査報告書』

⑥財団法人東大阪市文化財協会 1999「鬼虎川遺跡第40次発掘調査」『東大阪市下水道事業関係発掘調査概要報告—1998年度—』

⑦財団法人東大阪市文化財協会 2001『鬼虎川遺跡第46次発掘調査報告書』

⑧東大阪市教育委員会 2000「鬼虎川遺跡の第50次調査」『東大阪市下水道事業関係発掘調査概要報告—平成11年度—』

⑨東大阪市教育委員会 2005『鬼虎川遺跡第56次発掘調査報告』

⑩東大阪市教育委員会 2005「鬼虎川遺跡第59次発掘調査」『東大阪市埋蔵文化財発掘調査概報—平成16年度—』

〔論文・学会報告・図録ほか〕

・原田 修 2002「鬼虎川遺跡の初期貝塚」『神並・西ノ辻・鬼虎川・水走遺跡調査報告書』

・財団法人東大阪市文化財協会 1997『鬼虎川遺跡の弥生貝塚（第21・27次発掘調査）』

・市田英介・井筒美智与 2004「鬼虎川遺跡の調査—56・58次調査を中心として—」『大阪府埋蔵文化財研究会（第49回）資料』

・秋山浩三 1999「近畿における弥生化の具体相」『論争吉備シンポジウム記録一』

・家根祥多 1995「近畿地方の突帯文土器出現期の様相」『縄文時代晩期の土器編年の諸問題』（第6回中四国縄文研究会資料）

・川添和暁 2001「「棒状鹿角製品」小考」『研究紀要』第2号、愛知県埋蔵文化財センター。

・大阪府立弥生文化博物館 2003『弥生創世記 検証・縄文から弥生へ』

・中四国縄文研究会 2005『縄文時代晩期の山陰地方』

・関西縄文文化研究会 2003『縄文時代の石器Ⅱ—関西の縄文前期・中期—』

・関西縄文文化研究会 2004『縄文時代の石器Ⅲ—関西の縄文後期・晩期—』

執筆者紹介（掲載順、氏名・成年・所属）

瀬口　眞司（せぐち・しんじ）	1968年生	財団法人滋賀県文化財保護協会
伊藤　正人（いとう・まさと）	1958年生	名古屋市教育委員会
小濱　　学（こはま・まなぶ）	1966年生	斎宮歴史博物館
矢野　健一（やの・けんいち）	1959年生	立命館大学文学部
川添　和暁（かわぞえ・かずあき）	1971年生	愛知県埋蔵文化財センター
久保　勝正（くぼ・かつまさ）	1967年生	三重県立上野商業高等学校
岡田　憲一（おかだ・けんいち）	1972年生	奈良県立橿原考古学研究所
山崎　真治（やまざき・しんじ）	1977年生	東京大学大学院
菅原　章太（すがはら・あきお）	1956年生	東大阪市教育委員会

あとがき

　2001年まで縄文時代遺構をテーマとしてきた関西縄文文化研究会では、新たに2002年から2004年までの3年間をかけて縄文時代の石器を素材として集成・検討してきた。いまその3年間の集成・検討を終え改めてこれをテーマとした目的を当時の例会資料を探し出し確認してみた。するとこの目的は、各時期の「石器の概略を知り、問題点を抽出すること」とあった。これには、当時の例会参加者のなかで概略に止めず細部に至る検討まですべきでないかなど意見が分かれていたと記憶している。どちらがどうにせよこの3年間の成果は各大会の都度、また今回刊行されるこの論集に表れているのではないだろうか。また、なにより編者のように石器研究に素人である者に縄文時代の石器への関心を少なからず与えてくれたのではないかと考える。そうした流れの上で出来上がったこれまでの集成資料集とこの論集がこれからの縄文時代研究に生かされるものであればと願ってやまない。

（松尾洋次郎記）

関西縄文時代における石器・集落の諸様相　　関西縄文論集2

2005年11月20日　初版発行

編　者　関西縄文文化研究会

発行者　八木環一

発行所　有限会社　六一書房　　http://www.book61.co.jp/

　〒101-0064　東京都千代田区猿楽町1-7-1　高橋ビル1階

　電話 03-5281-6161　FAX 03-5281-6160　振替 00160-7-35346

印　刷　株式会社　三陽社

ISBN 4-947743-34-4　C3021　　　　　　　　　　　　　　　　　　　　　　　　Printed in Japan